数智化时代资金链治理研究

李任斯　著

中国财经出版传媒集团
经济科学出版社
Economic Science Press

图书在版编目（CIP）数据

数智化时代资金链治理研究/李任斯著．--北京：经济科学出版社，2023.6

ISBN 978-7-5218-4819-9

Ⅰ.①数… Ⅱ.①李… Ⅲ.①数字技术-应用-资金管理-研究 Ⅳ.①F830.45-39

中国国家版本馆 CIP 数据核字（2023）第 098890 号

责任编辑：庞丽佳　黄　硕
责任校对：蒋子明
责任印制：邱　天

数智化时代资金链治理研究

李任斯　著

经济科学出版社出版、发行　新华书店经销

社址：北京市海淀区阜成路甲 28 号　邮编：100142

总编部电话：010-88191217　发行部电话：010-88191522

网址：www.esp.com.cn

电子邮箱：esp@esp.com.cn

天猫网店：经济科学出版社旗舰店

网址：http：//jjkxcbs.tmall.com

北京时捷印刷有限公司印装

710×1000　16 开　24 印张　360000 字

2023 年 6 月第 1 版　2023 年 6 月第 1 次印刷

ISBN 978-7-5218-4819-9　定价：89.00 元

（图书出现印装问题，本社负责调换。电话：010-88191545）

前　言

供应链企业之间需要协同合作才能长远发展，但是供应链交易中，谈判能力强的一方往往会倾向于侵占对方企业的流动资金，即使在VMI（vendor managed inventory）、JIT（just in time）等现代供应链管理方法下，大企业零库存、敏捷制造的实现往往伴随着上下游小企业库存成本的增加以及资金的占用。谈判力量强的一方可以获取更多的商业信用融资，占用对方的资金流，而谈判力量弱的一方由于资金被过度占用，不能充分地进行采购以及投资活动，产品质量和营运效率可能会下降，供应链的长远利益将会受到影响。因此，实现供应链企业之间资金协同很重要。

在现实供应链环境中，企业嵌入复杂的网络内部，二元关系已经不足以充分研究供应链企业之间的行为，三元关系将是分析供应链网络的最小单元。本书的研究立足于供应链三元关系，研究二者的谈判能力如何受第三方因素的影响。本书从供应链三元视角出发，以我国A股上市公司数据作为样本，研究供应商（客户）集中度、产权性质、产业集群对商业信用协同的影响，以及供应商和客户如何对企业资金使用进行治理。

此外，数智化技术应用也为资金链治理提供了新的思路，随着大数据、区块链、云计算、物联网、人工智能等数智化技术的应用，企业财务组织要向更富有洞察力的方向进行转变，会对资金链治理流程和方法产生变革性的影响。在数智化技术的帮助下，企业之间可以增进信任，提高反应速度，有助于获得更多融资，增加运营效率，更好地应对风险，提高资金链韧性，本书通过案例分析研究企业财务组织如何进行数智化转型，并利用上市公司数据检验数智化技术应用对资金链治理效果的影响，提出优化对策。

本书是作者基于博士论文以及后期的研究成果修改形成的，共6编，包含16章。本书的研究为提高供应链企业之间资金协同、加强资金监督提供参考，企业应增强供应链关系管理，加强与供应商、客户三元关系的建设，在选择供应链合作伙伴时，要考虑集中度、产权性质、产业集群等因素，在面临融资困境时可以向供应链伙伴寻求商业信用支持。此外，数智化时代企业应加快对新技术的使用，同时进行财务组织变革使数智技术发挥更好的作用，企业应考虑法治环境、市场环境、公司治理环境、供应链环境等因素，使数智化技术对资金链治理发挥的效果最大化。

最后，感谢我的导师中央财经大学刘红霞教授对本书的指导和帮助，感谢我的父母和家人对我的支持和鼓励，感谢编辑部的老师认真的检查和校对。希望本书能够为同行带来新的想法和思路，为企业加快数智化转型和提高资金链管理水平提供帮助。

目　　录

第1编　绪　　论

第 2 编　供应链特征对资金链治理研究

第3编　资金链治理效果研究

第4编 数智化技术在资金链治理中的应用

第5编 数智化技术对企业资金链治理效果研究

第1编　绪　　论

第 1 章

引　言

1.1 研究背景

供应链企业之间需要协同合作才能长远发展，实现物流、资金流、信息流一体化，但是相比于创新协同、信息协同、物资协同等，供应链企业之间的资金协同较难实现，即使在 VMI、JIT 等现代供应链管理方法下，大企业零库存、敏捷制造的实现往往伴随着上下游小企业库存成本的增加以及资金的占用。商业信用是企业资金结算的重要方式，大约有 70% 的美国公司和 80% 的英国公司向客户提供商业信用（陆正飞、杨德明，2011），但某些企业的资金会因为商业信用被供应商或客户过度占用。例如，一些汽车公司为了保证自身的研发资金充足，要求供应商在结算时必须服从延期付款的要求，并要求减免部分货款；一些大型超市也对供应商采取延期付款的方式占用供应商流动资金，账期至少两个月，且不用支付利息；据统计，我国上市公司采购业务中应付款项占营业成本的比例约为 35.3%，与银行短期借款比重接近（34.9%），销售业务中应收款项占营业收入的比例约为 26.4%。这种延期付款和赊销都是商业信用的组成部分，而商业信用期限也较长，上市公司平均赊销期为 89 天，25% 以上的公司赊销期达到了 123 天以上，应付款项平均周转期在 123 天，5.39% 的公司达到了 1 年以上。商业信用使得企业之间利益相连，如果一家公司出现债务危机，那么该风险会向上游企业、乃至整个供应链网络进行传导，造成供应链整体较严重的三角债问题。以乐视网为例，因乐视网公司资金链断裂，由商业信用传递产生的三角债高达50亿元，导致以乐视网为主体的上下游企业面临巨大损失，甚至趋于破产。因此，实现供应链企业之间商业信用协同对供应链整体的健康发展至关重要。此外，商业信用协同能够促使企业资金流不被过度侵占，提高交易双方关系紧密度，是供应链企业实现创新、运营等多方面协同的基础。

一方面，商业信用的使用可以促进销售、缓解融资约束，降低双方之间的信息不对称和机会主义行为，但另一方面，商业信用相当于供应链企业之间提供的短期借款，影响双方资金流，企业之间会对商业信用相互竞争，谈判力量强的一方可以获取更多的商业信用融资（张新民等，2012），而谈判力量弱的一方由于资金被过度占用，进而影响付款及时性和产品质量，供应链的长远利益将会受到损害。同时，企业交易中商业信用的过度竞争也会影响各方之间的关系，进而影响供应链企业之间生产运营和研发创新的协同合作。本书研究认为，商业信用的存在具有合理性，但应保持在合适的水平，供应链各方企业既不应过度侵占其他企业的商业信用，也不应被其他企业所侵占，应实现商业信用协同。党的二十大报告和《政府工作报告》都强调了深化供给侧结构性改革，建立现代供应链，鼓励供应链企业间合作与整合，国务院发布了《关于积极推进供应链创新与应用的指导意见》，其中重点强调促进制造协同化，要求大中小企业实现专业化分工协作，降低生产和经营成本。而商业信用协同可以降低供应链企业的财务费用、融资成本，促进销售，同时是维护供应链关系，实现供应链创新、运营多方面协同合作发展的基础，有助于实现供应链整体的价值最大化。

随着大数据和移动互联网的发展，信息透明度、及时性提升，企业在进行财务决策时有能力收集到多方面信息，基于综合信息进行决策。在商业信用决策中，不仅要考虑直接交易对象的情况，也可以将供应链网络中与企业有间接交易关系的对象纳入考虑范围内。以往关于供应链关系的研究主要集中在企业与供应商/客户二元视角中，供应商/客户特征将会影响企业投资、筹资、营运资金管理、股利分配等各项活动，但是在实际的供应链网络中，各方之间会相互影响，供应商与企业交易中可能会考虑客户的情况，客户与企业交易中可能会考虑到供应商的情况，甚至供应商（客户）与企业之间的交易也会受其他横向供应商（客户）的影响，供应链各主体在决策时除了考虑直接交易对象，还要考虑存在间接关系的个体，而三元关系是社会网络的最小单元，因此从三元视角研究供应链企业之间商业信用谈判更为合适。三元关系下企业之间信息透明度、资源共享程度更高，同时它们相互监督，更容易实现协同。本书研究发现当只考虑供应商或客户时，企业与供应商/客户的二元关系主要体现为竞争关系，谈判能力强的一方获得商业信用融资更多，但是将三者综合在一起考虑时，企业的大客户和大供应商会相互制衡，同时增加对企业的商业信用融资支持，并且当企业融资约束越大时，这种支持作用越强，在一定程度上证明了三元关系下供应链企业更容易实现商业信用协同。

此外，在充满不确定性的全球经济大背景下，数字经济对于带动全球经济复苏有着非常重要的意义，技术创新将是拉动新一轮经济增长的强劲动力。近年来，以人工智能、区块链、云计算、物联网等为代表的技术集群呈现爆发的态势，在2019年的《政府工作报告》中，我国首次提出了“智能+”的重要战略。与此同时，中央全面深化改革委员会第七次会议提出，探索创新成果应用转化的路径和方法，构建数据驱动、人机协同、跨界融合、共创分享的智能经济形态。如今，数字与智能技术已成为改造传统行业、提升各领域运行效率的新动能。随着算力、算法、数据进一步大爆发，以5G、人工智能、工业互联网、物联网为代表的新型信息数字化基础设施建立，数智化商业范式蓬勃兴起，正在加速经济结构优化升级，对人们的生产和生活方式产生深远的影响。

企业实现数智化乃大势所趋。财务部门将是帮助企业充分把握这种数字化环境所带来效益的关键所在。通过提供洞察、预测和远见，帮助企业作出战略性决策，例如当企业考虑新业务，CFO应能预计产生的财务影响以及不确定的商业市场中的运营变化。财务组织需要更快速地把握和权衡新商机，主动帮助企业整体实现业务增长及控制风险，分析有益的业务合作关系，通过对整合的企业与环境数据的管理和分析，提高企业的响应能力。成功的财务组织应当采用新兴技术，创建业务洞察、提升效率、开拓机遇、促进创新，需要以数字化、智能化方式重塑组织。区块链、人工智能技术的使用也为实现财务活动数智化提供了可能，区块链促进了企业与企业之间信任的实现，人工智能技术通过机器学习等方法实现了自动化决策。

为了适应数智化时代，企业要向更灵活、更具有洞察力的组织进行变革，财务组织是企业整体变革的主要推动者，通过财务组织的信息整合以及预测分析可以使企业各个业务、职能部门实现整合，确保企业整体朝着相同的方向进行变革。因此，在数智化时代，企业首先要对财务组织进行变革，以价值发现为目标进行财务流程和财务组织结构的变革，并由财务组织推动整个组织的变革。同时，财务流程与业务流程的关系也要由财务业务一体化转为财务引导业务，通过对结构化和非结构化的大数据进行智能分析，为业务未来发展提供预测职能。

本书研究供应链企业特征如何影响资金链治理，以及产生的治理效果，包括供应商（客户）关系、产权性质、产业集群对资金链协同的影响，以及供应链资金治理对企业在职消费、企业价值的影响。此外，数智化技术为资金链治理提供了新的思路，本书通过分析 IBM 公司的财务组织数智化转型过程，并利用大样本实证检验数智化技术对企业营运效率、企业绩效、资金链韧性的影响，分析在不同的供应链环境、产业环境、法治环境、市场环境、公司治理水平等因素下，数智化技术发挥的效果有何不同，为企业更好地发挥数智化技术作用提供参考。

1.2 研究意义

1.2.1 理论意义

（1）从供应链企业多方特征对资金链治理影响因素进行大样本研究。

以往关于供应链的研究主要关注供应商、客户集中度信息，本书利用网络爬虫技术、文本分析方法搜索和处理供应商和客户大样本数据，收集供应商（客户）产权性质、地理位置、成立年限、上市情况等信息，研究供应链企业特征对资金协同治理的影响，并且从三元视角考虑供应链企业之间的相互影响，丰富了供应链在财务管理领域的研究。

（2）从商业信用方面研究资金链协同。关于供应链企业之间协同合作的研究主要集中于供应链企业之间的创新协同、物流协同、信息协同，而资金协同也应是供应链管理考虑的重要方面，商业信用协同是资金协同的重要组成部分，同时也是实现供应链多方面协同合作的基础，本书研究认为，商业信用的使用和供给应当适度，既不应过度占用其他企业的资金，也不应被其他企业侵占，同时研究商业信用协同谈判的动机和优化对策，丰富了供应链资金协同研究。

（3）丰富数智化技术对资金链治理的影响。数智技术的应用为资金链管理提供了新的思路，本书通过分析 IBM 集团财务数智化转型路径，并利用大样本实证数据分析区块链和人工智能技术在我国企业的应用情况，检验数智化技术对企业绩效、营运效率、资金链韧性等方面的影响，并从供应链特征、市场化环境、法治环境、公司治理环境等因素分析提升数智化技术应用效果的路径，丰富了数智化技术领域研究。

1.2.2 实践意义

（1）为企业更好地管理供应链关系，实现商业信用协同提供指导。三元关系下企业更容易实现商业信用的协同谈判，并且获得差异化资源是三元关系协同的主要动因，企业可以充分利用供应链其他伙伴的差异化资源来提升自身的谈判能力，例如集中的供应商（客户）关系、国有供应商（客户）都可以作为企业谈判的资源，并且企业与区域临近、产业关联度高的供应商和客户谈判时，更容易实现商业信用协同，带来各方经济利益的提升。

（2）为企业更好地使用数智化技术提高资金链治理效果提供参考。数智化技术的引用只有伴随着财务组织的变革才能充分地发挥作用，企业财务组织目标要从价值创造向价值发现方向转变，财务组织要更具有洞察力。数智化技术的应用可以提高企业的营运效率、降低违约风险、提高资金链韧性，但是部分企业在使用数智化技术时存在逆向选择问题，导致数智化技术并没有发挥应有的作用，在不同的外部环境下，数智化技术发挥的作用也不同，本书为企业更好地发挥数智化作用提供参考建议。

（3）为政府更好地实现产业集群建设，建立现代供应链，深化供给侧结构性改革提供参考建议。商业信用协同有助于企业增强与供应链伙伴之间的合作关系，也是实现生产经营协同、创新协同的基础，有助于提升供应链整体绩效。区域集群、产业关联程度高有利于供应链商业信用协同的实现，政府可以科学制定区域产业发展规划，优化产业结构和空间布局，培育制造业集群，扩大集群规模，以商业协同为基础加强产业集群内企业的经济联系和技术合作，着力培育和发挥产业集群的核心优势。同时，政府应加强数智化基础设施建设，制定促进企业数智化转型相关激励政策，帮助企业更好地实现数智化转型，实现产业链升级。

1.3 研究方法

（1）Python 网络爬虫方法。为了获取供应商、客户、数智化应用相关信息，本书基于中国上市公司披露的前五名供应商、客户名称，利用 Python 网络爬虫方法从全国企业信用信息公示系统、天眼查、企查查等公开互联网渠道获取供应商和客户的股权关系、规模、成立日期、上市情况、行业、产权性质、地址等信息。

（2）Heckman 两阶段法。考虑到并非全部公司均对供应商和客户信息进行披露，存在样本自选择偏误问题，本书对回归模型采用 Heckman 两阶段法进行稳健性检验，第一步定义是否披露供应商、客户具体名称虚拟变量（Namedum），采用 Probit 模型估计出上市公司披露供应商、客户名称的概率，计算出逆米尔斯比率（Mills），第二步在回归模型中加入 Mills 值，估计最终的回归结果。

（3）倾向得分匹配法（PSM）。考虑到样本自选择偏误问题，为了避免差异化资源因素对商业信用协同谈判的影响受到其他因素的干扰，本项目采用PSM匹配方法。根据研究问题将样本分为实验组和控制组，根据公司特征、供应链特征、行业、年度等信息将样本进行匹配，判断在其他因素一致的情况下，差异化资源是否会对企业商业信用协同产生显著性影响，同时，本书还对匹配的样本进行共同支撑假设、平行假设的检验，证明匹配的合理性。

1.4 框架与主要研究内容

本书包括以下几个部分：

第1编是绪论，包括第1章引言、第2章国内外研究现状、第3章理论基础和供应链发展背景。

第2编是供应链特征对资金链治理研究，主要从供应商（客户）关系、产权性质、产业集群角度展开，包括第4章企业—供应商关系对资金链协同治理影响研究、第5章企业—客户关系对资金链协同治理影响研究、第6章供应商—企业—客户三元关系对资金链协同治理影响研究、第7章供应商（客户）产权性质对资金链协同治理影响研究、第8章供应商（客户）产业集群对资金链协同治理影响研究。

第3编是资金链治理效果研究，主要研究供应商（客户）关系对在职消费、企业价值的影响，包括第9章供应商（客户）对企业在职消费资金治理效果研究、第10章供应链资金治理对企业价值影响研究。

第4编是数智化技术在资金链治理中的应用，包括第11章区块链在企业财务管理中的应用、第12章企业财务数智化转型案例分析——以IBM集团为例。

第5编是数智化技术对企业资金链治理效果研究，包括第13章区块链对企业营运效率影响研究、第14章区块链对企业绩效影响研究、第15章人工智能技术对资金链韧性影响研究。

第 6 编为结语，包括第 16 章结论与政策建议。

编	章
第1编 绪论	第1章 引言 第2章 国内外研究现状 第3章 理论基础和供应链发展背景

编	章
第2编 供应链特征对资金链治理研究	第4章 企业—供应商关系对资金链治理影响研究 第5章 企业—客户关系对资金链协同治理影响研究 第6章 供应商—企业—客户三元关系对资金链协同治理影响研究 第7章 供应商（客户）产权性质对资金链协同治理影响研究 第8章 供应商（客户）产业集群对资金链协同治理影响研究

编	章
第3编 资金链治理效果研究	第9章 供应商（客户）关系对企业在职消费资金治理效果研究 第10章 供应链资金治理对企业价值影响研究

编	章
第4编 数智化技术在资金链治理中的应用	第11章 区块链在企业财务管理中的应用 第12章 企业财务数智化转型案例分析——以IBM集团为例

编	章
第5编 数智化技术对企业资金链治理效果研究	第13章 区块链对企业营运效率影响研究 第14章 区块链对企业绩效影响研究 第15章 人工智能技术对资金链韧性影响研究

编	章
第6编 结语	第16章 结论与政策建议

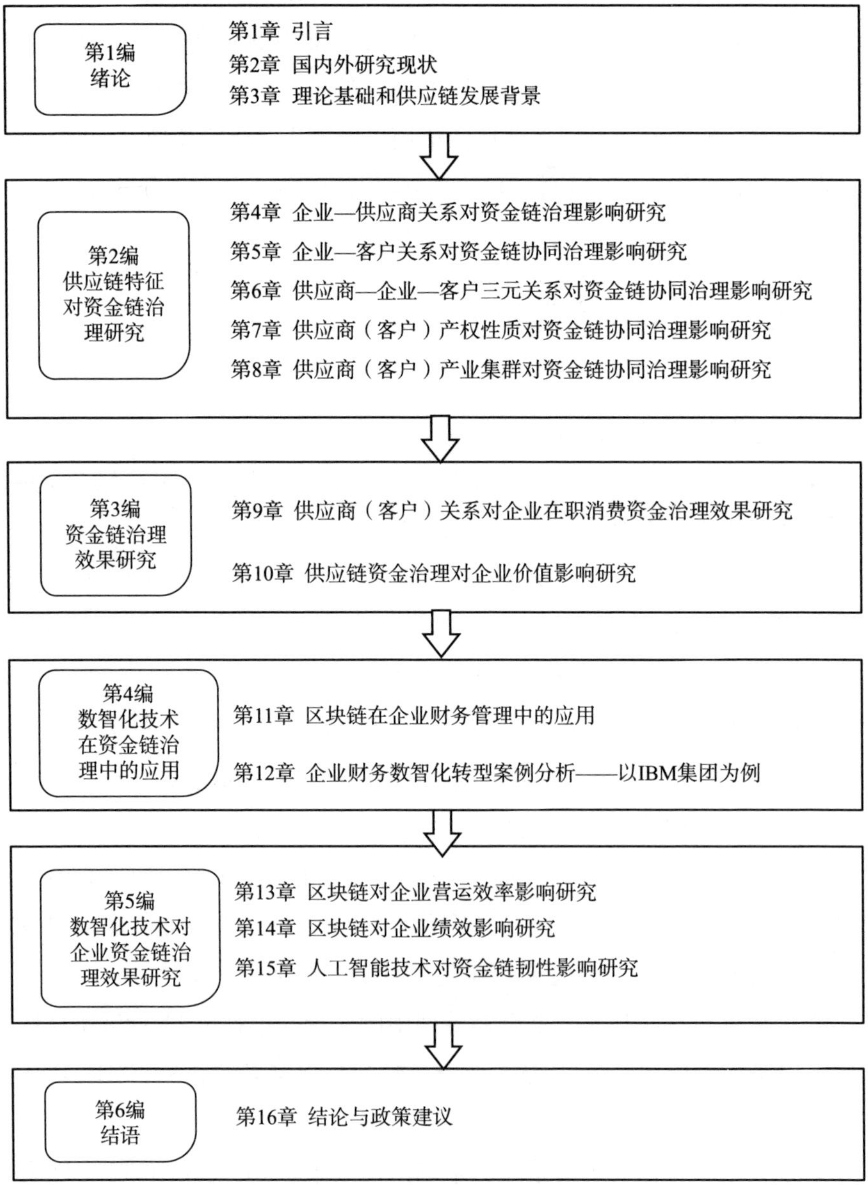

图 1.1　本书内容结构

1.5 创新点

（1）理论创新：深入挖掘三元关系下商业信用协同谈判的动机。

供应链企业交易过程中进行的商业信用决策既存在协同合作动机，也存在竞争因素，协同和竞争同时存在，二元关系下商业信用谈判中竞争占主导，而三元关系下企业之间协调性、稳定性增加，第三元关系的加入会提升商业信用谈判的协同程度。本书从资源角度深入挖掘三元视角下商业信用协同谈判动机，研究供应链第三方企业持有的资源是否会影响到其他企业之间的合作关系，进而影响商业信用谈判协同程度，丰富了供应链关系对商业信用影响研究。

（2）实践创新：探索数智技术如何创新地应用于资金链治理中，分析数智技术对资金链治理的影响效果和机制。

数智技术的应用可以使企业快速、智能化地处理海量数据，轻松建立企业之间的信任关系，本书研究数智技术如何创新地应用于资金链治理，设计数智化资金链管理系统流程、模式、应用场景，为企业提升资金链韧性提供了新的思路和方法。同时利用大样本数据分析数智技术对企业资金链治理的影响效果和机制，为不同特点的企业如何使用数智技术提供差异化建议。

（3）方法创新：采用 Python 网络爬虫方法获取大规模供应链样本数据，为实践提出普适性指导意见。

关于供应链关系的研究难点在于企业上下游信息的获取，以往关于供应链三元关系的研究主要采用案例分析或问卷调查，只局限于某几条供应链、某个地区或某个行业，样本的选择存在局限性。本书基于上市公司披露的前五名供应商和客户名称，采用网络爬虫方法获取供应商和客户产权性质、行业、地区、成立年限、上市情况等大样本数据，利用实证回归方法研究三元关系下商业信用协同谈判的动机，并提出优化对策，为企业更好地管理供应链关系，实现商业信用协同提供普适性指导意见。

第 2 章

国内外研究现状

2.1 相关概念界定

2.1.1 供应链关系的界定

“关系”在《辞海》中的定义为“两种事物相互的关联”。供应链关系主要是指供应链范围内的各企业实体所存在的相互关联，它强调的是各节点企业之间的相互作用和相互影响的状态。按对象划分，供应链关系包括企业与供应商、企业与客户，以及三者共同作用的关系。从性质划分，供应链关系包括竞争关系与合作关系，即作为独立的经济实体时，成员之间的关系表现出一定的竞争性，而作为一个供应链整体时，成员企业间的关系又表现出基于整体利益最大化的合作，供应链中的竞争关系与合作关系相互并存、相互影响。

（1）供应链中企业的竞争关系。

处于供应链中的企业作为独立的经济个体，其最终目标是要实现自身价值最大化，当供应链其他企业会影响到企业这一目标时，企业会与其相互竞争。竞争是一种客观存在，不可避免的现象，广泛存在于市场当中，而供应链作为一种复杂的系统，企业之间的竞争是必然存在的。在供应链中，各个企业是独立经营的，都希望能够实现自身的价值最大化，由此产生了竞争，但是企业之间会由于企业规模、市场地位、产品替代性等方面不同而导致地位的不平等，谈判能力也不同，谈判能力强的企业会在竞争中获得更大的利益。如在以制造商为主导的供应链中，制造商的谈判能力较强，而零售商、原材料供应商等企业的谈判能力相对较弱，制造商对整个供应链具有较强的掌控权，制造商希望可以提高销售价格，降低采购价格，而其他企业为了维持与制造商之间的交易关系不得不进行妥协。而在以零售商为主导的供应链中，如大型超市，零售商由于掌握着大批客户，直接面对最终消费者，因此在谈判中处于强势地位，零售商为了实现自身利润最大化，会尽可能压低采购价格，降低采购成本，还会尽可能减少库存，要求供应商在规定时间进行补货，供应商的决策很大程度上受到零售商的影响，并且零售商还可能会通过拖欠货款、各种收费等方式来损害供应商的利益，供应商由于自身的谈判能力相对较弱，不得不迎合零售商的意愿。因此在供应链上下游间存在地位差异时，供应链的上下游间产生博弈竞争关系，各经济主体都想在供应链收益分配中获得更多的利益。供应链企业之间适度竞争可以使企业保持活力，通过努力提升自身的竞争力来提高在供应链中的地位，对企业发展有良好的影响，但是过度竞争会使企业之间合作减少，每个企业都以一种猜忌的态度对待交易对方，不容易实现信息沟通，甚至会以牺牲效率的方式来进行竞争，对企业自身以及整个供应链的价值提升都会产生不利影响。

（2）供应链中企业的合作关系。

供应链中企业的合作需要通过满足一定条件才能得以实现，当企业可以在供应链合作中获得比不合作更多的利益，企业更倾向于与供应商、客户进行合作，提高整体供应链的收益，企业与供应商、客户保持合作协同关系可以降低企业间的交易成本，减少供需的不确定性，降低企业的整体库存，实现资源的优势互补以及企业间战略的协同，提升企业整体竞争优势，实现供应链的“1+1>2”。林勇、马世华（2000）认为供应链中企业的合作关系是以一种长期书面合同为基础，但又能超越合同发挥的作用，使交易双方在较长时期内可以形成共同分享信息、共同分担风险和收益的企业关系；福特等（Ford et al.，1998）认为，供应链合作是企业通过形成社会网络关系，使双方具有相同的目标，打破企业边界，可以用一种非正式的方式进行工作安排，利用相同的政策进行运营管理，信息、技术和知识都可以进行充分的交换；布泽尔和奥特迈尔（Buzzell & Ortmeyer，1995）认为，伙伴关系的建立可以实现纵向集成的效果，并且不需要所有权进行控制，买方和卖方可以在一段时间内以相同的目标共同发展，实现整个供应链价值最大化；夏志琼（2002）指出，供应链中的合作关系是买方和卖方在一段时间内针对交易达成的协议，协议内容包括充分的信息共享，双方分担合作带来的收益，共同承担风险，双方之间必须充分信任才能建立合作关系，建立合作关系可以共享信息技术，共同研发，分享互补资源，共同开拓市场，不但提升供应链整体的收益，还可以提高每一个企业的收益，实现共赢。

（3）供应链中企业的竞争关系与合作关系之间的联系。

现实中的企业没有完全的竞争，也没有纯粹的合作，它们总是又合作又竞争，布兰登伯格和纳勒巴夫（Brandenburger & Nalebuff，1995）在《哈佛商业评论》上提出“竞合”的概念，认为合作性竞争超越了过去竞争与合作的概念，并结合了两者的优势，企业在开拓新市场时合作，在瓜分市场时竞争。供应链上的企业在开拓市场、创造价值时，单独行动往往无法实现目标，因此，企业会与供应商、顾客，甚至竞争对手密切合作；在分配价值、分配市场份额时，供应链上的企业为了使自身分得更大的收益，相互之间会发生竞争，即供应链上的企业合作起来把“饼”做大，竞争起来把“饼”分掉（陈菲琼、范良聪，2007）。

供应链上企业的关系是竞争—合作—竞争周而往复的过程，竞争中有合作，合作中有竞争。供应链上的企业作为独立的经济人，与其他企业之间的竞争关系一直都存在，但在一定条件下，供应链中企业的竞争关系可能会转变为合作关系，其中转变的条件可能是企业自身因素也可能是外部环境因素，由于企业都是以自身价值最大化为目标，因此供应链上企业合作的唯一动力条件是能够在合作中获得比不合作更多的利益。协调合作被证明在一定的条件下可以带来超额的总体收益，但总体收益的提高只是给个体收益的提高提供了一个可能，而不等同于个体收益的提高，因此，为最终满足个体对利益最大化的追求，实行“共赢”局面，还必须对合作产生的超额收益制定一套合适的分配机制，使得每个个体的收益都能够有所增加。利益分配机制不仅要保证每个参与方的收益都有所提高，而且要准确地确定利益分配的比例，最终达到各参与方都没有动机改变这种分配比例的均衡状态。从博弈论的角度来看，这种利益分配机制实际上是达到一种均衡的效果，一旦这种均衡状态被破坏，供应链上企业的合作关系就会产生动荡，当达到一定的临界值时，某些个体收益可能少于不合作的收益，供应链中企业间的合作关系就会解体、重组。

2.1.2　商业信用融资概念界定

商业信用融资是指企业在正常的经营活动和商品交易中由于延期付款或预收账款所形成的企业常见的信贷关系，商业信用融资实质上是企业的上游或下游为企业提供的一种短期信贷。商业信用融资对企业的融资约束具有缓解作用，在信息不对称条件下，企业在受到银行的信用配给约束时常常会转而求助于卖方或买方提供的商业信用融资（Biais & Gollier，1997；Fisman & Love，2003；Burkart & Ellingsen，2004），即便在美国这样的发达国家，商业信用融资也是最为重要的短期外部融资方式之一（Perterson & Rajan，1997），在金融发展受到抑制的发展中国家，商业信用融资更是一种银行信贷的有效替代机制，对缓解企业融资约束具有重要作用（McMillan & Woodruff，1999；石晓军、张顺明，2010）。

对于商业信用融资的含义，目前普遍认为，商业信用融资是指用赊销或者预收货款的形式，其中赊销方式是最主要的商业信用形式，构成商业信用的主要要素有商品交换、时间间隔、债权债务关系、相互合作与信任、偿还能力、风险、标的、支付方式、信用工具等。从本质上讲，商业信用融资就是企业之间直接发生的货币借贷行为，赊销实际上是卖方企业借钱给买方企业，预付实际上为买方企业借钱给卖方企业。商业信用融资具体表现形式有应收项目和应付项目，应收项目包括应收账款、应收票据和预付账款，应付项目包括应付账款、应付票据和预收账款。商业信用是当今普遍存在的一种信用形式，据统计，美国制造业和零售业 90% 的业务采用的是商业信用形式。但是使用商业信用融资也有其局限性，例如，商业信用融资期限较短，筹资数额较小。采用商业信用筹集资金，期限一般都很短，如果企业要取得现金折扣，期限则更短，并且商业信用融资一般只能筹集小额资金，而不能筹集大量的资金，此外商业信用融资成本较高，如果企业放弃现金折扣，必须付出非常高的资金成本。商业信用融资是一把“双刃剑”，它有时会造成企业间拖欠货款、产生“三角债”问题，所以，对商业信用使用不当会加大企业的经营成本和风险，企业之间通过商业信用可以形成一条支付链，链条上任何一家企业出现危机时，都会通过商业信用影响到链条上的其他企业，最终可能会导致整条链条的崩裂。

本书认为，商业信用融资是发生在企业与供应商以及客户交易中的信贷行为。在与供应商交易中，供应商允许企业延期付款，以及供应商减少对企业预付账款的强制性要求是企业在与供应商交易中获得的商业信用融资，具体表现为应付账款增加，预付账款减少。客户缩短付款期甚至提前付款是企业与客户交易中的商业信用融资，具体表现为预收账款增加，应收账款减少。

2.2 供应链关系研究现状

关于供应链关系研究现状如表 2. 1 所示。

表 2. 1　　供应链关系研究现状

二元关系	供应商—企业关系、客户—企业关系	主要从供应商—企业、客户—企业二元关系对财务决策、资本市场、审计、信息透明度、供应链治理、创新、公司业绩等方面的影响进行研究

续表

三元关系	三元关系综述	三元关系下合作、监督效果、资源共享程度增加
	三元纵向供应链关系	纵向供应链关系为供应商—企业—客户关系，从纵向供应链合作动机和影响效果方面进行研究
	三元横向供应链关系	包括供应商—供应商—企业、企业—客户—客户两种类型，主要从横向供应链关系类型、横向联盟动机、横向关系与纵向关系的相互影响、横向关系对绩效的影响方面进行研究

2.2.1 供应链中二元关系的文献回顾

（1）供应链二元合作关系文献回顾。

与供应商建立合作关系可以实现与供应商之间的资源互补以及信息共享，提高企业的生产效率。管理会计研究者吉特兹曼（Gietzmann，1996）认为，将供应商纳入合作当中有助于企业改善产品质量，加速产品研发，企业可以在设计研发产品时将供应商纳入讨论团队中，使供应商更了解企业对产品的需求，并对产品的设计给予合理的建议，可以提高企业研发生产的效率。企业与供应商建立紧密联系还可以节约企业的交易成本，通过与供应商及时的沟通与联系，可以使供应商更合理地安排生产，在企业需要时及时发货，减少企业由于缺货或库存过多带来的成本，共同提高企业与供应商的效率（Chen & Paulraj，2004）。同时，大量研究表明，核心企业与战略供应商关系的改善有助于提升供应链运营绩效和企业绩效，叶飞和李怡娜（2006）对我国珠三角地区制造企业进行了研究，发现建立供应链伙伴关系可以提升双方之间信息共享程度，信息共享的实现又可以提升企业运营绩效。企业与供应商关系能够对企业的业务流程、盈利能力、经营风险等多个方面产生重要的影响。国内外学者从不同角度对供应商关系尤其是长期合作的供应商关系对企业的影响进行了研究。李亚伯、成卫华（2005）认为建立双赢的供应商关系有利于降低企业采购成本、供应商供货风险、未知技术领域风险、投资风险，与供应商协调互补投资领域，共同形成规模经济，与供应商共享技术和专利，共同提高客户满意度。但是与供应商保持密切合作关系带来的收益会随着时间的推移逐渐减弱，摩尔曼等（Moorman et al.，1993）的研究发现，随着供应商—客户长期关系的延续，产生的效益因素，如信任、承诺、交互作用等将会减弱。

与客户建立合作关系可以提高客户满意度，提升客户忠诚度，实现企业市场份额的增加。客户关系也是供应链管理的重要组成部分，企业要与客户建立长期合作关系，为客户提供增值的产品和服务，提高最终客户满意度，维持客户的忠诚，实现企业市场份额的增加。大量客户化定制和个性化服务的增加使得客户关系管理成为企业持续存在的关键因素，企业保持顾客的忠诚，增加为顾客提供的价值，同顾客保持亲密关系是企业相对于其他竞争对手的竞争优势，企业应将主要资源用于管理与主要客户的关系，同主要客户建立战略伙伴关系，企业与战略客户之间关系的改善将有助于提升企业的运营绩效，并提升整个供应链的合作绩效（叶飞、薛运普，2011；张旭梅、陈伟，2011；Fyneset al.，2005；Ramaseshan et al.，2006）。企业可以从其客户和潜在的联合投资企业那里获得有价值的信息，帮助其提高日常管理效率（Kalwani Narayandas，1995）。

与供应链成员建立合作伙伴关系还可以降低供应链企业之间的信息不对称，有助于企业作出最优决策，提高市场反应速度。供应链成员企业间的信息共享能降低供应链上的牛鞭效应（Frank Chen et al.，2000；石小法等，2002；马祖军等，2002），降低库存水平，减少资源浪费，提升整个供应链的价值。为了更好地管控整个供应链，供应链合作伙伴通过正式或非正式方式进行持续交流（Cooper et al.，1997；Chen & Paulraj，2004），实现信息共享，如戴尔公司通过同供应商共享信息，不仅实现了更快的存货周转、降低了库存占用，还提高了预测准确性，顾客也能以更低价格购买更高质量的产品。不仅如此，很多研究者认为供应链企业间无缝合作的关键在于使供应链的每一个节点企业都获得真实且及时的市场数据，此外，信息共享能使供应链成员企业更好地理解最终顾客的需求，提高对顾客的反应速度。因此，信息可以成为一种竞争性的优势资源，通过同供应链其他合作伙伴共享可获得的数据，能增加供应链的弹性，但是供应链上企业对共享信息的要求是准确且及时的，也就是说，虽然信息共享很重要，但信息共享的作用效果取决于共享了什么样的信息、何时共享信息、如何共享信息以及同谁共享信息（Holmberg，2000），即信息的准确性、及时性、充分性和可靠性等（Monczka et al.，1998）非常重要。

（2）供应链中二元竞争关系的文献回顾。

波特（Porter，1979）提出的五力模型指出了企业与供应商、客户的议价能力会对公司战略和业绩造成影响，他认为，企业存在五种外部竞争力，分别为供应商的议价能力、客户的议价能力、替代产品或服务的威胁、潜在进入者的威胁、现有竞争者的竞争，它们将影响企业制定产品的价格、成本与企业需要进行的投资，影响公司业绩。波特的五力模型将供应商议价能力与客户议价能力作为影响企业竞争力的两大因素，并进一步指出了议价能力对企业利润率以及战略定位的重要作用，从定性的角度明确了议价能力对企业业绩的影响，由于供应商议价能力的高低直接影响企业获取原材料的成本，而客户议价能力的高低则直接影响企业产品的售价，因此企业的整体业绩会受到供应商和客户议价能力的影响。继波特之后，许多学者开始将五力模型运用于不同的市场或行业进行竞争分析，使得五力模型逐渐成为产业分析、战略定位方面应用最为广泛的分析模型之一。

从供应商角度，供应商的议价能力将影响企业的绩效。波特的五力模型指出，同一行业中的供应商越少，供应商的可替代性越小，供应商的议价能力越强，供应商的议价能力与供应商的数量成反比，随着供应商议价能力的增强，供应商可能会降低其产品质量并提高产品价格，对企业盈利产生负向影响。穆雷等（Murray et al.，1995）进行了全球采购策略对策略绩效及财务绩效影响的分析，他们利用供应商数量、替代品数量及转移成本水平三项指标之和来衡量供应商的议价能力，讨论其对企业绩效的作用，发现供应商议价能力与企业绩效负相关。道拉特沙希（Dowlatshahi，1999）提出的供求关系实力结构矩阵也证明了，在一对多的关系中，数量较少的一方将处于优势地位，说明企业如果在单个或较少供应商处采购大量原材料，则企业对供应商的依赖程度较高，而企业寻找新供应商，并且建立新关系的成本也较高，那么供应商产品价格和质量的变化更有可能对企业的生产经营产生重要影响。加尔－奥雷（Gal－OrE，2004）分析认为，企业通过兼并收购等方法进行前向或后向整合在行业中获取垄断地位，将有可能提高企业的议价能力，进而提升盈利能力。王卓等（2005）认为，供应商的品牌力度、零售商的网络规模都是博弈中议价能力的重要因素，将影响供应链参与者长期合作中的利润分成，议价能力越强，企业在供应链中分得的利润越多。唐跃军（2009）认为供应商的议价能力相对较强，它们可能会通过降低产品质量、提高产品价格获取更多的利润，这势必会削弱企业的盈利能力；而当企业拥有较多供应商，它在每一个供应商处采购量只占其总采购量的一小部分时，其对单个供应商的依赖程度降低，并且供应商的可替代性也较强，供应商议价能力相对较弱，供应商之间会相互竞争，争相为企业提供价格较低而质量较高的产品或服务，这将会提升企业的盈利能力，并使企业在选择供应商方面具有较高的灵活性。

从客户角度，客户的议价能力将影响企业的绩效。客户的议价能力往往取决于其规模大小、集中度大小、对相关供应商及其产品成本信息的掌握程度，企业向某一客户销售的产品或服务占其销售额的比例较大时，对该客户的依赖程度增加，从而客户的议价能力增加，尤其对一些固定成本很大的行业来说更为如此，向企业大批量进货的客户必然会对企业经营造成重大影响，客户关系的突然中断可能会导致企业资金流的中断，对企业造成致命影响（Porter，1979）。此外，影响客户议价能力的另一重要因素是企业潜在的客户数量，在一对多的关系中，处于优势地位的是数量较少的一方，一旦产品的标准化程度不高，或产品受众群体较少，企业生产的产品可转移性较低，会增加企业对客户的依赖程度（Dowlatshahi，1999）。而客户数量较多时，客户的可替代性较大，客户可协调的批发价格区间会减小，客户的议价能力会减弱（郭红莲等，2008）。在中国，大多数情况下企业的客户与最终消费者直接联系，客户可以让最终消费者了解企业产品，并对消费者偏好进行引导，因此，企业有动机与规模较大的客户保持紧密联系，采购量较大的客户更容易在与企业谈判中争取到更低的采购价格，这将会影响到企业的盈利情况。徐淳厚等（2006）发现，随着中国市场经济的不断发展，客户的实力越来越强大，这在零售行业更为明显，零售商规模越来越大，客户拖欠货款的现象日益普遍，客户还可能通过 JIT 等模式要求供应商设立中转仓库，随时为其提供货物，向供应商转移库存成本。韩敬稳等（2009）也指出，下游零售寡头由于强大的买方实力而形成的较强议价能力，会使用各种方式向上游供应商转移成本和风险，进而形成利益侵占，而且在双寡头的情况下，即使寡头之间相互竞争，客户也不会停止对上游企业的利益侵占。为了削弱大客户的议价能力，使企业在供应链中获取更大的利润份额，企业有必要提高客户对自身的依赖程度，同时通过增强产品差异化或开拓多种销售渠道等方式增加潜在客户的数量，降低其集中度，从而减少自身对客户的依赖程度。唐跃军（2009）同时考虑企业与供应商、客户的议价能力以及供应商和客户的协调能力，以供应商集中度和客户集中度衡量企业与供应商和客户的关系，发现供应商集中度与企业业绩成倒“U”型关系，保持供应商集中度处于适当水平，兼顾供应链风险和供应链整合，对提升企业业绩较为有利；客户集中度与企业业绩显著负相关，企业应分散客户，减少客户对企业的利益侵占。Suutar K（2000）认为，企业获取原材料的成本受供应商议价能力高低影响，而企业销售产品价格受客户议价能力高低影响，因此企业的整体业绩将会受到供应商和客户议价能力的影响。

（3）供应链二元关系对财务管理活动影响综述。

近年来学者们开始将供应链领域与财务管理领域相结合，研究供应链关系对企业财务活动的影响，主要从对企业现金持有、并购绩效、股利分配、资本结构、盈余管理以及企业绩效等方面的影响进行研究。

供应链关系对现金持有具有影响，当企业有重要客户时，会增加现金持有水平。伊茨科维茨（Itzkowitz，2013）发现，如果一个顾客销售收入占企业营业收入的比重很大，那么失去这个客户可能会对企业财务状况造成很大影响，为了降低这个重要客户对企业可能带来的潜在运营风险，具有重要客户关系的供应商可能持有更多的现金，并且随着客户关系重要性的提升，企业持有现金数量也成比例地增加。当企业有重要客户关系时，企业的资本结构和现金持有都会因这个重要客户受到影响，但是企业管理现金和债务是出于不同的目标，有重要客户关系的企业通过发放股票的方式积累现金，而不是通过债务融资或使用盈余来提升现金持有水平。科恩和李（Cohen & Li，2014）通过美国企业数据研究，发现公司持有现金的原因可能与顾客导向有关，尤其是与政府有关，把政府作为主要顾客的企业会持有更少的现金，并且具有更稳定的未来收益，并且企业的供应商会考虑企业与政府的关系而提供更少的贸易信贷。

供应链关系对股利分配具有影响，当企业有重要客户时，股利分配会减少。王（Wang，2012）研究企业与主要客户/供应商的关系如何影响它的股利支付政策，当企业将它的交易集中于若干个客户或供应商，它就与这些供应商和客户建立了紧密联系。以往的文献认为供应商—客户关系主要通过两个途径影响企业的股利支付：一是建立供应商—客户关系需要进行专项投资，这可能给企业带来资金约束，因此企业要保留较高的现金，减少股利的发放；二是主要客户可以为企业提供鉴证功能，客户的鉴证功能可以替代股利支付的信息传递作用，可以向外界传递企业经营状况良好的信息。企业有重要客户关系就可以减少现金股利的发放，王（Wang，2012）发现企业—客户关系与股利支付呈负向关系，并且主要原因是建立客户关系需要增加专项投资，为了确保企业有充足的资金，其需要降低股利支付。

供应链关系对并购绩效也具有影响，企业对主要供应商、客户进行并购会提升其竞争力。沙鲁尔（Shahrur，2005）研究企业对竞争对手、供应商和客户并购带来的财富效应，发现并购可以为竞争对手、供应商、客户带来正向的非正常收益，并且如果供应商较为集中，并购可以增加合并企业的购买力。费和托马斯（Fee & Thomas，2004）研究企业与供应商、客户以及竞争对手并购对股票市场反应以及运营绩效的影响，发现没有证据表明并购提升了企业与被并购方的垄断合谋水平，但是并购可以提升企业的生产效率和购买能力。

此外，供应链上下游企业的盈余信息也会对企业产生影响，企业的下游客户发布的盈余信息会被企业利益相关者所关注，并影响股票价格。程和埃什尔曼（Cheng & Eshleman，2014）研究企业的股东如何对企业主要顾客发布的盈余信息作出反应，发现企业的股东对企业客户的盈余消息产生过度反应，因为客户的消息包含了对企业未来盈余不确定的信息，因此会产生企业投资者的过度反应，并且当企业与顾客的经济联系加强时，企业投资者对客户盈余信息披露的过度反应会降低。朱（Zhu，2014）研究投资者是否会对企业客户的财务报告加以关注，通过检验发现在企业客户财务报告披露日以及出现企业客户的盈余报告新闻后，企业作为供应商会出现超额收益，说明企业客户的盈余报告会传递关于企业的信息，而企业投资者会关注这些信息。

供应链关系对企业资本结构的选择有影响，企业债务的降低可以向供应商、客户作为承诺机制，而债务的增加可以提升企业的谈判力量。企业与非财务利益相关者的关系会影响企业的资本结构决策，蒂特曼（Titman，1984）指出，企业的利益相关者在进行关系投资时会考虑企业的破产风险，而资本结构越高，企业破产风险越大，企业为了吸引其他利益相关者增加关系投资，会降低自己的资本结构。班纳吉等（Banerjee et al.，2008）发现处在双边关系的企业更可能会生产或采购独特的产品，尤其当企业处于耐用品行业时更为明显，为了使供应商和客户承担更多的关系专项投资，企业要减少自身的风险向供应商和客户作出承诺，这样的企业更倾向于保留较低的财务杠杆。克欧和沙鲁尔（Kale & Shahrur，2007）研究公司财务杠杆与供应商和客户特征之间的关系，发现债务可以作为一种承诺机制，也可以作为一种谈判力量，企业可能将降低资本结构作为一种向供应商或客户的承诺机制，来促使供应商或客户承担更多的关系专项投资，也可能通过增加债务来提高自身的谈判能力。通过检验发现，企业的财务杠杆与供应商和客户的研发强度负相关，并且在那些战略联盟和合资经营比较普遍的行业中，企业的债务水平更低，但是债务也具有谈判作用，企业的债务水平与供应商或客户的行业集中度正向相关。布朗等（Brown et al.，2009）发现企业进行杠杆收购可以增加与供应商的谈判能力，当下游企业宣布进行杠杆收购时，上游企业会发生非正常损失，并且对那些关系投资较多的供应商来说更容易受到负向影响，无论是非正常股票回报还是边际收益都是如此，而对于那些进行商品交易的供应商或交易时间较短的供应商来说不会发生这种现象，杠杆性资本重组宣告不会为供应商带来负向损失，说明如果负债的增加没有伴随着组织结构变革，就不会对供应商造成股票价格的影响。轩尼诗和利夫丹（Hennessy & Livdan，2009）研究当一个企业与供应商依靠不明确的合约进行交易时的最优杠杆选择，如果企业在谈判前进行杠杆性的资产重组会提高企业股票的总收益，提升企业与供应商的谈判能力，然而债务悬置会导致企业的信贷红利受限，最优资本结构应该在债务能够给企业带来的谈判优势与债务悬置给企业带来的非效率之间进行权衡。

供应链关系对营运资金管理和企业绩效也具有影响。逄咏梅（2013）将供应链关系的特征分为集中度、稳定性和对称性，并发现当供应链关系只具有集中度或稳定性时，由于客户的谈判能力较高会导致企业营运周期较长，而当供应链关系兼具稳定性和对称性时，企业营运资金管理效率会提升，营运周期缩短。供应链关系会影响企业的绩效，赫策尔等（Hertzel et al.，2008）研究企业的困境和破产申请对供应链上下游企业的影响，发现企业的破产申请会传导到供应链其他企业，供应商在企业提出破产申请公告后会有负向的市场反应。帕诺斯（Panos，2012）研究客户集中度如何影响企业的股票市场价值，通过检验发现客户集中度与企业股票收益率正相关，说明客户集中度较高可以提高企业的效率，客户集中度与企业市场绩效有因果联系，客户集中度增加可以降低企业运营费用，提高资产利用效率，进而提升企业价值。陈正林、王彧（2014）发现通过供应链的集成可以降低期间费用，加速企业资产周转，提高企业资产使用效率，并提高企业的资产收益率，促进企业财务绩效的提升。

在公司财务领域，供应链关系对企业财务管理活动的影响主要从二元视角进行研究，企业的大供应商和大客户希望与企业保持长久的合作关系，为确保经营生产的稳定性，会对企业的财务活动产生影响，包括企业与供应商/客户的二元关系对企业财务决策、资本市场、创新投资、信息传递等方面的影响。蒂特曼（Titman，1984）指出企业的利益相关者在进行关系投资时会考虑企业的破产风险，而资本结构越高，企业破产风险越大，企业为了维持关系稳定性，吸引其他利益相关者增加关系投资，会降低自身的资本结构来规避风险，向供应商和客户作出承诺（Banerjee et al.，2008），但轩尼诗和利夫丹（Hennessy & Livdan，2009）认为在稳定的供应链中，高杠杆可以提高企业的谈判能力，伊茨科维茨（Itzkowitz，2013）发现当企业有重要客户时，为了降低这个重要客户对企业可能带来的潜在运营风险，企业会增加现金持有水平，并降低股利支付率（Wang，2012），此外良好的供应商/客户关系会向外界传递正向的信号，降低企业的融资约束水平（Itzkowitz，2015）。朱（Zhu，2014）发现企业的下游客户发布的盈余信息会被外部投资者所关注，影响股票价格，陈正林、王彧（2014）发现供应链的集成可以降低期间费用，加速企业资产周转，提高企业资产使用效率，促进企业财务绩效的提升。同时，供应商和客户对企业的治理活动也有影响。例如，企业CEO的更换会使供应商产生较多的损失（Intintoli et al.，2017），以及客户集中度较高的供应商将面临更高的经营风险，并减少股权激励方式的使用（Albuquerque et al.，2014）。供应商和客户参与到企业的技术创新活动可以提升企业创新绩效（马文聪、朱桂龙，2013）。供应商和客户集中度越大，企业财务信息越保守（Hui et al.，2012）、盈余质量越高（Raman & Shahrur，2008）。此外，供应链和客户对企业并购绩效（Cen et al.，2016）、财务契约（Costello，2013）、社会责任承担（Jajja et al.，2019）、信息传递（Hwang et al.，2019）、市场共享（Priazhkina & Page，2018）、外贸出口、知识共享（Balboni et al.，2017）等方面均有影响。

我国学者在二元供应链关系对企业财务管理活动影响的研究主要从财务决策、资本市场、审计、信息透明度、供应链治理、创新、公司业绩等方面展开，包括供应商和客户对企业营运资金管理（王贞洁、王竹泉，2017）、投资效率（殷枫、贾竞岳，2017）、银行贷款（王迪等，2016；江伟等，2017）、商业信用（李任斯、刘红霞，2016；陈正林，2017）、融资方式（黄秋萍等，2014）、现金持有水平（赵秀云、鲍群，2014）、成本黏性（江伟等，2017）、盈余管理和审计师决策（方红星、张勇，2016）、盈余信息传递效应（魏明海等，2018）、盈余预测（王雄元、彭旋，2016）、审计师选择（张敏等，2012）、审计收费和审计质量（董沛武等，2018）、债券风险（王雄元、高开娟，2017）、股价同步性（李丹、王丹，2016）、供应链治理（胡琴芳等，2016；李维安等，2016）、技术创新（孟庆玺等，2018）、公司业绩（唐跃军，2009；李欢等，2018）、品牌溢出价值和品牌关系（李桂华、卢宏亮，2010）、组织连接（毛基业、苏芳，2012）等方面的影响。

2.2.2 三元视角下供应链关系研究综述

（1）三元关系研究综述。

三元关系的概念最早由西美尔和休斯（Simmel & Hughes，1949）提出，他们解释了三元关系和二元关系存在的差异，在三元关系下，存在“少数服从多数”的规则，个体为了留存，在组织中会考虑整体的利益，作出少数服从多数的选择，组织之间更容易实现协调，其他个体会以互相帮助的方式来缓解一方退出对整个关系带来的负面影响，当两个个体利益出现冲突时，另外一个个体在其中发挥调解作用，而在二元关系中缺少这种机制。三元关系的引入改变了社会学中二元关系研究，各个主体之间不仅存在直接联系，也可能通过第三方形成间接联系，第三方会对原有的二元关系发挥强化或弱化的作用。

供应链管理、社会网络、创新领域逐渐开始对供应链三元关系展开研究。崔和吴（Choi & Wu，2002）在供应链管理中引入了三元概念，以往的供应链管理中主要关注二元关系，基于交易成本理论将客户和供应商的关系分为合作或竞争关系，但是这种二元关系偏离了现实情况，供应链网络的最小单元应该是三元关系，三元关系下企业的行为将与二元关系有所差异。科瓦尔科夫斯基等（Kowalkowski et al.，2016）认为处在同一网络中的交易关系是相互影响的，任意两者之间关系的变化会影响与第三方之间的关系，并影响资源整合和价值创造。因此在更广阔的网络环境下考虑供应链三元关系很重要，供应链企业之间的交易并不是单次的，应当追求不断重复和持久的交易合作来实现价值创造（Wynstra et al.，2015），需要把更多的利益相关者纳入价值分析范围内，供应链企业不仅要确保直接交易对象良好的经营状态，还要确保供应链其他间接交易对象也具有持续经营能力（Natti et al.，2014）。社会网络理论也解释了第三方主体作为中间人或者关系破坏者所发挥的作用（Burt，1992）。

学者们认为三元关系下企业监督效应增强。交易成本理论（Williamson，1985）提出缔约各方可以使用“三方治理”，即在缔约各方认为没有必要设计广泛治理结构的情况下，由第三方充当仲裁人或调解人，当企业缺乏充足的企业间关系治理的内部能力时，它们可能依赖于第三方的外部支持（Williamson，1985；Grant et al.，2004）。格雷夫等（Greve et al.，2010）认为三元关系可以降低个体的机会主义行为，当一方通过投机方式对待它的合作伙伴时，其他合作伙伴会以此为鉴终止与该投机企业的关系。阿多博尔和麦克马伦（Adobor & Mcmullen，2014）发现第三方没有直接参与到二元关系中，但可以在企业间关系的发展中发挥桥梁作用，小企业可以利用它们与可靠第三方的联系，来减少其与潜在合作伙伴之间的社会距离，当一个共同的第三方将两个个体连接起来时，第三方可以施加制裁，从而限制二元成员对彼此的机会主义行为，激发自我监控效果。

还有学者对三元关系下企业合作关系的建立和资源共享行为进行研究。麦克维利和扎希尔（McEvily & Zaheer，2004）提出第三方机构可以在合作行为者之间的信任发展中发挥促进作用，第三方可以通过防止或消除怀疑和对行为的错误理解，帮助减少两个个体之间的文化距离，减少权力差距的负面影响（Noteboom，2004）。曹智等（2011）发现在二元关系中，每个企业只考虑自身的利益，发生冲突时很难达成一致意见，在三元关系中，由于存在群体决策机制、调解机制，各个主体的议价能力将会降低，企业之间将更注重长期利益而形成合作关系。钱德勒和瓦戈（Chandler & Vargo，2011）认为三元关系可以作为一个中间机制协调另外两个主体，因此，对于三元关系的分析不仅要关注三个主体在内的系统，还要关注第三方主体如何对原有的二元关系产生影响（Vedel et al.，2016），这将会影响个体和组织之间的关系形成、结构和动态演化。主体自身或者在二元关系下可能不能创造价值，但是通过多重关系，他们可以获得资源和机会来满足自身和他人的需求（Vargo & Lusch，2011）。西尔塔洛皮和瓦戈（Siltaloppi & Vargo，2017）发现三元关系有助于共享社会服务的形成，增加共享隐性知识，有助于建立双方之间新的联系，促进知识创新，中间机构可以享受在主体之间获取和利用信息的机会，通过联系各个主体实现知识的传递和创造，并实现不同领域知识的整合（Florence et al.，2013）。但是也有学者认为，第三元的加入可能会加速企业之间的竞争，恶化原有的二元关系（Obstfeld，2005）。

（2）三元纵向供应链关系研究综述。

三元纵向供应链关系为供应商—企业—客户，学者们主要从纵向供应链合作动机和影响效果方面进行研究。在纵向关系中，供应链结构会影响信息传递以及监督作用的发挥，供应链网络中心度越高，信息传递速度越快，监督作用发挥的效果越好，而结构洞的存在则有损信息的流动，导致产品质量和创新绩效的下降（Kalaignanam et al.，2017），供应链企业如果能实现两两充分联系，各方之间沟通将更为便利，合作关系会增强（Mena et al.，2013）。崔和金（Choi & Kim，2008）发现下游客户在寻找供应商时，不仅考虑供应商单独一个主体，还会考察供应商的扩展供应网络，对该供应商的情况进行更全面的评估，从而更好地选择长期合作的供应商，即使某些供应商经营业绩不佳，但是如果该供应商的上游供应商产品质量、技术能力、资源等方面较好时，客户也会从战略角度将该供应商纳入合作范围内，使自身嵌入更有竞争力的供应链网络中。金和亨德森（Kim & Henderson，2015）发现供应商和客户给企业带来的影响是存在差异的，与核心企业谈判时，供应商会减少自身的机会主义行为，但是强势的客户还是会表现出较强的机会主义行为。罗塞蒂和崔（Rossetti & Choi，2005；2008）通过案例研究发现，在一些情况下供应商会跳过中间企业，直接与最终客户取得联系，了解最终客户的需求。梅娜等（Mena et al.，2013）研究“客户—供应商—供应商的供应商”这一供应链三元关系，将整个供应链区分为闭合供应链和开放供应链，若客户与供应商的供应商没有直接联系，为开放供应链，若客户与供应商的供应商有联系，则为闭合供应链，闭合供应链使得供应链上企业沟通更为便利，并且合作关系增强，相互依赖程度增大。李任斯、刘红霞（2016）发现当企业融资约束较大时，企业的大供应商和大客户会同时增加对企业商业信用支持，并且双方之间存在交互作用。

（3）三元横向供应链关系研究综述。

三元横向供应链包括供应商—供应商—企业关系、企业—客户—客户关系两种类型，学者们主要从横向供应链关系类型、横向联盟动机、横向关系与纵向关系的相互影响、横向关系对绩效的影响等方面进行研究。

在供应商—供应商—企业关系中，奥森尼玛（Asanuma，1985）、卡玛斯和利克尔（Kamath & Liker，1994）研究日本汽车公司的采购实践，观察购买者如何在某些情况下将竞争的供应商聚集在一起合作设计，增加了供应商之间关系的重要性。然而，当涉及生产运营时，供应商就会被鼓励进行竞争，理查森（Richardson，1993）认为日本汽车制造商实际上是合作竞争的关系。崔等（Choi et al.，2002）总结供应商和供应商之间的关系可能是竞争的、合作的，以及合作竞争的，其中竞争关系可能由买方企业有意制造，从而享受作为中间人的好处，而供应商双方通过共享资源和专业知识、信息高度自由流动来实现合作，可以促进相互学习和扩大市场，有利于提升双方的整体效率和竞争力。吴和崔（Wu & Choi，2005）利用案例研究分析供应商之间的合作竞争互动类型，表现为冲突型、契约型、斗狗型、网络化和交易型，采购方在促进供应商与供应商之间的合作竞争关系中发挥关键作用，同时供应商之间的相互关系将影响采购方的运营绩效。吴等（Wu et al.，2010）认为企业需要积极地管理供应商之间的关系，使供应商和供应商之间能够协同合作，共同为企业提供更好的服务，但供应商和供应商合作并不一定会提升供应商的绩效。崔和吴（Choi & Wu，2009）通过平衡理论和结构洞理论，分析了买方与两个供应商之间的三方互动关系，每一家公司都扮演着其他两家公司之间的中介角色，从理论上构建了九种三元关系类型。史等（Shi et al.，2014）研究了战略供应商、替补供应商和企业的关系，发现供应商之间信息共享可以提升联盟效果。威廉（Wilhelm，2011）通过比较买方主动建立的供应商—供应商关系与供应商主动建立的供应商—供应商关系，证明了买方在建立横向供应链关系中发挥重要作用。拉扎里尼等（Lazzarini et al.，2008）研究了纵向供应链关系和横向供应链关系的相互影响，发现当技术不确定性较低时，供应链纵向关系会抑制横向关系，当技术不确定性较高时，纵向关系和横向关系没有显著影响。迪布瓦和弗雷德里克松（Dubois & Fredriksson，2008）利用案例研究的方法研究沃尔沃汽车座椅供应商管理，发现通过培养两个互补的供应商，并保持它们之间的竞合关系有助于企业获得收益。

在企业—客户—客户关系中，来自不同组织的客户为了达到更高的效率，以及增强与企业的谈判能力，客户与客户之间可能会合作，向企业联合采购（Walker et al.，2013）。巴斯特尔等（Bastl et al.，2013）站在供应链中谈判能力较弱的一方，研究如何通过联盟来实现谈判能力的提升，两个实力较弱的供应商可以通过联盟来提高与共同买方的谈判能力，两个实力较弱的买方可以通过联盟来提高与共同供应商的谈判能力。吴等（Wu et al.，2018）发现由于下游企业相互竞争的存在，下游竞争企业的信息共享会损害自身利益，但有利于上游供应商，因此，下游企业没有动机与上游供应商共享信息，但是上游供应商可以利用差异化定价作为提高下游企业信息共享策略的有力工具，从而实现自身利润最大化。卡诺瓦尔等（Carnovale et al.，2017）认为权力的平衡对这种合作的成功至关重要，当伙伴之间的权力依赖程度相等时，伙伴关系更有可能成功，企业在供应链横向关系网络中扮演相似的角色，权力分配更加公平，更容易实现合作。

2.3 商业信用研究现状

在公司财务领域中，商业信用研究主要从影响因素和经济后果两个方面展开，本书从这两个方面进行文献综述（见表 2.2）。

表 2.2　商业信用研究现状

影响因素	协同角度下商业信用动机研究	供应方	· 价格歧视动机。对于不同信用状况的客户，供应商向其提供不同信用政策。 · 信息识别动机。供应商可以利用商业信用来识别客户的违约风险，进而避免对客户投资失败可能带来的损失。 · 促进销售动机。商业信用的提供可以使买方购买数量增多，促进销售。 · 资本获取动机。商业信用的供给可以使供应方向外界传递良好的信号，获得更多银行贷款。 · 协调动机。当供应链某一方企业出现风险或危机时，商业信用可以作为协调机制帮助其渡过难关
		需求方	· 质量保证动机。客户经过一段时间产品的使用再付款，可以检验产品质量，保护自身利益。 · 降低交易成本动机。通过商业信用方式进行定期结算，避免高频率结算产生的交易成本，同时减少交易不确定性。 · 替代性融资动机。商业信用融资是银行贷款的一种替代方式
	竞争角度下商业信用谈判能力研究	供应商与企业竞争、客户与企业竞争。谈判能力越强一方获得的商业信用融资越多，谈判能力弱的一方要提供更多商业信用	
经济后果	降低企业融资约束、促进企业成长、提高企业价值、提高生产效率、增加出口、提升创新能力、提高投资效率等		

2.3.1　商业信用影响因素研究综述

关于商业信用存在的原因，学者们主要从合作协同角度和竞争谈判角度两个角度进行研究。从合作协同角度，出于供应方和需求方的动机，供应方会向需求方主动提供商业信用融资。从竞争谈判角度，由于商业信用的获取和供给会影响交易双方企业的资金流，因此，交易双方会针对商业信用进行谈判，期望自身能够获取更多的商业信用融资。

1. 协同角度下商业信用动机研究综述

在协同角度下，学者们分别从供应方和需求方的动机研究商业信用存在的原因。供应方提供商业信用动机的研究逐步从价格歧视动机、信息识别动机，向促进销售动机、资本获取动机、协调动机方向发展；需求方获取商业信用动机的研究逐步从质量保证动机、降低交易成本动机向信贷配给动机方向发展。

（1）供应方角度商业信用动机研究综述。

①价格歧视动机。

商业信贷可以作为一种间接“价格歧视”筛选机制被广泛使用（Brennan et al.，1988）。有还款能力、信用度好的客户会因为商业信贷的高融资成本，选择尽早还款行为；融资渠道受到严重约束、存在还款风险的客户会因为没有外部融资渠道替代，情愿选择时间短、利率高的商业信贷。费里斯（Ferris，1981）发现供应商向客户提供商业信用的一个重要动机是可以使客户遵守合约，从而减少客户的机会主义行为。龙等（Long et al.，1993）以及德罗夫和杰格斯（DeLoof & Jegers，1996）的研究也支持上述观点，商业信用可以作为识别客户风险的一种机制，如果客户没有及时付款，那么与该客户的交易可能存在风险。费里斯（Ferris，1981）指出，商业信用期限可以作为价格调整机制，如果买方没有在折扣期间支付货款，那么卖方可以提高销售价格，而不必发生实际的违约，英国一些企业会定期打电话给买家以检查产品是否有问题，并确认买方能否及时付款，一旦客户发生逾期支付，那么供应商与客户的合作关系将会减弱。除了监管优势，商业信用还有利于企业获得客户的一些私密信息，包括借款人是否有意愿或有能力及时支付货款，可以对不同的客户有区别地定价，实行价格歧视（Smith，1987；Brennan et al.，1988），客户也可以在付款前了解产品的质量（Smith，1987；Lee & Stowe，1993；Long et al.，1993）。

②信息识别动机。

商业信用可以作为识别客户风险的一种机制，如果客户没有及时付款，那么与该客户的交易可能存在风险。施瓦茨和惠特科姆（Schwartz & Whitcomb，1977）认为商业信用可以视为一种合同机制来解决商品市场的信息不对称问题，还款期被视为一种筛选机制来识别客户是否会违约，较高的不明确利率或罚金有利于企业对客户的违约风险进行排序，客户对商业信用期限的选择可以向供应商传递违约风险的信息，供应商可以以此信息来减少对客户的投资。费里斯（Ferris，1981）、龙等（Long et al.，1993）、德鲁夫和杰格斯（DeLoof & Jegers，1996）发现供应商向客户提供商业信用可以使客户遵守合约，从而减少客户的机会主义行为。商业信用中包含供应商对企业未来发展情况的信息，当供应商预期企业未来发展较好（Goto，2015）、会计信息质量较高时（Dai & Yang，2015），会给企业发放更多的商业信用融资。可抵押物资产和社会网络关系也可以发挥信号传递作用（唐松等，2017），地理集聚可以促进交易双方的业务往来，提高相互信任程度（王永进、盛丹，2013），使得供应商向客户发放更多的商业信用。

③促进销售动机。

商业信用也是一种营销工具，可以增加企业销售额，建立稳定的供应商、客户关系。纳迪里（Nadiri，1969）首先提出商业信用供给是销售策略的一种，并且根据契约理论，分析了商业信用供给与价格的下降或广告的增加有何不同。施瓦茨（Schwartz，1974）认为商业信用融资是企业价格政策的一个组成部分。而纳迪里（Nadiri，1969）认为，商业信用是像广告一样的销售费用，允许客户延期付款可以增加客户对产品的需求。施瓦茨和惠特科姆（Schwartz & Whitcomb，1977）认为，商业信用可以伪装成变相降价与竞争对手进行价格竞争，并可以实现不同客户的价格歧视，通过延长支付而不用承担罚金或者获得额外的折扣来给予客户额外的优惠条件，并且这种降价手段很难被外部发现。彼得森和拉詹（Petersen & Rajan，1997）就这种观点进行进一步讨论，他们认为，商业信用对盈利边际较高的企业来说具有吸引力，促使企业销售的增加，并且对处于临时性融资困难的客户来讲，商业信用也是一种保护机制。商业信用供给可以刺激销售是因为它可以让客户在付款前了解产品质量（Long et al.，1993；Deloof & Jegers，1996）。施瓦茨（Schwartz，1974）通过建立模型发现，更容易获得融资的企业有动机将它们的商业信用传递给客户，以增加销售或获得未来的销售，他认为供应商对客户的商业信用供给可以支持其客户的成长，扩大其潜在市场的规模，从而克服销售市场规模给供应商带来的自身成长的限制。

商业信用还有助于客户关系的建立。在最基本的层面，建立特定的商业信用账户，可以使供应商更连续地向客户进行交易，而不用在每次交易时都要针对商业信用进行谈判。企业参与建立和运行商业信用账户也可以使其在交易中获得声誉，可能会在未来的谈判中获得更大的收益，并且与供应商和客户建立了紧密的工作关系。萨默斯和威尔逊（Summers & Wilson，2003）认为，与供应商和客户建立更长久关系的企业可以获得更好更优惠的商业信用融资，并且商业信用融资可以吸引以及留住客户，并满足特定产品的营销目标。菲斯曼和拉图里（Fisman & Raturi，2004）提出的商业信用竞争性假说认为，企业提供商业信用的动力是在市场中获得竞争力，中小企业和新成立企业更喜欢将商业信用作为一种竞争手段。

达斯等（Dass et al.，2015）认为产品竞争力低的供应商将商业信用视为一种竞争手段，以此促进销售，商业信用供给可以增加客户的转换成本，阻止客户转换供应商（Fisman & Raturi，2004），采用商业信用可以提高价格竞争中企业的盈利能力（Peura et al.，2017）。持久的关系是商业信用融资的重要决定因素（Cunat，2007），大型供应商为了获得预期未来额外销售，并防止可能危及生存的流动性冲击，更有可能向客户提供商业信用。李等（Lee et al.，2017）发现当供应商允许客户延期付款时，它们将面对产品市场的同业竞争和供应链伙伴之间的纵向竞争，产品竞争力低的供应商将会给予客户更多的商业信用，而供应链竞争力低的供应商将给予客户更少的商业信用。企业即使面临融资约束（余明桂、潘红波，2010）、处于金融危机背景下（胡泽等，2014），为了避免失去客户，也会通过提供商业信用来锁住客户，尤其对于私营企业更为如此。而马特奥等（Mateut et al.，2015）却提出商品的流动性越好，越容易变卖，商业信用发放也会越多。方明月（2014）发现市场竞争和融资约束对企业的商业信用产生交互的影响，并且市场竞争对企业的应收账款和应付账款存在相反的影响。

④资本获取动机。

商业信用具有信号传递作用，商业信用的发放可以促进企业获得更多的银行贷款（Atanasova，2012；Kling et al.，2014），并且对于民营企业和金融发展较好的地区，商业信用的信号传递作用越强，企业会通过发放商业信用获取更多的贷款（江伟、曾业勤，2013）。

⑤协调动机。

杨和伯奇（Yang & Birge，2017）认为商业信用对供应链企业具有风险分担的作用，零售商可以利用商业信用将部分需求风险转移给供应商，提升供应链的效率，当零售商违约风险较高时，供应商会在增加的销售收益和违约风险之间进行权衡，给予零售商商业信用。在需求不确定和破产风险存在的情况下，商业信用融资可以使客户购买更多的存货，从而提高供应链的整体利润（Zhou & Groenevelt，2008）。当企业有高额应收账款时，会推迟向供应商付款，以避免破产风险的增加（Bastos & Pindado，2013）。商业信用可以视为促进财务协作的一种方式来高效地分配供应链中的资金，供应商提供的商业信用比银行的贷款成本更低（Fabbri & Menichini，2010），当企业面临融资约束时，供应商和客户会增加对企业的商业信用支持，帮助企业渡过困难期（李任斯、刘红霞，2016）。王贞洁和王竹泉（2017）发现那些竞争程度高的行业、市场地位低的企业以及民营企业的供应商更倾向于以雪中送炭的方式向企业提供商业信用支持。库维利斯和赵（Kouvelis & Zhao，2012）指出尽管竞争力强的客户会有更多的商业信用需求，但是这些客户还是会减少商业信用侵占，维持供应链的稳定性，避免供应链断裂。

（2）需求方角度商业信用动机研究综述。

①降低交易成本动机。

商业信用的使用可以提高交易的效率，降低交易成本。费里斯（Ferris，1981）认为交易具有不确定性，如果交易的商品到货时间或支付货款时间不确定，在资产不易变现或变现成本较高的情况下，企业为了保证交易能够持续进行，会在一定周期内保持充足的现金和存货来规避不确定性，这样会增加企业的现金和存货管理成本，商业信用的使用可以使交易双方明确现金流入的时点，从而减少供应商和客户为了规避不确定性而进行的预防性投入，并且商业信用累计付款可以使客户严格遵守信用还款期的要求，降低了双方的交易成本。彼得森和拉詹（Petersen & Rajan，1997）认为通过商业信用的使用可以使企业将支付周期与货物流转周期分离，从而减少需要储存的存货，减少存货保管成本以及大额采购需要的融资成本。在信息不对称市场中，顾客和供应商可以利用商业信用获取信息来评估交易可能的风险（Smith，1987；Petersen & Rajan，1997；Ng et al.，1999）。达里帕和尼尔森（Daripa & Nilsen，2011）发现交易更频繁的公司更倾向于使用大量的商业信用来减少交易成本，上游企业向下游企业提供商业信用以降低库存成本，对产品需求不确定的企业有动机提供商业信用以促进销售，从而降低维护成品库存的成本（Bougheas et al.，2009）。从运营角度，商业信用可以减少代理问题，促使客户能够达到最优订货量（Chod，2016）。埃默里（Emery，1984）认为供应商和客户可以通过商业信用供给来绕过金融机构的非竞争租金。

②质量保证动机。

供应商向客户提供商业信用可以视为一种承诺机制，确保供应商向客户提供的产品符合质量要求。由于上下游企业之间的信息不对称可能导致逆向选择问题，下游客户无法识别上游供应商的产品质量，而质量存在问题的供应商可能会通过提高折扣率来促使客户及时付款来转移质量风险（Lee & Stowe，1993），因此，商业信用融资可以作为一种信号传递机制，上游供应商可以通过向下游客户提供商业信用融资来传递产品质量较高的信息，因为如果在信用期内产品质量出现问题，下游客户可以拒绝付款，由此商业信用融资可以减少逆向选择问题。费里斯（Ferris，1981）发现商业信用可以保护客户，确保供应商可以遵守与客户的合约，在信用期间内买方有充足的时间检验货物，并确保产品的质量可靠或服务已正确地执行，这对于地理位置分离的买方和卖方可能更为重要。史密斯（Smith，1987）认为，商业信用期可以作为卖家向客户传递产品质量的信号，当供应商没有足够的声誉来向客户提供产品质量保证时，优质的供应商无法事先被识别，由此产生逆向选择问题。李和斯托（Lee & Stowe，1993）发现相似的结论，低质量的生产商可能会通过提供更高的折扣来诱导买家较早地支付，从而转移产品风险。龙等（Long et al.，1993）认为商业信用可作为一种隐性质量保证机制成为买方对卖方产品质量的控制手段，通过销售折扣率可以传递生产者产品质量的信号，低质量产品生产者有动机提供高折扣率、还款期限短的合同诱使买方尽早付款，从而转移产品风险；高质量产品生产者可能更愿意提供低折扣率、还款期限长的合同以传递自己产品质量好的信号，因此买方可以通过卖方所提供商业信用还款条件来判断其生产产品的质量，从而选择可靠的供应商。买方企业的所有者更倾向于要求更长的商业信用期来降低供应商的潜在代理问题，提升买方利润（Kling et al.，2014）。阿卜杜拉等（Abdulla et al.，2017）认为供应商可以利用商业信用来识别客户的违约风险，客户可以利用商业信用来检验产品质量。

③替代性融资动机。

商业信用的大量存在，主要源于信贷配给（Petersen & Rajan，1997；Biais & Gollier，1997），信贷配给的存在使得有些借款者无论愿意支付多高的贷款利息，都可能无法获得充足的银行贷款，在这种情况下，这些难以从银行获得贷款的企业，就会转而求助于供应商（商业信用融资的主要债权人），需求导向促使商业信用成为银行贷款的一种重要的替代性融资方式（Petersen & Rajan，1997）。葛和邱（Ge & Qiu，2007）、余明桂和潘红波（2008）、王彦超和林斌（2008）的研究验证了替代性融资理论。他们认为，银企之间的信息不对称会引起逆向选择和道德风险问题，当市场上存在不同类型的借款者时，有些类型的借款者无论他们愿意支付多高的贷款利息，都可能会因为信息不对称问题而被排斥在信贷市场之外，而其他的借款者却可以得到大量贷款。

供应商是企业重要的商业信用融资提供者，并且供应商相对于银行可以获得更多关于企业的信息，具有监督优势。由于企业与供应商之间往往存在长期的贸易关系，交易双方信息透明度相对较高，这种信息优势往往是银行所无法获得的，比亚斯和戈利耶（Biais & Gollier，1997）将商业信用提供者和银行看作不同的借款人，而供应商和银行的区别仅在于它们获得借款人信用的信息不同，不考虑其他因素，在信息相同时，商业信用融资和银行借款没有明显区别。而伯卡特和埃林森（Burkart & Ellingsen，2004）认为相对现金流而言，企业可以对存货或固定资产进行更为可靠的监控，因此，供应商较银行更容易对企业实施有效的监控。施瓦茨和惠特科姆（Schwartz & Whitcomb，1978；1979）认为供应商比银行有更大的监督优势，因为供应商比其他借款者可以以更低的成本获取信息，因此供应商愿意为企业提供商业信用融资。伯卡特和埃林森（Burkart & Ellingsen，2004）认为转移货物比转移现金更容易，因此，供应商比银行更自由，他们通过建立模型解释商业信用融资和银行借款是互补关系还是替代关系，并且解释了为什么商业信用融资具有更短的还款期，为什么商业信用融资在不发达的信贷市场更能发挥作用。供应商会允许客户推迟付款，就形成了商业信用，这就在一定程度上解决了有资金需求企业面临的信贷配给问题，替代性融资理论可以在一定程度上解释商业信用的存在。埃默里（Emery，1984）表明，由于在资本市场上借款和发放贷款的利率不同，导致供应商更倾向于利用剩余的资金来支持客户的购买行为，而不是在资本市场上获得资金利息，流动性更强的企业应该提供更多的商业信用融资，而融资成本较高的公司更可能要求客户预先支付货款。小野（Ono，2001）、上杉（Uesugi，2005）、鹤田（Tsuruta，2008）利用日本的数据研究发现随着企业银行贷款减少，商业信用会增加。库纳特（Cunat，2007）发现当客户受到流动性冲击时，供应商会提供更多的商业信用来维持它们与客户之间的关系。威尔纳（Wilner，2000）认为当客户面对融资困境时，依赖客户的企业会在它们的债务谈判中给予客户更多的优惠。库纳特（Cunat，2007）发现当客户面对临时性的流动性冲击时，供应商在此期间会给予更多的商业信用，供应商为客户提供商业信用的原因是，对它们来说，失去现有的客户对它们的损失更大。因为供应商比金融机构掌握更多的信息，因此相对于金融机构获得客户的经营信息情况更有优势（Petersen & Rajan，1997），梅尔策（Meltzer，1960）认为商业信用融资提供一个缓冲，那就是资金充裕的企业为资金不足的企业提供了一个保证，确保它们能够抵御资金紧缺的风险。

而客户也是如此，当企业面临融资困境时，客户会更主动地付款，企业也会减少应收账款。鹤田（Tsuruta，2013）通过研究发现紧密的客户关系对小企业来说是有利的，在经济衰退时小企业向客户提供的商业信用更少，当小企业处于财务困境时或银行借款利率较高时，向客户提供的商业信用也会更少。如果主要客户面临寻找替代供应商的困难，它们会更及时地付款，这对供应商来说是有利的，供应商可以在面对流动性短缺或者融资压力时削减应收款交易。如果主要客户有动机与有依赖关系的供应商维持关系，那么客户会更主动地付款，会为供应商提供现金流（Banerjee et al.，2004）。同样美惠和拉姆齐耶（Miwa & Ramseyer，2008）认为，企业有很多种利用商业信用的方法来适应金融冲击，其中一种方式是减少应收账款交易。莫利纳和普雷夫（Molina & Preve，2009）研究了困境期企业的应收账款交易政策，他们发现融资约束程度较高的供应商更倾向于减少应收账款交易以缓解现金流问题。彼得森和拉詹（Petersen & Rajan，1997），莫利纳和普雷夫（Molina & Preve，2009）、罗德里格斯和奥尔加（Rodríguez & Olga，2006）发现较容易获得银行借款的企业会为客户提供更多的商业信用，并且当企业陷入融资困境时会减少对客户的商业信用供给。

在不同的经济和制度环境下，由于企业获取银行贷款的能力不同，商业信用融资发挥的作用也不同。在转型经济中，由于获得银行信贷的难度普遍较大，因而企业间的商业信用成为企业外部融资的重要手段，这使得商业信用在发展中国家的作用尤其明显（Petersen & Rajan，1997；Fisman & Love，2003）。当企业得不到银行贷款或者出现信贷配给短缺时，商业信用将会成为银行贷款的重要替代方式。班纳吉等（Banerjee et al.，2004）研究金融危机对商业信用的影响，他发现通过商业信用的传递，银行授信从融资能力强的企业转移到融资能力弱的企业。德罗夫和罗卡（Deloof & Rocca，2012）研究了当地金融发展和商业信用的关系，发现商业信用的运用弥补了正式金融机构的不足，在金融体系发展较好时中小企业可以获得供应商更多的商业信用融资，并给予客户更多的商业信用供给，但是当出现金融危机时，银行发展水平下降伴随着商业信用融资的使用下降，说明短期的商业信用不能完全替代银行的长期借款，当地金融市场的发展仍然很重要，而商业信用只是更好地发挥了资源分配功能。

商业信用是企业短期融资的最重要来源之一，商业信用的总量是银行信贷的3倍，是商业票据的15倍（Barrot，2016）。供应商对行业和客户情况拥有比银行更多的信息优势（Miwa & Ramseyer，2008），可以更快地提供信贷，为受到短期财务约束的企业提供了有用的缓冲（Carbo et al.，2016）。银行信贷和商业信用在一般情况下互为替代品（Tsuruta，2015），当银行信贷增加时，企业会减少对商业信用的使用，而银行信贷减少时，企业会增加对商业信用的使用（Chen & Kieschnick，2017），商业信用不仅包括供应商对客户的赊销，还包括客户向供应商的预付账款（Mateut，2014）。私营企业（Abdulla et al.，2017）、财务报告质量较低的企业（Chen et al.，2017）由于融资渠道受限制，更依赖于商业信用。商业信用可以作为银行信贷的二次配置，在金融抑制程度高的环境下，商业信用可以发挥更大的作用（王彦超，2014）。当银行信贷收紧时，商业信用被重新分配给资金受到限制的公司（Casey & O'Toole，2014），信贷从融资不受约束的企业向受约束的企业转移或重新分配，金融危机爆发后这种再分配效应更为明显。当客户无法获得银行授信时，银行信贷额度更高的供应商会向客户发放更多的商业信用（Shenoy & Williams，2017）。吴娜等（2017）从动态角度，利用门限模型研究商业信用与银行贷款互补与替代的动态转换关系。

④其他动机。

还有学者从经济不确定性（陈胜蓝、刘晓玲，2018）、管理者能力（何威风、刘巍，2018）、佛教文化（周建波等，2018）、担保物权法的完善（钱雪松、方胜，2017）角度研究影响商业信用供给的动机，以及从贷款利率变化（陈胜蓝、马慧，2018）、避税（刘行等，2017）、会计信息质量（黎来芳等，2018）角度研究商业信用与银行贷款之间的替代性关系。

2. 竞争角度下商业信用谈判能力研究

竞争角度下，学者们主要从供应商与企业、客户与企业之间的竞争关系方面研究对商业信用的影响，谈判能力越强的一方获得的商业信用融资越多，而谈判能力弱的一方要提供更多的商业信用。

当供应商、客户与企业的关系是竞争关系时，企业的主要供应商、客户为了在供应链收益分配中获得更多的收益，会侵占企业的流动资金，企业的主要供应商会要求企业及时付款、提供更多的预付款，企业的主要客户会要求企业提供更多的赊账，延长付款期，企业商业信用融资与交易双方谈判能力有关，企业相对于供应商、客户的谈判能力越弱，企业的商业信用融资越少，企业向供应商、客户提供的商业信用供给越多。

供应商、客户的谈判能力越强，企业获得的商业信用融资越少。法布里和梅尼基尼（Fabbri & Menichini，2010）、詹内蒂等（Giannetti et al.，2010）、拉沃等（Love et al.，2007）认为，商业信用大量而普遍地存在，主要是与买方强势有关。詹内蒂等（Giannetti et al.，2011）研究发现买卖双方的市场地位对商业信用条款有重要影响，市场地位高的买方将获得更为优惠的条款，同时在竞争激烈的行业中，供应商会为了使客户提前付款而提供更优惠的折扣，即使那些融资无约束的企业仍然会要求更多的商业信用融资来侵占供应商的流动性（Fabbri & Menichini，2010）。萨默斯和威尔逊（Summers & Wilson，2002）通过对英国655家企业的经验研究发现，大多数企业把商业信用作为一种便宜的融资来源，当企业具有市场地位，并且其供应商的市场地位不高、议价能力较弱时，企业就会利用延期付款等方式来要求供应商为其提供更多的商业信用。菲斯曼和拉图里（Fisman & Raturi，2004）、范（Van，2005）认为竞争能够促进商业信用的产生，其主要原因是竞争使得不同企业具有了不同的市场地位，市场地位高的企业可以通过施加威胁（如停止供货或者更换供应商等）来要求获得更多的商业信用，同时市场地位高的企业即使不提供商业信用也不会流失客户，因为其客户寻找其他供应商或客户的成本也很高。张新民等（2012）以我国A股上市公司的数据为样本，检验企业市场地位对商业信用及经营性融资的影响，发现商业信用和银行借款都会向市场地位高的企业集中，并且企业的银行借款和商业信用的“替代关系”在市场地位高的企业中更为显著，即市场地位高的企业可以同时获得来自商业信用和银行借款的融资，而二者的“替代关系”在市场地位低的企业中相对较低甚至不存在。菲斯曼等（Fisman et al.，2004）利用非洲国家的数据发现垄断力量与商业信用供给有负向关系，垄断力量越强，对供应商的商业信用供给越少，并且这种负向关系在长期供应商关系中更强。法布里和克拉珀（Fabbri & Klapper，2008）利用世界银行对中国企业的调查数据研究发现，在市场中具有竞争优势和谈判力更强的企业，更容易从供应商那里获得商业信用，但也要为其客户提供商业信用融资，可以更好地实现应收账款和应付账款的匹配。威尔逊和萨默斯（Wilson & Summers，2002）发现有很高谈判地位的企业，比如可以控制市场的企业，会被提供更优惠的商业信用。萨默斯等（Summers et al.，2003）发现客户谈判实力越强，企业供给客户的商业信用越多。伯卡特等（Burkart et al.，2011）利用美国的数据发现，企业向客户销售的产品种类越多，企业的产品对客户的专有化程度越高，企业向客户的商业信用供给越多，而企业销售的产品种类越单一，产品对客户的专一化程度越低，企业向客户的商业信用供给越少。

企业谈判能力越弱，商业信用融资越少，并且为供应商和客户提供的商业信用越多。徐晓萍、李猛（2009）利用上海中小企业样本研究得出，规模越小的企业，提供的商业信用越多，此时，即使企业具有融资约束，它们也会为市场地位较高的客户提供商业信用。对融资约束严重的企业来说，如果企业向客户提供商业信用的同时难以获得银行贷款，并进而影响企业正常运转，则向客户提供商业信用的成本将更高（余明桂、潘红波，2010）。当企业面临同行业的竞争者较多时，企业在与客户和供应商谈判中的谈判力会相对较弱，企业市场竞争力对商业信用的提供和使用都会产生影响（Fabbri & Klapper，2008）。范（Van，2007）研究发现当一国金融市场和法律体系尚不完善时，企业经营越困难，企业的市场地位和商业信用的相关性更强。麦克米兰和伍德拉夫（McMillan & Woodruff，1999）发现寻找替代供应商越困难，企业商业信用供给越多，高度依赖重要客户的企业谈判能力相对较弱，而企业的大客户具有较强的谈判能力，因此它们可能推迟向企业的付款，特别当企业融资约束程度较高时尤是如此（Wilner，2000；Cunat，2007）。此外，威尔逊和萨默斯（Wilson & Summers，2002）、菲斯曼和拉图里（Fisman & Raturi，2004）、伯卡特等（Burkart et al.，2009）、库纳特（Cunat，2007）、威尔纳和本杰明（Wilner & Benjamin，2000）发现如果供应商减少了对主要客户的商业信用供给，要求它们采用现金形式进行支付，那么客户可能终止与企业的交易，转而寻找其他提供较多商业信用的供应商，供应商因此有动机维持与客户之间的关系，因此，即使企业融资约束程度较高或面临流动性危机，也不能减少对客户的商业信用供给，规模小并且融资困难的企业也要提供较大数额的商业信用（Marotta，2005），但是它们可能会要求更高的利率来弥补客户可能违约的成本（Wilner & Benjamin，2000）。法布里和克拉珀（Fabbri & Klapper，2008）利用中国数据发现，企业市场竞争力越小，商业信用融资供给越多。威尔纳（Wilner，2000）发现企业向某个客户销售额占企业总销售额的比重越高，对客户的依赖程度越高，由此企业与客户相比谈判能力更弱。威尔逊和萨默斯（Wilson & Summers，2002）、菲斯曼和拉图里（Fisman & Raturi，2004）、范（Van，2004）、法布里等（Fabbri et al.，2008）、伯卡特等（Burkart et al.，2009）认为企业提供商业信用是由于它们的主要客户具有较强的谈判能力，商业信用的供给对企业来说成本较大，因为它减少了企业可用的营运资金。石晓军、李杰（2009）的研究发现，我国企业商业信用的使用主要取决于上游企业是否愿意提供，只要上游企业愿意提供，下游企业就会使用，不管自身的现金流是否充裕。威尔纳（Wilner，2000）研究公司与其他企业有高度紧密关联时对商业信用融资的影响，发现企业要给予长期交易的客户更多的商业信用，并且不只是融资约束较高的企业喜欢商业信用融资，所有的企业都更喜欢用高利率来获得商业信用融资，企业为了激励客户及时付款，还会给予客户一定的折扣。

（1）供应商—企业之间竞争对商业信用影响研究。达斯等（Dass et al.，2015）发现供应商市场竞争力与商业信用供给有负向关系，同时商业信用可以作为一种威慑工具阻止小企业进入行业，成为行业竞争力的体现（Barrot，2016）。但是商业信用期过长会使得小供应商无法进行投资活动（Murfin & Njoroge，2015），阻碍它的成长。面对严峻的市场竞争，谈判力量弱的供应商需要给予企业更多的商业信用，同时向银行申请更多的贷款来填补资金空缺（Loten，2012），并且这会产生一个传递效应，供应商如果长期收不到企业的账款，它会要求自己的供应商提供更长的付款期（Boissay & Gropp，2013）。肖作平、刘辰嫣（2017）发现供应商议价能力越强，企业商业信用融资越少，而产品独特性越强，这种负向影响将会减少。詹内蒂等（Giannetti et al.，2011）指出，供应商可替代性越强，企业与供应商的关系就越薄弱，供应商发放商业信用越少，而差异化商品的制造业发放或使用的商业信用要更多。李任斯（2016）发现供应商、客户集中度越大，企业商业信用融资越少。

（2）客户—企业之间竞争对商业信用影响研究。在买方市场，面对竞争力强大的客户企业要给予更多商业信用（Fabbri & Klapper，2016）。默芬和恩乔罗格（Murfin & Njoroge，2014）发现大客户更喜欢从企业获得更多的商业信用和更长的付款期，即使这些客户更容易获得银行贷款，规模小、融资约束大的企业也要向其提供商业信用，同时会减少自身的投资，当企业面临融资约束时，企业减少自身投资向客户提供商业信用的现象更为严重（Mateut，2014）。克拉珀等（Klapper et al.，2012）利用客户交易合同数据进行研究，发现规模大并且信用好的客户从小规模企业中获得更长的信用期，将其作为产品质量的保证。詹内蒂等（Giannetti et al.，2011）研究发现市场地位较高的买方可以获得更为优惠的商业信用融资条款，并且企业会为促使客户提前付款提供更优惠的折扣条件。方明月（2014）发现企业市场竞争程度越强，提供给下游客户的应收账款比例越高。陈正林（2017）发现客户集中度和行业竞争对商业信用会产生交互作用，但对国有企业的影响较小。

2.3.2 商业信用经济后果研究

关于商业信用的经济后果，学者们主要从降低企业融资约束、促进企业成长、提高企业价值几个方面进行研究。

商业信用对企业价值具有提升的作用，具体表现为减少企业的融资约束程度，使企业可以更合理地安排投资活动，增加企业的成长性，提升企业的价值。

商业信用融资可以降低企业的融资约束。商业信用具有风险小、门槛低的特点，企业在面临融资约束时，买卖双方都会选择商业信用来替代其他融资方式（Biais & Gollier，1997；Petersen & Rajan，1997）。拉詹和津加莱斯（Rajan & Zingales，1996）强调了金融机构通过改善资源配置而促进经济增长的观点，但除了正规金融渠道外，遇到融资约束的企业还可以通过使用商业信用等非正式融资渠道来融资，尤其在正规金融体系不发达的地区，商业信用的融资替代和资本再配置功能扮演了重要角色。袭凯颂、张小康（2011）进行商业信用与融资约束的研究，指出商业信用与融资约束呈负相关关系，即商业信用作为一种外部融资方式，对公司的融资约束有缓解作用，此外不同层次的关系网络对企业使用商业信用融资的影响存在差异，其中横向关系网络有助于企业使用商业信用融资，并对小型企业的帮助程度最高。莫利纳和普雷夫（Molina & Preve，2012）研究当企业处在融资困难期时其在与供应商交易中的商业信用融资情况，发现商业信用占企业短期融资的比重很大，并且在企业融资困境中发挥重要作用，处于融资困境中的企业会大量地使用商业信用来替代银行借款，而且对于规模更小、市场竞争力更弱，以及产品更具独特性的企业更倾向于在融资困境中使用更多的商业信用，大比例地增加应付账款。孙浦阳等（2014）认为商业信用能够很好地克服借贷双方的信息不对称，在融资中的优势更加明显，中国企业利用商业信用作为融资渠道可以有效缓解融资约束，并且对于小企业、私营企业以及外部金融环境较差的企业，商业信用对其融资帮助更大。莫利纳和普雷夫（Molina & Preve，2012）发现企业会在面临融资约束时利用供应商提供的商业信用融资，商业信用占据了企业短期借款中的很大一部分比例，并且在解决企业的融资困境中发挥重要的角色，当企业面临融资约束时会利用大规模的商业信用融资来替代传统的融资方式。库维利斯和赵（Kouvelis & Zhao，2012）比较了商业信用和银行借款，发现向供应商获取商业信用融资更有利于缓解企业融资困境。马述忠、张洪胜（2017）发现区域集群可以促进商业信用的使用，缓解融资约束进而提高出口水平。

商业信用融资通过降低企业的融资约束，可以使企业有资金增加对存货、固定资产以及其他资产的投资，提升企业价值。瓜里利亚和马特奥特（Guariglia & Mateut，2006）建立了误差修正形式的库存模型，基于609家英国制造业上市公司的数据分析了商业信用对库存投资的影响，得出的结论支持商业信用对库存投资的促进作用、对融资约束的缓解作用。石晓军、张顺明（2010）通过检验发现商业信用可以缓解融资约束，促进规模效率的提高，通过资源配置机制实现比银行借款更大的规模效率。商业信用对企业成长的影响源于其融资功能，在信用紧缩时期面临资金约束的小企业会更依赖于商业信用融资（Nilsen，2002），向供应商的延期付款会减少买方企业的当期支付压力。商业信用融资能够缓解企业的融资约束，融资约束一旦得以缓解，企业会增加存货投资、固定投资和研发投入，扩大企业规模和提高长期发展潜力，最终促进企业成长。

此外，施瓦茨（Schwartz，1974）、费里斯（Ferris，1981）的研究指出，商业信用还能减少买方企业对预防性资金的需求和交易费用的支出，可以更好地管理现金和存货，从而增加企业利润，进而缓解融资约束，促进企业投资，最终推动企业成长。菲斯曼和拉沃（Fisman & Love，2003）发现，在金融中介发展较弱的地区，对于商业信用融资依赖性更高的行业显示出更高的成长性，应千伟（2013）发现商业信用融资对企业成长有显著的正面影响，尤其是对于融资约束程度较大的企业和金融发展水平较低的地区而言，商业信用融资对企业成长的促进作用更加明显，特别是对民营企业成长的促进作用相对更大。俞鸿琳（2013）通过检验商业信用融资对企业成长的影响情况，以及关系网络是否有利于企业使用商业信用融资，发现企业使用商业信用融资能缓解融资约束，并促进企业成长，这对于存在融资需求的企业体现得更为突出。菲斯曼（Fisman，2001）基于非洲5国制造业企业的问卷调查数据，建立了以生产能力使用率为因变量、商业信用为自变量、企业特征为控制变量的回归模型，直接检验商业信用对生产效率的影响，得到的结论是商业信用能够显著地提高生产效率。陆正飞、杨德明（2011）研究发现商业信用的存在主要是因为商业信用供给方具有信息优势，能清楚地了解、掌握企业的各方面信息，由于供应商了解企业信用良好，所以愿意为企业提供大量商业信用，这对企业来说等同于向市场传递了一个利好信息，有利于提升企业价值。菲斯曼（Fisman，2001）基于 44 个国家 37 个行业的数据，研究发现在发展中国家，企业商业信用融资越多，其生产率提高越快。阿亚加里（Ayyagari，2010）的经验研究结果却表明，商业信用相对于银行贷款，对业绩提升效果不明显，同样杜等（Du et al.，2009）的研究结果也不支持商业信用对我国企业成长具有促进作用。

还有很多学者研究了商业信用融资对宏观经济成长的影响。德米尔古茨和马克西莫维奇（Demirguc & Maksimovic，2001）发现在法律薄弱的国家中商业信用更为普遍。菲斯曼（Fisman，2001）对 5 个非洲国家进行考察，发现商业信用使用较多的企业具有较高的生产效率。艾伦等（Allen et al.，2005）认为，以民间借贷、商业信用等构成的非正规金融为中国民营企业提供了替代性的融资方式，从而弥补了中国法律体系与金融发展的不足，并推动了中国经济的高速增长，然而阿亚加里（Ayyagari，2010）的经验研究结果却表明，银行贷款对中国企业的业绩与成长具有显著的影响，而商业信用的业绩提升效果不明显，同样杜等（Du et al.，2009）的研究结果也不支持商业信用对我国企业成长具有促进作用。

一些学者认为商业信用融资可以提升企业价值。经济学家很早就认识到商业信用具备与货币相同的功能，而且还是银行信用的一种替代，对企业成长的影响源于其融资功能（Nilsen，2002；刘仁伍、盛文军，2011），是民营企业最重要的短期融资工具（Ge & Qiu，2007），缓解了企业的融资约束（张杰等，2007），提高了企业的规模效率（石晓军、张顺明，2010）。瓜里利亚和马特奥特（Guariglia & Mateut，2006）支持商业信用对融资约束具有缓解作用和对库存投资具有促进作用的观点。石晓军和张顺明（2010）发现商业信用可以通过缓解融资约束促进规模效率的提高，资源配置效率比银行借款更高。陆正飞和杨德明（2011）从信号传递理论研究商业信用对价值的提升作用，能获得商业信用的企业信用情况较好，等同于向市场传递了一个利好信息，有利于提升企业价值。阿克塔斯等（Aktas et al.，2012）从代理成本角度研究发现商业信用可以缓解内部经理人和外部人投资者之间的信息不对称，降低代理成本，提高企业绩效。

但是，也有一些学者对商业信用融资对企业价值的影响有不同的结论。莫利纳和普雷夫（Molina & Preve，2012）认为商业信用融资是一种昂贵的融资方式，通过研究发现当企业在融资约束时使用商业信用时，销售收入会下降，奥普勒和蒂特曼（Opler & Titman，1994）也证实了当企业面临融资约束时，如果企业大量使用商业信用作为融资的唯一途径时，经营绩效会大幅度下降。莫利纳和普雷夫（Molina & Preve，2012）、黑欧等（Hill et al.，2017）也证实了商业信用融资是一种昂贵的融资方式，当企业在融资约束时使用商业信用会导致销售收入的下降。朱和姜（Zhu & Jiang，2009）认为商业信用可能会沦为大股东利益输送的工具，损害公司价值。马丁内斯等（Martínez et al.，2013）通过研究西班牙上市公司数据，发现商业信用供给与企业价值呈倒 U 型关系，当企业应收账款处于较低水平时，商业信用供给与企业价值为正向关系，当应收账款处于较高水平时，商业信用供给与企业价值为负向关系，并且商业信用供给与最优值偏离越多，企业价值越小。欧（Oh，1976）认为商业信用供给是具有成本的，并且涉及机会成本，商业信用供给可能会影响公司的盈利性和流动性，并且企业提供商业信用还要承受客户可能的违约风险，会让卖方承担额外的信用管理成本（Mian & Smith，1992），企业的应收账款水平要取决于提供商业信用的收益和成本之间的权衡，由此纳迪里（Nadiri，1969）提出了一个选择最优的商业信用来使利润最大化的模型，此外，埃默里（Emery，1984）提出应收账款应有一个最优水平，最优点处边际收益等于边际成本。马丁内斯等（Martínez et al.，2013）发现商业信用供给与企业价值呈倒“U”型关系，商业信用供给与最优值偏离越多，企业价值越小。

此外，还有学者从商业信用对生产效率提升（Fisman，2001）、宏观经济成长（Allen et al.，2005）、传递产品质量信息（周定根、杨晶晶，2016）、增加出口扩张（周定根、杨晶晶，2016；陆利平、邱穆青，2016）、提升投资效率（黄兴孪等，2016）、提升创新水平（张杰等，2012；姜军等，2017）角度研究商业信用的经济后果。

2.4 区块链研究现状

区块链的概念于2008 年由中本聪提出，并建立了比特币（Nakamoto & Bitcoin，2008），而在 2016 年关于区块链的研究开始大规模展开，同时学者们的关注点逐渐从比特币转向底层技术区块链，并探寻如何在生产实践、社会运营领域运用区块链技术，主要从供应链、数字货币、金融科技、旅游、政府治理、医疗共享、房地产交易、知识产权等方面研究区块链的应用，丰富了理论发展和技术应用。学者们认为使用区块链可以促进企业之间信息共通、提高信任水平、降低交易成本（Shahab & Allam，2020）、促进企业间协同（Zhang et al.，2019）、提高运营敏捷性，提升企业绩效（Sheel & Nath，2019），是促进实体经济高质量发展的助推器（渠慎宁，2020）。区块链技术在企业运营方面具有较大潜力，可以实时通信、建立合作伙伴之间的信任关系、以较少的交易费用加快支付处理、降低产品成本、缩短交货时间、增强产品安全性、提升产品质量（Cole et al.，2019）。虽然互联网实现了全球联通，但是并不能保证信息的真实性，而区块链会改变人们的信任基础，它通过加密算法和共识机制，利用数学和计算机手段实现信任，取代了人为干预和信任建设的需要，影响了交易个体之间的关系。但是也有学者认为区块链的前期投资成本较高，并且共识机制的实现可能降低信息确认速度（Chiu & Koeppl，2019），由于商业环境主要是以联盟链为主，所以区块链最终还是会转换成为由几家企业垄断的状态，背离了区块链建立的初衷，并且不同区块链之间、区块链与非区块链之间实现互联互通还较困难。

区块链被定义为一个数字的、分散的和分布式的分类账，其中的交易记录按照时间顺序添加，目的是创建永久的和防篡改的记录（Treiblmaier，2018）。区块链具有分散的结构、加密系统、一致性机制的特点，区块链网络中的所有参与者可以获得相同的数据，处于对等网络中（O Dair & Beaven，2017），所有的数据不能轻易更改，数据伪造后会引起后续所有条目序列发生变化（Biswas & Gupta，2019），区块链通过工作量证明或权益证明等方式实现分布式协商一致（Gervais et al.，2016）。区块链根据加密规则将事项编码为区块，并按时间顺序进行排列，利用共识机制确保区块链的完整性和一致性（Hald & Kinra，2019）。区块链包括公有链、联盟链和私有链，公有链的数据可以被任何互联网用户访问，而在联盟链和私有链中，只有被授权的有限数量的参与者可以访问数据。因此，在商业环境中，联盟链的使用更为广泛（Mccallig et al.，2019）。智能合约是区块链的一个重要应用，它通过事先将合同条款写入代码中，实现合同的自动执行，避免出现违约或纠纷，促进企业与陌生交易者建立信任。

在区块链中，网络中的所有参与者都有相同数据的副本，利用公钥和私钥进行加密，拥有私钥的个体可以在任何时间和任何地点对网络中的数据链条进行访问。区块链的加密系统能够保证数据不被篡改，可以帮助参与者追踪交易事项，如果数据被伪造，它会引起所有后续条目序列的变化。区块链被认为是一种可以解决信息沟通、促进控制和治理，提供整个产品生命周期的监控，降低企业不道德行为的方案。区块链技术还促进了智能合约的应用，合约中的所有承诺都可以通过区块链技术验证，确使每一主体均执行它所负担的责任，自动验证和执行合同条款（邓爱民、李云凤，2019）。

目前大多数关于区块链的研究主要是设计区块链的实际应用场景。区块链技术在供应链管理中的主要应用包括供应链追踪（Cole et al.，2019）、智能合约（Hasan et al.，2019）、保障产品安全（Kittipanya - Ngam & Tan，2020）、信息共享（Chang et al.，2019）、提高供应链弹性（Kurpjuweit et al.，2019）、增加可持续绩效（Kamble et al.，2020）等。区块链增强了个体节点的能力，使其能够查看整个供应链条的活动和进程，能够更好地看到多层级供应链交易情况，包括全部的供应链上游和下游。区块链可以整合行业内分散的、无序的资源，去中介化并提高信任，通过分工协作提高社会效率（鄢章华等，2018）。区块链可以促进供应链企业之间更准确、及时和完整地捕获和传输信息（Arcos，2018）。区块链可能影响供应链管理中的关系和治理结构，在全球交易中，信息是不透明的，并易于延迟、效率低下、存在一定的人为错误，通过生产和交付过程跟踪货物，可以确保质量和真实性，例如，区块链可以应用在钻石鉴定（Choi，2019）、产品溯源（张云起、冯漪，2019）等方面。

但是有的学者认为区块链的使用会带来负面的影响，哈尔德和金拉（Hald & Kinra，2019）认为区块链会危及数据隐私问题，当每一笔交易都记录在区块链上并可以永久追溯时，一个强大的参与者可能会在区块链内部或外部进行监控，对区块链内部企业提出更高的要求，同时由于区块链分散的结构、加密系统和共识机制，企业想删除敏感信息会难以实现，因为这将需要区块链内部所有参与者的同意才能实现。曼斯基（Manski，2017）认为鉴于数据隐私性问题，商业交易中的区块链一般采用联盟链或私有链形式，由于区块链平台的搭建需要前期投资，所以联盟链主要由资金充裕的大企业主导，并邀请其他公司参与其中，随着时间的推移，最终还是会导致资源和信息的垄断，产生等级制度和权力的集中，为弱势企业带来不利的影响，同时也违背区块链建立的初衷。耶马克（Yermack，2017）认为区块链可能加剧信息不对称，由于区块链会使披露的信息被传播和追溯，因此，企业可能考虑更改信息披露的形式，或者隐藏更多信息来保障自身竞争优势，避免信息泄露风险。克谢特里（Kshetri，2018）认为区块链并不能对数据质量提供完全保证，区块链存储的数据质量取决于数据输入时的质量，如果在数据输入时提供虚假数据，区块链不能识别出来。此外，智能合约作为区块链的典型应用，它需要事先考虑到所有情况并提前将其写入代码中，不能修改，因此会丧失灵活性，可能难以适应动态变化的市场和供应链环境，与现行的法律框架也可能存在冲突（Kewell et al.，2017）。

关于区块链如何在各行业当中应用的研究，学者们认为，在供应链管理、财务会计（O'Leary，2019）、审计（Schmitz & Leoni，2019）、医学（Radanovic & Likic，2018）、金融（Csoka & Herings，2018）、建筑工程（Wang et al.，2017）、旅游（Barrutia Barreto et al.，2019）等领域都可以运用区块链实现

行业的突破发展。区块链在企业当中运用，可以提高供应链的灵活性和弹性，提高透明度和可持续性（Bai & Sarkis，2020），提高企业之间信息共享（Longo et al.，2019），避免企业受到欺诈和数据篡改（Azzi et al.，2019），区块链技术在企业中的主要应用包括供应链追踪（Cole et al.，2019）、智能运输系统（Hasan et al.，2019）、保障产品安全（Kittipanya – Ngam & Tan，2020）、智能合约（Hamilton，2019）、产品溯源（Choi，2019）、提高数字化（Yang，2019）、信息共享（Chang et al.，2019）、提高供应链弹性（Kurpjuweit et al.，2019）、优化会计记账方式（Carlin，2019），提高财务预测能力（Tan & Low，2019），增加可持续绩效（Kamble et al.，2020）等。

关于区块链的实证研究相对较少，主要原因是区块链目前还处于探索阶段，实施区块链的企业还相对较少，少量学者利用美国、中国、印度的数据进行了实证研究。杰恩等（Jain et al.，2019）发现企业为了获取股票超额回报，会更改自己的名称，在名称中增加区块链字段，但是这种超额回报只能维持 2 个月，而在 5 个月后超额回报将变为负数。谢尔和纳特（Sheel & Nath，2019）通过印度企业的调查数据发现，区块链的应用可以提升供应链的适应性、一致性和敏捷性，并且可以产生企业之间的信任，从而提升企业绩效。霍查和萨迪库（Hoxha & Sadiku，2019）利用科索沃的问卷调查数据检验房地产交易系统中采用区块链技术的意愿，发现主要受透明度、成本和交易安全性影响。潘等（Pan et al.，2020）发现区块链的使用可以提高企业的营运效率，可以提高资产周转率、降低销售费用率，并且企业资产规模的扩大是实施区块链技术的重要驱动因素。

2.5 人工智能研究现状

人工智能（AI）是一种能够模拟人类行为活动的智能机器或系统，其从实验室发展至应用于各行业实践领域，呈现出蓬勃发展态势（Reier Forradellas & Garay Gallastegui，2021）。数智化时代下人工智能技术迅速发展，对传统产业进行深度赋能的同时，也与互联网平台承载的网络化资源不断深度融合，在人工智能技术的驱动下，基于机器学习、智能数据挖掘、自然语言处理等人工智能技术为各类组织的自动生产、自动决策与自动化销售提供了技术与组织支撑，“智能机器人”也成为全新的“行为主体”。企业智能化发展近些年来受到国内外学者的广泛关注，智能化可以促进供应链协同和可持续发展（Ghadimi et al.，2019）、转变经济发展方式（Kalenyuk et al.，2021）、提高制造业全要素生产率（Sun & Zhong，2020）、促进区域经济转型（Cai，2022）、促使企业颠覆性创新，并提升企业绩效等（Yang et al.，2020；Czarnitzki & Kraft，2004）。

人工智能的应用包括自动化分析、可视化报表、智能机器人等，所有这些工具都可以使个人更好地了解他们的环境并采取相应的行动，通过优化现有流程和提高自动化效果，以及检测、预测和与人类交互的能力，充分发挥其潜力。人工智能可以提高供应链运营和维护的效率，优化和改善客户体验，改进产品和服务，提高对不断变化的市场环境的快速自动适应能力，创造新的商业模式，优化供应和需求之间的关系，具有更好的预测和规划能力（Wamba－Taguimdje et al.，2020）。人工智能、机器学习和机器人流程自动化（RPA）等技术已逐渐进入财务管理应用当中，但是它们仍处于早期的阶段，主要应用于报账等流程，例如通过感知智能技术，实现智能填报、智能识别、智能审核、自动支付等功能（Polak et al.，2020）。随着机器学习、自然语言处理、VR、边缘计算等智能技术的成熟应用，智能系统具备了“感知环境—科学决策—优化控制”的能力。人工智能已经从追求“计算机模拟人工”向构建具备自学习、自适应、自组织能力，向由机器、人、网络、物、数据组成的智能系统进行转变。未来人工智能技术将应用于会计机器人和财务机器人领域，基于对会计准则和各种财务管理制度、法律的理解，实现自动记账，处理全部账务，实现分析、规划、控制、预测、模拟等智能化管理。

学者们主要从实际应用方面研究人工智能，例如如何利用决策树、深度学习、遗传算法、神经网络、机器学习、图像财务比率和卷积神经网络等人工智能方法更好地预测价格、估算成本、监控风险、预测企业行为等。

人工智能方法可以更好地预测价格、估算成本。例如预测原油价格、铁矿石价格，对油田开发成本进行估算（Wang et al.，2018；Li et al.，2020；Mingyu et al.，2021）。数字化技术应用在企业管理中，可以利用机器学习提高企业破产预测准确度（Wang et al.，2014；Mai et al.，2019），在分析中充分利用非财务数据来预测信息，如在财务困境预测当中加入情感和文本信息（Wang et al.，2018）；采用社交网络（SN）技术从大媒体数据中检验企业的竞争优势，预测企业业绩（Chang et al.，2018）；利用新闻、在线博客和财务报告来有效地预测股票价格走势（Kim et al.，2018）。此外，人工智能技术还可以帮助企业进行盈利预测（Zhang et al.，2015）、销售预测（Yucesan et al.，2017）、公司财务可持续性预测（Kim et al.，2019）、税收违约预测（Abedin et al.，2021）、情绪预测（Mushtaq et al.，2022）。

人工智能技术可以用于审计工作，可以利用企业年度报告中财务信息和管理评论的特定特征来开发改进的财务欺诈检测系统检测财务报表造假（Hajek & Henriques，2017）、提高审计质量（Manita et al.，2020）。人工智能技术可以用于资产评估活动，用于债券评级预测（Ben Jabeur et al.，2020）、信用评级评估（Wang & Ku，2021）、无形资产评估（Tsai et al.，2016）、在线企业声誉分类（Rantanen et al.，2020）。人工智能技术可以帮助企业制定更准确的财务决策，进行投资组合选择，促进企业更明智的投资决策（Adosoglou et al.，2021；Coombes et al.，2020）。

人工智能技术可以预测和控制风险，包括估计公司信用欺诈风险，有效减少信用欺诈造成的经济损失；估算市场系统风险，帮助决策者选择处理系统性风险；估计税收风险，支持税务部门发现逃税和避税的情况；预测股市危机事件（Li & Li，2019；Yu & Zhao，2020；Didimo et al.，2020；Chatzis et al.，2018）。贝尔等（Behl et al.，2022）发现数字化技术可以提升供应链协调、建立企业之间快速信任、降低供应链风险。基于人工智能的数据采集、处理和自我培训功能以及信息系统基础设施可以帮助组织减少供应链中断的影响，同时调整运输网络并确保地理上合适的供应链和网络安全（Gupta et al.，2021）。人工智能技术可以提高系统风险的预测准确度（Yuan & Lee，2015）、帮助企业进行财务风险预警（Zhu et al.，2022）。

人工智能技术可以监控企业危机，比如建立模型预测破产风险、估算企业风险违约、预测信用风险，预测财务困境，监测财务欺诈，预测经营失败，人工智能方法可以提高预测的准确度（Hajek & Henriques，2017；Zhao et al.，2017；Kim & Cho，2019；Moscatelli et al.，2020；Zhu et al.，2016；Ma & Lv，2019；Bae，2012；Barboza et al.，2017；Lourdes Borrajo et al.，2011）。

人工智能技术可以预测企业绩效并帮助企业更好地进行决策，还可以预测金融风险行为、预测企业业绩、预测每股收益、预测股票价格（Kim et al.，2020；Song et al.，2018；Chang et al.，2018；Etemadi et al.，2015；Hagenau et al.，2013；Rajab & Sharma，2019）。

人工智能可以提升企业创新能力。人工智能技术可以帮助企业发现新兴主题和趋势，提高创新能力（Muhlroth & Grottke，2022），制造企业的数字化转型有效提升了企业的创新能力，创新投入机制、成本控制机制、利润保障机制在其中发挥了中介作用（Zhao et al.，2022），新兴市场跨国企业还利用跨境并购提升数字经济时代的创新质量（Li et al.，2019）。

人工智能技术可以帮助企业更好地进行决策和治理。识别财务报表欺诈、建立预测决策支持系统、建立股票金融决策、帮助企业进行投资组合选择、构建电子商务平台、建立财务决策、降低财务风险、提高智能合同效率（Chatzis et al.，2018；An & Suh，2020；Chan & Franklin，2011；Lee et al.，2019；Magoc & Modave，2011；Li，2020；Drezewski et al.，2018；Zhao，2021；Cunha & Silveira，2020）。人工智能技术可以更好地评估上市公司的盈余质量（Chen & Howard，2016；Hammami & Zadeh），可以作为董事会的一个组成部分，提高公司董事会多元化（Eroglu & Kaya，2022），还可以降低风险和提高运营效率，提高公司治理效率，用于辅助智能、增强智能、放大智能、自主智能和自创智能，影响董事会层面的决策（Hilb，2020）。大数据可以强化企业社会责任（CSR）意识，让CSR对消费者更加透明，人工智能对企业社会责任具有一定的替代作用（Li et al.，2021），可以促进企业承担社会责任（Zhao & IOP，2018），评估公司治理的可靠性（Hernandez - Perdomo et al.，2019），提高内部控制水平（Klius et al.，2020）。人工智能已应用于检测金融欺诈实践当中（Zhu et al.，2021），数字化技术可以更好地评估企业财务风险水平（Yang，2022）。

人工智能对企业绩效有正向的影响。人工智能技术可以提高企业绩效，数字化通过新颖的数据源、较强的分析能力和协作数字生态系统为追求可持续发展目标带来附加值（Castro et al.，2021），提高可持续发展能力（Goralski & Tan，2020），促进企业高质量发展（Li & Madina，2021；Yang & Cui，2022）。数字化转型可以提高企业社会绩效（Meng et al.，2022），数字能力包含三个核心因素：数字基础设施、数字集成和数字管理（Yu & Moon，2021），数字经济与实体经济深度融合，推动经济高质量发展、提高企业复原力。过程因素、信息共享、供应链集成（SCI）在人工智能管理农业供应链风险以应对新型冠状病毒肺炎（COVID - 19）大流行的影响中发挥着重要作用（Nayal et al.，2021）。大数据技术应用可以提升企业可持续经营能力（Singh & El - Kassar，2019）。

但是以往的研究主要从模型构建、概念设想、未来展望等方面展开，在实践中人工智能技术的应用效果和路径还需要进一步进行检验，本书研究人工智能技术如何影响企业财务困境，并从资源获得能力、风险管理水平两个方面检验人工智能技术缓解企业财务困境的机制，同时从供应链关系、公司治理环境、产权性质角度进行异质性检验，丰富了人工智能在财务管理领域的研究，同时为企业更好地应用人工智能技术提供参考建议。

2.6 文献评述

关于供应链关系的研究，公司财务领域主要从供应商与企业、客户与企业二元关系对财务决策、资本市场、审计、信息透明度、供应链治理、创新、公司业绩影响方面进行研究，在社会网络、创新领域逐渐有学者关注供应链三元关系，认为三元关系下企业之间协调合作更好，相互监督以及自我监督作用更强，技术、知识等方面的资源共享效果更好，并且对供应链三元关系的研究逐渐从纵向供应链向横向供应链方面发展。但是目前关于供应链三元关系的研究大部分采用理论分析、案例分析或调查问卷的方式，样本一般只局限于某几条供应链、几个行业或地区，具有一定局限性，同时关于供应链三元关系对财务活动的影响研究相对较少。

关于商业信用的研究，在公司财务领域，学者们主要从商业信用的影响因素和经济后果角度进行研究。在影响因素研究中主要从协同角度和竞争角度展开，在协同角度下，供应方提供商业信用的动机从价格歧视动机、信息识别动机，向促进销售动机、资本获取动机、协调动机方向发展；需求方获取商业信用动机研究从质量保证动机、降低交易成本动机向替代性融资动机方向发展。在竞争角度下，由于商业信用会影响各方的资金流，供应商与企业、客户与企业之间会针对商业信用相互竞争，谈判能力强的一方获取商业信用融资更多，而谈判能力弱的一方要提供更多的商业信用。关于商业信用的经济后果主要从降低融资约束、促进企业成长、提高企业价值几个方面进行研究。目前关于商业信用的研究大多只从竞争或合作一个角度对商业信用的总额进行研究，而现实社会中商业信用竞争和合作是共同存在的，商业信用的存在虽然具有合理性，但应保持一个适当的度，各方企业应通过谈判使商业信用达到均衡。

目前关于数智化技术的大部分研究认为，区块链、人工智能等技术能够给企业经营和决策带来正向的影响，但一部分学者提出相反的结论。现有的研究主要采用理论分析、案例分析等方式，提出一些对未来的展望，缺少大样本实证检验得出符合中国实践的结论，而现实中部分企业可能存在逆向选择问题，为了提高企业筹资能力、吸引外部投资者，将数智技术作为炒作的一种方式，这些新技术并没有很好地与企业业务衔接起来，带来负向效果。此外，财务会计领域关于区块链、人工智能的研究主要集中在会计方面，建立会计信息系统，提高信息透明度和可信度，关于财务决策中如何使用数智化技术，企业如何进行财务智能化转型的研究还相对较少。

综上所述，目前关于供应链关系对商业信用影响的研究仅局限在二元关系下，并且没有很好地将商业信用中协同部分和竞争部分拆分开来，对企业实践指导存在局限性。本书将以已有研究为基础，从供应商三元视角出发，研究三元关系下企业之间是否更容易实现商业信用协同，同时从资源角度深入挖掘三元关系下商业信用协同谈判的动机，并探索优化商业信用协同效应的对策，为企业更好地管理供应链关系，提高商业信用协同效应提供指导，并为政府培育产业集群和建设现代供应链提供参考意见。此外，本书将探索如何将数智化技术应用于资金链治理当中，设计企业财务数智化转型在财务目标、财务组织结构、财务流程等方面的转变方向，分析数智化技术在资金链治理的应用效果并提出优化对策，为实现国家数智化发展战略，推进高质量发展提供参考。

第 3 章

理论基础和供应链发展背景

3.1 理论基础

3.1.1 博弈竞争理论

博弈论是两个或两个以上参与人，面对一定的环境条件，在一定的规则约束下，依靠所掌握的信息，从各自可选择的行为或策略中进行选择并加以实施，并从中取得相应结果或收益的过程。博弈理论始于 1944 年，数学家约翰·冯·诺依曼和经济学家奥斯卡·摩根斯坦概括了经济主体的典型行为特征，提出了策略型与广义型等基本的博弈模型、解的概念和分析方法，奠定了经济博弈论大厦的基石，也标志着经济博弈论的创立。博弈论是研究决策群体的行为发生直接相互作用时应采取的决策以及这种决策的均衡问题，也就是说，当一个主体，如一个人或者一个企业的选择受到其他人、其他企业选择的影响，并且该主体的行为也会反过来影响到其他人、其他企业行为时的决策问题和均衡问题，在决策制定时，两个主体的决策可能是同时制定的，也可能有先后顺序，两个主体的相互影响可能是单次的，也可能是重复发生的。

博弈论包括七个基本要素，即参与人、行动、信息、战略、支付函数、结果和均衡。(1) 参与人是一个博弈中的决策主体，其目的是通过选择行动或战略来达到自己的效用水平最大化，参与人可以是自然人，也可以是团体，如企业、国家等，每个参与人都有一系列可供选择的行动和一个偏好函数，那些不做决策的被动主体属于环境因素。(2) 行动是指参与人在博弈中某个时点的决策变量。(3) 信息是参与人有关博弈的知识，特别是有关行动的选择、其他参与人的特征和行动的知识，其中共同知识是与信息相关的一个重要概念，它是指所有参与人知道，所有人知道其他参与人知道的知识。(4) 战略是指参与人给定信息集情况下的行动规则，它规定参与人在什么时候选择什么行动，因为信息集包含了一个参与人有关其他参与人之前行动的知识，战略指导该参与人对其他参与人的行动应作出何种反应，因而战略是参与人的相机行动方案。(5) 支付函数是指在一个特定的战略组合下参与人得到的确定效用水平或期望效用水平，它是所有参与人战略或行动的函数，是每个参与人真正关心的内容。(6) 结果是博弈分析者所感兴趣的，如均衡战略组合、均衡行动组合、均衡支付组合等。(7) 均衡是所有参与人的最优战略组合。

冯·诺依曼提出可以对个体之间的冲突建立数学模型进行分析，归纳个体的主要行为，他提出了标准型、广义型、合作型等博弈模型，在 20 世纪 50 年代，纳什和夏普利对博弈论进一步进行研究和发展，提出了纳什均衡和讨价还价等经典理论模型，当每一个个体都针对对方制定对自己最优的决策时，并且对其他对手可能采取行动的预测都正确时，纳什均衡得以实现。根据人们行为的相互作用，当事人之间能否达成一个具有约束力的协议，并能够强制执行，可以将博弈分为合作博弈和非合作博弈，合作博弈是博弈主体之间有约束力的博弈，非合作博弈是博弈主体之间无约束力的博弈。按照参与人行动是否有先后顺序，可以将博弈分为静态博弈和动态博弈，静态博弈指的是博弈中，参与人同时选择行动，或虽非同时行动但后行动者并不知道前行动者采取了什么具体行动；动态博弈指的是参与人的行动有先后顺序，且后行动者能够观察到先行动者所选择的行动。按照在博弈中信息是否完全，可以将博弈分为完全信息博弈和不完全信息博弈，完全信息博弈指每一个参与人对其他所有参与人的特征、战略空间以及支付函数有准确的认识，否则就是不完全信息博弈。按照博弈是否重复，可以将博弈分为一次博弈和多次博弈，一次博弈是指博弈主体只能进行一次的博弈；多次博弈是指博弈主体可以在不同的博弈过程中通过观察对方调整自己的行为，最终实现均衡。

无论在自然界还是人类社会中，资源都是有限的，个体之间会为了争夺资源和生存空间发生一系列行为，即竞争。由于生存和发展需要占用资源，而资源又不会永远富足，因此个体之间相互的争夺是不可避免的，由于个体之间的社会背景、能力、天赋等都是不同的，因此，必然有的个体可以从竞争中获取更多、更优质的资源，而有的个体只能获得较少、劣质的资源，而获得资源少的个体为了生存会提升自己的能力，期望能够争夺更多的资源，因此，竞争不会停止，会永续存在。此外，竞争兼具积极性和消极性。一方面，竞争可以激发人们的主动性和创造性，挖掘人们的潜能，使人们能够不断超越自我，提升个体能力，并且竞争可以实现优胜劣汰，使先进的能力和技术得以保留，淘汰过时落后的事物，使社会保持活力；但在另一方面，个体在竞争中也可能采用一些不正当的手段，竞争者可能为了保持自身的优势地位，采取破坏对方、贬低对方、封锁消息、控制市场等手段相互拆台，使对方处于劣势，由此造成社会效率的降低。竞争手段是多样化的，包括价格、数量、服务或其他手段的竞争，也可能在法律、政治等方面采取措施进行竞争，竞争者通过限制对方在市场、政治等方面的交易条件，来达到控制对方的目的，但是由于外部经济、政治环境不断变化，因此，双方之间竞争力量也在不断变化，竞争不是静止的，而是一种动态的活动。

供应链的主要研究内容是研究供应商、制造商、销售商等个体在物流、资金流、信息流等方面如何运行和有效控制，在供应链中，各成员企业作为相对独立的经济实体，构成了博弈参与人，并且每个参与人的决策不同，各自的目标不同，构成了博弈决策空间，形成各自的收益函数。在供应链中，每个个体都要针对他人的行为和对他人的预判制定自己的最优决策，个体首先考虑的是自身利益的最大化，然后才是供应链系统的整体利益，因此供应链系统中的成员企业之间往往存在着各种博弈关系。在整个供应链中，企业要与其上游供应商进行沟通，不断地讨价还价，以便降低材料采购的成本，同时，企业还要与其下游分销商进行沟通，结合自己的成本与下游企业进行谈判，提高销售价格。供应链上的企业成员在产品价格、产品质量、库存协作、产品交货期限等方面均可能存在目标上的冲突，双方均力图扩大自己的利益。供应链内企业之间的博弈具有重复博弈的特征，因此为供应链企业之间合作的实现提供了可能性。在重复博弈中，每个当事人都有机会树立合作的信誉，并以此鼓励对方也树立起合作的信誉，使“合作—合作”变为纳什均衡点。具体来说，企业之间的交易如果仅限于一次，利益目标中的差异性占主导地位，各方都着眼于自己一时的利益，竞争强度较大，但是，随着交易的持续进行，利益目标中的一致性占主导地位，双方都以长期利益最大化为目标，并希望这种交易关系持续下去，因此个体之间每一次交易都是考虑了以后的交易来制定策略。所以，尽管双方都有利己主义的动机，但在长期的博弈中，双方都希望采取合作的态度相互协调，以达到帕累托最优的状态。

3.1.2 合作协同理论

“协同”一词最早源于古希腊，原意是协调与合作，但从管理角度研究协同最早可追溯到亚当·斯密和卡尔·马克思，他们虽然没有直接提出协同的概念，但研究了管理中的协作，已经认识到协作在企业中的重要性，其中包含着丰富的协同思想。1876 年，亚当·斯密在其《国富论》中，在讨论劳动分工、劳动技巧和劳动生产率的关系时，提出了劳动分工对协作具有更高要求，从而确立了工业革命以分工为基础的工业社会协调管理。之后，卡尔·马克思在《资本论》中详细地论述了传统工厂制企业和现代股份制企业产生的原因和发展规律，认为社会进入资本主义之后，由于社会分工的发展，协作得到了很大的提升，马克思认为分工协作使得企业实现运行生产并扩大规模，使资本实现集中，而资本集中又加速了单个资本向联合资本的转化，从而使资本主义古典企业向现代企业过渡，该理论实质上是强调分工和协作将会使分散的部分整合成为一个整体，最终使每一个成员企业获得更高的生产效率，在整体上取得“1 +1 >2”的效应。

法国著名管理学家法约尔 1916 年真正从管理学意义上研究协同，提出改善有关企业经营的六个职能，其中在管理职能中提出了协调，认为协调就是指联结、联合、调和所有活动及力量，即协调就是指企业的一切工作都要和谐地配合，以便于企业经营顺利进行，并且有利于企业的成功。切斯特·巴纳德（1938）将协同思想应用到组织管理理论中，提出企业是一种协同组织，把企业组织中人们的相互关系看成一种协作的系统，个人如果不与其他人在一种相互作用的社会关系中连接起来，就不能发挥作用，正式组织的协作使团体力量能够扩大到个人能力范围之外。伊戈尔·安索夫（1965）在经济学意义上借用投资收益率确立了协同的含义，研究为什么企业整体价值有可能大于各部分价值的总和，他认为协同模式的有效性部分来源于规模经济带来的好处。日本战略专家伊丹广之（1980）将资源分为实体资源和隐形资源两种，并认为协同是一种发挥资源最大效能的方法，而只有当企业开始使用它的隐形资源时，才能产生真正的协同效应。迈克尔·波特（1985）提出价值链的概念，认为价值链并不是一些独立活动的集合，而是相互依存的活动构成的一个系统，竞争优势来源于价值活动间的联系，联系可以通过最优化和协调一致这两种方式带来竞争优势。彼得·圣吉（1995）指出未能整体搭配的团体，许多个人的力量一定会被抵消浪费掉，当一个团体更能整体搭配时，就会将力量汇聚到共同的方向，调和个别力量，从而使力量之间的抵消或浪费减到最小。卡普兰和诺顿（2006）认为协同是企业经济价值的来源，并介绍了如何在平衡记分卡的四个维度即财务、客户、流程、学习与成长之间形成协同效应，提出了四种协同方向，即共享流程和服务创造协同效应、价值链协同效应、利用无形资产创造协同效应、利用企业战略协同效应。

在供应链上，企业与供应商和客户会通过采购、销售活动产生相互联系，建立供应链的合作协同关系可以使整个链条具有相同的目标，提升其效率，并同时提升企业自身的经营绩效。企业建立供应链合作协同关系具有不同的动机，包括降低与供应链上下游企业交易发生的成本，获得其他企业的互补资源，以及建立企业自身的社会网络关系等，主要理论基础包括交易成本理论、资源理论以及社会网络理论。

（1）交易成本理论。

科斯认为在市场中进行交易需要花费成本，而组织的建立就是通过制度的建立和交易的安排来减少这些成本，即为交易成本。最开始提出将交易作为经济分析的基本单元的是约翰（John，1934），他认为在相互分离的企业中有不同的组织结构进行交易产品和服务，评估不同结构协调不同企业关系的能力，并且这种协调作用是经济体制存在的基本原因。罗纳德·科斯（Ronald Coase）在1937年发表的论文中更加明确地提出这个问题，他认为企业的本质是突破企业与企业之间的边界，通过一系列整合的流程和组合的行为，来为市场提供最终的产品和服务。科斯认为组织边界的确定是通过经济体制和市场实现的，一个企业要确定什么产品需要自己生产，什么产品可以从市场中购买。

交易成本是指企业在交易中发生的成本，包括寻找供应商和客户的成本、评估成本、谈判成本、违约时发生的成本等（科斯，1990），虽然不同的交易有不同的特征，但还是可以将交易成本分为以下几种类型，包括信息搜集成本、信息取得成本、谈判成本、决策成本、监督成本、违约成本等。企业在市场上需要寻找交易对象，花费信息搜集成本；为了取得信息，需要支付一定的代价，为信息取得成本；在与交易对象进行谈判时，可能针对价格、质量等方面进行一些让步，为谈判成本；在确定合约前需要进行讨论，为决策成本；在确定合约后还要对合约完成情况、完成进度等进行监督，为监督成本；当企业或交易对方违约时，企业要支付违约金或承担损失，为违约成本（Williamson，1975）。威廉姆森（Williamson，1985）又针对交易发生的时间将交易成本区分为事前成本和事后成本，事前交易成本为在交易前发生的起草、谈判、达成协议发生的成本，事后交易成本包括保证交易关系长期性、连续性进行的投入，退出交易支付的费用，以及因为判断失误造成交易失败给企业带来的损失成本。在交易成本中，有些可以进行度量，并且反映在会计科目中，包括差旅费、工资费用、会议费用等，而有些交易成本却不可度量，比如信息失真成本、机会主义行为造成的成本、因契约不完备给企业带来的成本等。

交易成本的大小与三种因素紧密相关，分别为交易频率、交易不确定性程度以及资产专用性。交易频率为交易发生的次数，交易频率越高，交易成本越大；交易不确定性程度为交易中可能存在的风险，由于双方之间存在信息不对称，因此只能通过契约来保障自身的利益，交易不确定程度越高，企业支付的监督成本、议价成本越大；资产专用性是交易双方为建立关系进行的固定资产或无形资产的投资，资产专用性越强，关系破裂给企业带来的沉没成本越大，因为投资的专用资产只能在此项交易中使用，而在市场上的流通性低。当交易频率、交易不确定程度以及资产专用性程度较低时，企业可以通过市场来为企业提供保障机制，制度和法律保障可以约束交易双方的行为，降低交易成本。而当交易频率、交易不确定程度以及资产专用性程度较高时，交易成本会逐渐增大，此时，企业可以利用纵向并购、一体化或新建等方式将企业的上下游纳入自己的体系中，降低交易成本。

交易成本理论研究交易企业如何通过交易来规避困境，威廉姆森（Willimson，1975；1985；1995）、哈特德和摩尔（Hartd & Moore，1990）提出在复杂的市场中，合约总是不完美的，由于这种不完美性，企业会因为对关系进行特殊资产投资使其自身暴露在困境中，企业的交易伙伴可能随时违反合约。企业可以对自身实施一系列保护措施，一种是通过整合，将企业上下游进行并购，减少双方之间敌对关系，相对缓和一点的方法是建立互惠的采购协议，每一个交易者相互交换抵押品，以及部分权益协议。交易成本还可以实现治理作用，威廉姆森（Williamson，1991）认为由于个体之间特性、治理结构、成本和竞争程度的差异，可以通过建立企业来实现个体之间的互补，企业的建立是实现规模效益最大化的一种方式。

在供应链交易中，交易成本包括两个方面，分别为合作成本以及交易风险（Clemons et al.，1993）。合作成本即在决策制定中交换信息、整合信息所花费的成本，如在制造商—供应商两方关系中，合作成本包括获取交易产品成本、价格、可用性、需求等方面信息花费的成本；交易风险是由于信息不对称，交易中其他伙伴可能推脱责任而带来的风险，例如，在客户不知情的情况下，供应商可能提供一个质量低劣的产品。此外，关系专项资产投资也可能带来交易风险。关系专项资产投资是企业为了建立与供应商和客户关系进行物质的和非物质的投资，如企业为了实现与特定合作伙伴更好的交易对员工进行培训，供应商为了迎合制造商特定的需求在机器、工具或其他固定资产上进行投资，或为了满足特定客户需求而建立信息系统（Mukhopadhyay & Kekre，2002），这些专项资产在建立后不能转移到其他供应商和客户，并且在脱离与供应商和客户的联系后会丧失价值，供应商和客户可能会利用企业对交易关系的依赖性，要求企业对产品价格或其他条款进行妥协。克莱蒙斯等（Clemons et al.，1993）强调了两种交易风险：第一种是垄断性谈判，当只有少量供应商可以提供企业需要采购的产品时，企业可能会暴露在供应商的机会主义行为中；第二种交易风险是对资源丧失控制权，是当企业将不适合外包的产品外包出去后，可能会引起外包公司的投机主义行为。由于交易中的环境可能会出现未预期的变化，包括环境不确定性和行为不确定性，环境不确定性为环境、技术、需求等的不可预测性，行为不确定性包括对行为的评估以及信息不对称问题，因此企业需要采取措施来降低交易成本，如改变治理结构或提高市场竞争程度。每一个企业都有不同的机制在价值链中进行材料和服务的整合（Malone et al.，1987），企业需要以一种更高水平的管理方式来整合不同层级的资源，如在供应商—客户关系中，企业可以通过控制流程，以及制定价格、运输方式、产品质量等方面的决策来控制供应商（Heide，1994），此外，如果市场能够实现完全竞争状态，客户可以对供应商进行自由选择，选择产品质量最好、价格最低的供应商，由此降低交易成本。

（2）资源理论。

资源理论包括资源基础理论和资源依赖理论。资源基础理论关注的是企业如何通过获取稀缺资源来提升企业竞争力，资源依赖理论关注的是企业如何通过与环境中其他企业的交换来换取资源，在供应链管理中，如何获取稀缺资源以及如何通过交换获取资源都是管理的重点。

资源基础理论也被称为企业的资源基础观，是用于描述、解释、预测企业如何通过并购或者控制其他资源来获得可持续的竞争性优势，当这样的资源可以为企业带来超额盈利时，它们是与企业竞争优势紧密相关的（Barney，2001），这些资源包括有形资产和无形资产，如机器设备可以帮助企业实现生产或传递产品或服务的信息技术流程（Amit & Schoemaker，1993）。实际上，资源基础理论下企业对无形资产更为关注，因为这些无形资产比可购买的资源能够给企业带来更显著的利润（Taylor & McDermott，2002），伦格图萨纳塔姆等（Rungtusanatham et al.，2003）认为与竞争对手相比对资源的控制是一种显著的竞争优势，随着企业可能对不同类型的资源进行不同程度的控制，由此形成了资源门槛，企业对特殊资源的掌控可以为企业带来竞争优势。

学者们研究了能够给企业带来持续竞争优势资源的五种特征（Rungtusanatham et al.，2003），这项资源必须是可以提高企业效率的、相对于竞争对手是稀缺的、不可完全模仿以此来阻止潜在竞争对手进入的、不能完全移动来避免外部竞争者对企业资源侵占的、不容易替代的。许多学者研究如何提升企业资源的不可模仿性和不可转移性（Black & Boal，1994），巴尼（Barney，1991）认为通过时间或历史的沉淀可以使一项技术更特别、更不可替代，尤其是当这些技术在一个特别的机遇下使用。彭罗斯（Penrose，1959）发现新资源与企业现有资源的匹配程度可以降低资源的可模仿性，以及降低资源的转移程度，尤其当资源被镶嵌在复杂的社会网络中，或整合在企业组织结构以及组织流程中，这项资源更难以复制，例如信息收集以及处理机制就可以被视为一种独特的资源（Galunic & Rodan，1998）。沃纳费尔特（Wernerfelt，1989）在研究社会复杂性时认为，社会复杂性可以带来团队效应，尤其当一个成功的团队处于某一个系统设施中，可以降低类似的团队在其他情境下成功的可能性，最理想的状态是企业的资源在法律或规则的保护下不被其他竞争者交易或复制。还有一些学者研究如何让这些资源为企业带来并维持竞争优势，包括信息、技术以及其他知识资产（Galunic & Rodan，1998），信息获取机制可以使企业的知识资产更好地实现价值增值。

供应商和客户资源是一项有价值的、稀缺的、不可模仿、不可转移、不可替代的资源，当企业获得了竞争对手无法获得的供应商和客户资源时，供应商和客户与企业的关系就可以为企业带来竞争优势。通过建立关系有利于企业更好地管理物资的流入和流出以及物资的质量，如原材料、产成品以及服务等，这样的效率提升可以直接提高企业的营运绩效，例如，通过在产品设计阶段直接引入关键供应商，企业可以确保即使没有及时付款，供应商的物资提供也不会中断，卡特和埃勒姆（Carter & Ellram，1994）发现通过将供应商引入产品设计过程可以降低产品质量问题。此外，企业进行独家资源安排也是一项重要的竞争资源，企业向一家供应商购买大比例的原材料，或向一家客户销售大比例的产成品，可以阻断外部竞争者与企业争夺供应商或客户资源，供应商以及客户更愿意与有过长期合作经历的企业进行交易。但是供应链关系成为一项有价值的、不可替代的资源必须要以长期持续发展的目的来维持，例如，每一次企业的新产品设计都需要供应商参与，或者企业持续与供应商和客户保持独家资源协议等，否则，供应链这项资源很容易被竞争对手夺取。通过供应链内部的信息共享、信任增加都可以为企业带来最终收益，洛伦佐尼和利帕里尼（Lorenzoni & Lipparini，1999）提出通过与供应商建立信任关系可以使企业持续了解供应商的库存情况，对整个供应链物资的合理安排有益处。随着最近信息技术的快速发展，人们发现信息技术对企业物流支持具有重大作用，如 ERP 可以实现合作伙伴之间信息的交换，这样供应商可以获得企业的库存数据，并采取必要的补货程序，提升供应商关系（Emmelhainz，1987；Monczka & Carter，1988），ERP 系统的使用使企业打破内部界限，企业可以获得对产品需求以及供应商情况有价值的信息，从而可以使企业对流入流出的物资进行更好地管理，这些信息包括需求预测、订单状态、销售额、促销状况等。

资源依赖理论认为企业需要与环境中的其他组织进行交换来获取资源（Pfeffer & Salancik，2003），这里面包含两个假设：第一个假设是很少有企业可以自给自足，因此不得不依赖于其他企业，与其他企业进行产品或服务的交换（Heidi，1994）；第二个假设是企业为了降低不确定性以及提高独立性，会与其他企业建立正式或半正式联系（Ulrich & Barney，1984），也就是说企业为了解决不确定性问题以及提升独立性会增加与其他交易伙伴的合作关系。与资源基础观不同的是，资源依赖理论更注重从外部环境中获取和使用互补资源（Barringer & Harrison，2000），根据资源依赖理论，买方企业会将它们的资源与合作伙伴的互补资源协同结合在一起，因此产生了一个很难模仿的资源门槛，将企业与供应商和客户特别的关系作为企业独特的资源，最终变成企业的可持续性竞争优势（Dyer & Singh，1998）。

资源依赖理论更集中于相互依存概念，这是由于单独一个企业不可能掌控所有的资源来实现企业的目标，必须与其他企业互补，获取互补资源（Handfield，1993），供应链管理的概念也扎根于这一概念，需要供应链上的企业相互依存，互相合作（Dubois et al.，2004），供应链上企业实现相互协调既是企业的机会，也是挑战，它可以提高企业的竞争优势（Chen et al.，2004），并有助于企业对环境进行更好的掌控，实现准确预测，确保企业经营的稳定性（Bresser & Harl，1986）。在供应链管理下，企业不仅要与供应商和客户保持合作的关系，还要确保整个供应链都处于一种相互分享收益的机制（Dyer，2000），供应链上下游企业作为企业的战略合作伙伴可以向企业分享一些具有竞争优势的资源，以及其他社会资源，如地位、诚信等。

（3）社会网络理论。

社会网络理论认为任何系统都是由一系列相互联系的个体以及节点构成，个体可能是个人、公司、国家等，不同个体之间有不同的关系，有的是合作关系，有的是竞争关系。而随着信息技术的不断发展，网络组织应运而生，网络组织可以实现传统型组织结构不能实现的快速沟通、快速反应的目标，可以使组织更能适应日益变化的外部环境，网络组织可以实现跨企业边界的合作，实现战略同盟，获取竞争优势。

肯尼斯（2004）认为网络组织的形成是由一个个独立的公司组成社会连接，使独立的企业进入一个动态的相互连接网络组织中。李维安（2003）认为网络组织是由活性节点构成的有机的组织结构，信息是实现网络组织运作的渠道，网络组织协议是实现网络组织正常运转的保障，并且为了适应外部环境，实现网络组织目标，网络组织会经常重构，并且其中的成员会相互协作创新。刘东（2003）从契约角度研究，认为网络组织是一系列企业根据契约相互联系实现的契约关系或制度安排。

网络组织成员有以下几点特征：

第一，网络组织节点之间存在复杂的连接关系。在网络组织中的各个企业构成了网络节点，节点是网络中的基本构成，不同节点之间的不同关系形成了复杂的网络结构。在不同网络节点中建立信息沟通渠道，实现知识和技术的互惠共享，产生协作创新效应，不同节点之间的联结需要遵循平等、自愿、互惠互利原则，并且不同节点之间要有相同的目标，具有点对点的迅速及时的沟通渠道，使得网络运行成为可能。节点之间的连接方式是多样的，如契约关系、产权关系、资产交易关系、人情、信任、感情等，并且连接形式有实际连接，如物料的购买与销售、信息技术的分享，也有虚拟连接，如彼此之间的信任、校友、老乡关系等。在网络组织中，节点之间不停发生着物流、资金流、信息流的交换，使得网络组织能够有效运行（王玲，2009）。

第二，网络组织是竞争与合作的结合体。企业之间的竞争是市场环境下永恒的主题，迈克尔·波特（1997）认为竞争是企业成功与否的决定因素，其中包括企业外部的竞争环境，以及企业自身的竞争能力、在市场中的地位等。外部的竞争力有五种，分别是现有的竞争对手、潜在的市场进入者、替代品威胁、供应商谈判能力以及客户谈判能力。企业战略的制定就是要使企业能够适应外部竞争环境，克服外部竞争力对企业的威胁，提升企业自身市场竞争地位，实现企业目标。但是从 20 世纪 80 年代开始，合作理论开始受到关注。合作开始成为企业应对市场竞争的一种新的战略选择，随着合作的不断推进，不同企业之间形成了网络组织，市场的竞争开始由企业与企业之间的竞争变成了不同网络之间的竞争，企业的关注点逐渐从“如何从蛋糕中分得更大的收益”转变成为“如何将蛋糕做得更大”。但是企业的目标还是价值最大化，与其他企业实现共赢的最终目标还是要实现企业的价值最大化，因此在网络组织内部竞争关系还是存在的。因此，网络组织内部企业之间竞争与合作并存。

第三，价值创造是网络组织的主要目标。网络组织中各企业相互连接的主要出发点在于创造价值，实现“1 +1 >2”的目标，企业之间形成网络组织可以降低交易成本、获取互补的资源、提高规模效应。尼克·瑞克曼（1988）认为企业之间合作关系可以减少重复工作和资源浪费，借助彼此之间的核心能力实现资源互补，并且通过合作伙伴可以发现新的商业机会。网络组织之间充分的信息沟通可以减少“囚徒困境”问题，实现企业自身与网络组织整体的价值最大化，通过合作伙伴之间的资源共享和优势互补，可以实现相互协作，创造价值。

第四，良好的利益分配机制是维持网络组织的关键。在网络组织内部，企业与企业之间还是存在竞争关系的，即使通过合作将蛋糕做大，但是每一位成员都希望能够分得更大的利益。网络组织之间需要建立良好的利益分配机制，才能使得各成员之间实现长期合作，如果利益分配不均，合作者的投入产出不匹配，就会挫伤网络成员的合作积极性，造成企业之间的摩擦，甚至隔断现有的联系，造成网络组织的破裂。很多失败的案例证明，很多合作的破裂就是由于利益分配不均，合作者反目成仇，因此，如何处理网络组织的利益分配是需要合作伙伴事先协商和关注的问题。

关于网络组织的优势，学者们也有广泛的研究。第一，网络组织下，企业效率得到提升，资源得到共享。网络组织下各企业之间信息快速流动，各企业之间相互分享技术、资源以及机会，卡马里尼亚 - 马托斯等人（Camarinha - Matos et al.，2009）发现企业参与到网络组织中对其获得不同的竞争优势非常重要，尤其对中小企业来说，通过与上下游企业的合作可以使企业及时满足市场需求，相互分享信息和资源。第二，网络组织可以促进各方之间相互依赖，并形成相互监督机制，在重复博弈下，各企业会降低自身的机会主义行为，企业为了保持与合作伙伴之间的长期合作关系，就必须确保自己的行为有利于双方之间的利益，减少了“搭便车”行为（Gulati & Gargiulo，1999）。

蔡和洪（Choi & Hong，2002）将供应链网络定义为通过供应商、制造商、零售商的整合来生产产成品的网络，并且供应链网络不是一个静态的系统，而是一个复杂动态的系统，当企业试图适应环境的变化以及网络中其他企业的行为变化时，供应链网络也要变化（Pathak et al.，2007a）。三元关系是供应链网络中最基本的单位（Choi & Wu，2009），为了理解供应链中企业的动态合作关系，首先需要理解在三元关系中发生的关系行为，以及这样的行为如何引起三元关系的变化，西美尔（Simmel，1950）首先在社会学理论中研究了三元关系，后来，伯特（Burt，1992）解释了在社会网络中各企业不同的行为，以及三元关系中内部和外部的关联。在三元关系中结构化的两个节点之间没有直接的联系，而当两个节点都与第三个节点有联系时，这两个节点相互之间也产生了联系，节点发挥了中间商的角色作用，并且这样的安排被称为结构洞（Burt，1992）。在这样的三元关系中，可能会出现两种基本的战略行为。第一种战略行为是中间商会保持结构洞，使没有联系的两个节点继续保持分离状态，由于两个节点之间存在信息不对称，中间商可以通过让它们之间相互竞争从中获得好处，在三元关系中，两个节点之间缺少直接的联系会导致两个节点相互的竞争，贝克和奥布斯特费尔德（Baker & Obstfeld，1999）指出这种战略的存在就是要关注三元关系中两个不直接联系的节点。西美尔（Simmel，1950）提出了第二种战略行为，通过中立的第三方节点建立另两个节点之间的关联，中间商促使没有直接联系的两个企业建立直接的合作关系，奥布斯特费尔德（Obstfeld，2005）通过案例研究发现中间商会努力促进不相连的两个节点实现直接联系，中间商会通过放弃自身的控制权利来获得相互协调，并在三元关系中自我协调。

3.1.3 竞合理论

竞合概念来源于博弈理论，竞合关系既包含竞争关系，又包含合作关系，两个企业可以同时地竞争与合作。在任何一个特定的关系中都能够发现合作和竞争的影子，并且在某些特定的环境下两个企业可能还有一定的默契，如果竞争关系与合作关系是明确的，那么夹在这两者中的关系就称为竞合关系（Bengtsson，1996）。竞合理论研究当企业处于竞合状态下如何制定企业的战略行为，并且如何让企业自身的效用函数最大化，达格尼诺和帕杜拉（Dagnino & Padula，2002）认为在企业之间竞合是一种变和博弈，合作是正和博弈，而竞争是零和博弈。战略学者将竞合视为一种企业之间的寻租行为，通过整合竞争与合作来获得一种最优的绩效（Gnyawali et al.，2006）。

在竞合关系中的竞争关系是建立在这样一种假设上，即个体都是期望自己的收益能够最大化，以自我为中心的理性人不会参与合作（Abrahamsson & Bengt，1992），个体利益的不同会使双方之间产生冲突，最终导致每个个体都会为了满足自身的需求相互竞争。而在竞合关系中的合作关系是建立在另一种假设上，个体参与到合作中是因为双方都具有相同的目标，个体追求自身利益的动机减弱，更主要的是通过社会结构发挥作用来让个体相互合作实现双赢的关系，参与网络关系带来的隐形福利比个人的利润更重要，每一个参与者都通过合作来实现更多的总体价值，因此，即使只分得一小部分收益，它们也会得到满足，并有意愿继续维持这种关系。本特森和科克（Bengtsson & Kock，2000）认为两个企业中同时存在合作和竞争，并且企业会从合作和竞争中获得好处，但最好的关系还是竞合关系，竞合关系是竞争者为了获得相互的收益而共同努力，它不仅局限于合作联盟，在竞合关系中竞争与合作在时间上不是完全分开的，双方可能在某些领域竞争，而在其他领域合作。在供应链中更容易产生竞合活动，尤其是长期外包或长期供应、共同生产、共同研发、共同建设信息系统、专家共享等供应链活动等，当两个竞争对手在产品和市场占有上相关程度越高，那么竞合关系越容易产生。

竞合关系的建立主要有以下几点原因。首先，当企业面临着其他潜在竞争对手的进入，挑战它原有的地位时，会与现有竞争者建立竞合关系，加强集体议价能力，实行新的进入壁垒，如使用掠夺性定价、操纵技术标准、游说政府使用更强硬的政策等，来遏制其他竞争者的进入。其次，随着消费者对新技术、在线服务、额外的功能、卓越的质量、创新的设计需求越来越高，为了满足消费者这些新兴需求，全球竞争对手都开始合作，以开发新产品，共享互补资源，加强合作，这对降低产品创新成本和分担风险是有益的。最后，随着规模经济的重要性日益增加，提高生产的边际利润，以及对产品生产和效率的要求越来越高，企业需要加速对价值链的整合，与企业的供应商和客户建立竞合关系，降低生产成本，提高生产规模。有两个因素加速竞合行为的产生：第一，竞争者之间要有互补性的技术、市场和能力（Gimeno & Woo，1999）；第二，竞争者之间可以有顺序地进行竞争和合作，先在市场上合作来进行发展，开拓市场，再在市场上相互竞争来瓜分市场（Luoet al.，2006）。

纳勒巴夫和布兰登伯格（Nalebuff & Brandenburger，1996）用博弈理论来讨论竞合的重要性，两个竞争者在开拓新市场时可能相互支持，但是在瓜分市场时又相互竞争。由于市场的通用性和资源不对称，竞合关系越来越普遍，当竞争不可避免时，最好的方法就是采用竞争式的合作行为，可以使企业提升内部技能和知识，通过学习竞争对手的技能来防范和控制竞争对手，利用学习到的技术，企业可以开拓新的市场，研发新的产品，寻找新的商业机会。罗（Luo，2007）认为竞合关系还可以降低开发新产品的成本、风险和不确定性，对于一个企业来说，独自发展培育新市场成本过高，而企业如果与竞争对手合作的话，竞争对手将成为最好的合作伙伴来分担成本和风险，因为竞争对手对该目标市场有很强的专业经验，与企业有相同的目标，并且与竞争对手建立合作关系还可以大大提升企业的效率，缩短企业研发新产品和开发新市场的时间。在多样化的产品种类和地域范围内，竞合关系可以帮助竞争者识别在哪些领域采取竞争，在哪些领域采取合作，而单独的竞争关系和合作关系不能发挥这样的效果。在纯粹的竞争中，市场垄断企业会设立障碍阻止其他潜在竞争者的进入，游说政府不对其他竞争者投资，通过市场力量来遏制其他竞争者的竞争，或与一些当地政府勾结来抑制产出，提高价格，并控制供应商，这样做尽管在短期内对垄断企业有利，但长期来看这样做会产生管理系统、组织能力和文化价值的刚性，阻碍企业升级，使企业产生自满情绪，遏制企业的创新性和灵活性。同样地，纯粹的合作也有不利之处，机会主义普遍存在，难以消除，尤其当合作安排松散、分配机制不分明时更为明显。此外，由于企业习惯与相对固定的合作方合作，这样可能会丧失创新性，并且对合作方产生依赖，因此，当合作关系终结时，企业可能会失去了自身的竞争地位。

供应链内部会产生竞合关系，供应链网络中的企业可能以一系列原因发生竞争与合作。一方面，卖方和买方可能会基于技术、信息、资源获取，或者面临垂直整合或并购的威胁参与到竞争中。另一方面，卖方和买方可能会相互合作来协调产品、新技术、信息以及其他资源（Smith et al.，1995）。供应链网络中的竞合关系是供应链关系的一种常见状态。已有学者对半导体（Browning et al.，1995）、轮胎（Gnyawali et al.，2006）、制药行业（Quintana & Benavides，2004）中的供应链竞合关系进行了研究。帕塔克和吴（Pathak & Wu，2014）的研究认为当两个公司之间有产品或服务的传递时，这两个公司有直接的沟通与联系，说明这两个公司有合作关系，而当两家公司供应的产品具有相同的功能、需要相同的稀缺资源，并且两家公司有重复或互补的技术这三个条件同时存在时，意味着这两家公司存在竞争关系（Wu & Choi，2005）。竞合关系是一种动态关系，帕塔克等（Pathak et al.，2014）从供应链二元关系中的竞合关系转向供应链网络中的竞合关系，认为在一个供应链网络中，随着时间的推移，企业与企业之间以往的关系可能瓦解，并形成新的关系，同时解释了在这些供应链网络结构中竞合关系如何产生。在供应链网络中，客户和供应商竞合关系的紧密程度受企业所在网络的多重性和交错性影响（Wilhelm，2011），企业之间通过合约相互联系，并实现共同的一系列目标，一个企业处于供应链网络中的地位将影响它如何处理与其他合作者的关系（Kim et al.，2011）。并且供应链网络结构的改变也会改变企业之间的关系，影响企业的资源和关系战略（Kim et al.，2011），因此，理解供应链网络中的竞合关系需要考虑网络中的结构特征以及企业的行为特征（Nair et al.，2011），供应链网络中的企业需要采取措施来管理它们在供应链网络中的位置，企业的网络地位会影响网络结构，从而影响网络中的竞争与合作关系。

3.2 供应链关系形成发展背景

3.2.1 博弈关系时期

在1975年以前，由于市场的状态是供不应求的卖方市场，因此生产产品是企业的主要关注点，对原材料的供应商和产成品的分销商的关注不是很多，企业主要强调降低产品成本、高质量地生产产品，只要产品价格足够低企业就有竞争力，并且消费者对产品多样化的需求不是很大，企业只要完成产品功能的实现就可以实现销售。

此时，卖方和买方之间的交易依赖于公平交易协议，双方之间明确市场价格来进行交易，企业与其供应商和客户之间的关系就是买和卖之间的关系，企业根据供应商提供的产品特性、价格高低选择相应的供应商，根据客户的出价高低选择客户，也就是谁的产品价格最低、产品质量最好，就选谁为供应商，谁的出价最高，就选谁为客户。企业与供应商和客户之间的交易也大多数是一次性的，更注重短期利益，不会为了长远的发展培育供应商和客户。企业的主要关注点在于生产，供货和销售只是处于次要、附属的地位，企业与企业之间局限于利润的竞争，合作的关系很少。沃克和韦伯（Walker & Weber，1984）提出一个模型来决策是自己制造材料还是从市场购买材料，他们认为制造还是采购决策通常更依赖于经济因素，而相关的合约因素不是很重要，他们推断制造成本对决策的制定产生重大的影响，而需求不确定性和供应商竞争虽然也很重要但影响较小，当供应商销售产品的价格比自己内部生产成本要低，或者是供应商行业竞争激烈时，企业通常选择从市场中采购产品而不是自己生产。沃克和泡颇（Wakler & Poppo，1991）研究了两类供应商—客户关系，他们发现影响交易成本有四种因素，包括资产独特性、供应商市场竞争程度、技术创新程度以及自己制造需要的投资，在这四种影响因素中，资产独特性对交易成本产生的影响相对较小，供应商市场竞争程度对交易成本几乎没有影响。德怀尔等（Dwyer et al.，1987）认为大多数研究和大多数营销战略将买方—卖方交易视为分离的交易，而不是持续的关系。麦克尼尔（Macneil，1980）对于分离的交易提出更全面的理解，极端地来说，一次分离的交易是一个一次性事件，分离交易以这样一种形式存在，即双方之间没有其他的事情会发生，以前从来没有，将来也不会有。德怀尔等（Dwyer et al.，1987）发现许多卖方没有意识到建立客户关系的必要性，并提出供应链关系管理需要成为企业成功的前提条件。

总之，在此阶段，企业的竞争压力较小，各企业主要注重完成各自的生产活动，与其他企业沟通较少，企业与供应链上下游竞争程度较大，合作关系较少。

3.2.2 合伙关系时期

在合伙关系时期，市场快速发展，产品种类和数量快速增长，一些产品已经出现供过于求的现象，消费者对多样化的产品需求也逐渐增加。此时，企业只注重生产的经营方式已经不可行，企业要了解客户的需求，迎合他们的偏好，并关注市场中的竞争对手，与竞争对手争夺供货源、客户市场等资源。此外，企业开始实行纵向一体化战略，对上游下游企业进行并购，向上游、下游两个方向扩大自己的边界，使组织保持稳定，降低市场价格变动可能给企业带来的风险。

同时，一些先进的供应链管理方法也逐渐兴起，如即时采购（JIT）、供应商管理库存（VMI）等。JIT模式又称为零库存模式，即通过供应商与企业之间高效地信息沟通，供应商根据企业的生产计划安排原材料发放，企业按需要的量采购原材料，用来生产所需的产品，该模式实现了企业生产的无库存或库存最小化，同时，该模式也使客户及时采购运营得以实现（Gunasekaran，1999；Kaynak & Hartley，2006）。VMI 也是通过企业与供应商之间的信任和充分沟通，使得供应商根据客户的需要管理客户的库存（Levi et al.，2003），减少客户的库存管理成本，并增加了供应商销售额，此外还有合作计划、预测、补货（CPFR）等供应链管理方法的使用，实现了对供应链的整合。

另外，企业还逐渐分解其任务，将一些不重要的烦琐工作外包给外部供应商负责，将主要精力集中在建立核心竞争力上，利用外包公司的专业能力来提升企业对外部环境变化的响应速度，并分散企业的风险。外包专家提供的产品或服务可以减轻企业的负担，为企业带来经济效益以及效率的提升，而此时，物流活动是最广泛的外包业务（La & Maltz，1992），并且对第三方物流公司的需求日益增长（Knemeyer & Murphy，2005）。在这一阶段，企业与供应链上其他企业的合作关系逐渐形成，通过企业与外包企业的垂直整合，企业可以间接控制外包企业，并通过合作关系的建立，企业可以分享技术、资源，进行信息交流，为外包企业提供支持，共同解决问题（Stank et al.，1999），建立合作关系或其他的紧密关系可以使企业获得竞争优势（Brennan，1997），沃尔玛就是通过与其他供货方建立良好的关系取得成功的（Mentzer et al.，2000）。莱因哈特等（Rinehart et al.，2004）指出企业建立紧密的关系可以获得更低的产品成本、对市场变化进行更及时的反应，提高产品质量，获得先进的技术，提高服务水平，但是与此同时，他们发现与供应商和客户建立紧密的关系需要的成本也更高，并且这种关系可能不会立即带来预期的收益。坎农和佩罗特（Cannon & Perreault，1999）就发现许多买方并不想与所有的供应商都保持紧密关系，企业在不同的情景下建立不同的关系，对每一种类型的关系进行不同种类和不同程度的投资，使不同关系给企业带来不同的结果。戈利契奇和门策（Golicic & Mentzer，2006）认为信任和承诺是组织之间关系的重要维度，为了获得紧密的关系，企业需要建立更高的信任水平、承诺关系和依赖性。

总而言之，在此阶段中，供应商、企业与客户之间的信息沟通程度得到了极大地提升，相互之间信任关系、信息共享也逐渐加强。企业之间竞争程度降低，合作关系提升。

3.2.3 战略联盟时期

在战略联盟时期，由于市场已经逐渐由供应商主导转向了客户主导，并且客户已经不满足单一化的产品，追求多样化并且个性化的产品设计，再加上新技术的快速发展，经济的波动，企业处于一个快速变化的市场环境中，因此企业需要及时对外部的变化作出反应，需要更灵活的供应链关系。在此阶段，企业与供应商和客户处于一个战略联盟的关系中，不仅是进行采购、库存、销售等紧密的联系，还涉及共同研发、信息共享，实现双方之间的资源互补，达成双赢的状态，企业需要与供应链其他企业实现高度的集成，建立伙伴关系，实现战略上的联盟。

在此阶段，供应链中信任和合作的理念开始挑战交易成本理论的权威（Ghoshal & Moran，1996；Chiles & McMackin，1996），研究者提出了新的组织模式作为治理机制的替代方式，埃勒姆（Ellram，1992）研究国际联盟中供应链关系对采购行为的影响，认为相互之间的承诺是联盟成功与否的决定因素，并且建议企业应加强对正式合约的重视。兰伯特和库珀（Lambert & Cooper，2000）提出在供应链中信任关系的重要性以及企业在建立战略联盟时需要相互了解对方的信息和资产。戴尔和辛格（Dyer & Singh，1998）认为当企业合作时，如果它们相互不了解对方的技术和资源，就会产生关系租金。伦尼克（Lengnick，1998）认为通过有效的沟通，信任可以为企业创造资源，提高竞争优势。亨里奥特（Henriott，1999）、马里奥蒂（Mariotti，1999）强调了在供应链中信息交流的重要性，并且信息交流是信任的前提。蒙茨卡等（Monczka et al.，1998）也都强调了信任和合作在供应链管理中可以减少不确定性。

供应链企业要建立战略联盟关系，需要两个企业在一段时间内对信息共享和风险收益分担达成一致协议。门策等（Mentzer et al.，2000）将战略伙伴定义为“为了实现战略目标而建立的持续的、长期的关系，可以将价值转移到客户上，将利润转移到伙伴上”。霍费尔等（Hofer et al.，2009）认为高水平的伙伴关系包括五个要素——延伸性、营运信息交流、相互运营控制、收益负担共享、计划。惠普尔和费兰克尔（Whipple & Frankel，2000）认为联盟是伙伴关系的下一步，他认为在20世纪，供应商—客户关系逐渐从竞争关系变为合作关系，其中内部合作最先进的形式是伙伴之间建立战略联盟，战略联盟可以使买方和卖方企业整合它们自身的力量，共同减少不增值的业务活动，从而提高绩效，为了使每一个企业都能保持联盟关系，必须使双方都能分享收益，实现共赢。企业进入战略联盟关系是为了获取协同和互补的技术来降低运营成本，获得竞争优势（Zinn & Parasuraman，1997），联盟需要供应商和客户更长期、合作的关系，两个或多个独立的组织选择采用互相帮助的行为来实现联盟，联盟的形成主要是为了挖掘新的商业机会，并利用合作为企业带来优势（Bowersox et al.，1992），供应链上的联盟集中在供应链流程、储存或生产、服务、信息调整上，提高效率，进而增加整个供应链的绩效（Frankel et al.，1996）。鲍尔索克斯等（Bowersox et al.，2003）也发现企业间合作可以为企业带来收益，并且真正的合作比外包能给企业带来更多的收益，供应链上企业需要针对整合资源实现利益分享达成一致协议，此外，还需要人力、资金以及技术资源等方面的整合。

伙伴和联盟意味着承诺相互合作，共同实现目标，但是这也预示着一种风险，建立伙伴和联盟关系的成功率很低。戴（Day，1995）指出70%的业务由于没有达到合作伙伴的期望因此被终止了。门策等（Mentzer et al.，2000）提出供应链合作具有较强的优势，通过与20个供应链执行者的访谈，他们认为成功的合作是可达到的，其中影响合作实现的障碍包括对时间和成本不充分的交流，以及合作伙伴的欺骗等，合作能给企业带来的好处包括降低成本、提高销售收入、更好的客户服务以及提升整体竞争力，此外供应链合作还可以为企业带来良好的公众形象。福雷斯特和马丁（Forrest & Martin，1990）研究了在生物制造行业中治理机制对供应链联盟的成功与否带来的影响，他们的研究发现建立供应商—客户联盟最重要的原因是为了发掘新技术。西口（Nishiguchi，1994）确定供应商—客户环境的六个维度，包括供应商行业竞争、供应商成本优势、客户在制造流程的经验、技术不确定性、需求不确定性、技术创新程度。海德和约翰（Heide & John，1990）认为影响建立供应链合作关系的因素包括对持续关系的预期、客户增加的努力、在关系中的专项投资。

第 2 编　供应链特征对资金链治理研究

第 4 章

企业—供应商关系对资金链协同治理影响研究

4.1 研究背景

供应商是企业重要的利益相关者，也是企业商业信用融资的主要提供者，企业与供应商之间的合作与竞争关系将决定供应商交易中企业的商业信用融资额，随着供应链管理理论的发展，企业与供应商的关系逐渐从竞争关系向合作关系转变，从与供应商讨价还价逐渐向与供应商长期合作发展。企业与供应商竞争当中有合作，合作当中有竞争，当企业正常经营时，企业与供应商的竞争关系较强，而当企业处于困境中，供应商会对企业提供帮助，合作关系增强。本章以我国 A 股上市公司为样本，研究企业与供应商之间的关系对企业商业信用融资的影响，并研究当企业融资约束程度不同时，供应商关系对商业信用融资的影响是否有所差异。

本章的结构安排如下：首先，结合相关理论，推导出相关的研究假设；其次，介绍本章的研究设计，包括数据来源与样本选择、变量定义、计量模型；再次，进行实证分析，分别对样本进行描述性统计分析、单变量分析和多元回归分析，证明研究假设，并且采取变量替换、工具变量法、二阶段最小二乘法等模型变换方法进行稳健性检验，证明研究结论的稳健性；最后，对本章的主要结论进行总结。

4.2 研究假设

4.2.1 企业—供应商关系对商业信用融资的影响

供应商是企业的重要利益相关者，如今企业越来越倾向于由供应商分散化向供应商集中化转变，企业会选择几个重要供应商形成战略联盟，共同研发、降低交易成本。供应商愿意为企业提供商业信用融资，因为向企业提供商业信用融资可以促进销售，但是商业信用融资作为流动资产，其供给和使用将影响供应商和企业的流动性，供应商和企业可能会针对商业信用融资相互竞争，企业与供应商之间将发生合作与竞争关系的选择，并且在正常经营状态下，竞争关系将起主导作用。

供应商向企业提供商业信用融资的主要原因是可以促进供应商的销售，并且供应商具有了解企业经营状况的信息优势，商业信用融资也是供应商向企业提供的一种质量保证承诺。彼得森和拉詹（Petersen & Rajan，1997）发现供应商向企业提供商业信用可以提高供应商的销售额，供应商由于比银行等金融机构更具有信息优势，因此可以及时发现企业经营状况出现的风险，当企业发生清算时可以及时控制货物，避免货物贬值。当企业的存货主要是原材料时，供应商更愿意提供商业信用融资，这是因为如果供应商发现企业没有在规定期间内付款，供应商会及时地控制货物，并对货物进行清算。朗霍夫和桑托斯（Longhofer & Santos，2003）认为供应商在企业违约时，具有清算货物的优势。此外，商业信用还可以作为一种信号机制，李和斯托（Lee & Stowe，1993）认为供应商供给的商业信用可以作为一个信号，让企业了解供应商的产品质量可靠性，这种机制比一般的产品质量保证要更可靠，企业可能会怀疑规模小、成立时间短并且没有什么声誉的供应商不能遵守保证条款，因为它们随时可能会破产，因此在销售产品后无法遵守合约，而供应商给予企业商业信用融资可以减少企业的担心。商业信用的存在也是供应商为了降低专项投资的不确定性而建立的保证机制（Dass et al.，2015），因此供应商专项关系投资越多，商业信用供给越多。

尽管供应商向企业提供商业信用融资可以促进销售，但是商业信用融资供给会影响供应商的流动性，有损供应商的利益，因此，在企业正常经营条件下，供应商会与企业针对商业信用融资相互竞争，并且商业信用融资的取得和供给与双方的谈判能力有关。菲斯曼等（Fisman et al.，2004）利用非洲国家的数据发现，垄断力量与商业信用供给有负向关系，供应商垄断力量越强，对企业的商业信用供给越少，并且这种负向关系在长期供应商关系中更为显著。麦克米兰和伍德拉夫（McMillan & Woodruff，1999）发现寻找替代供应商越困难，企业向供应商提供的商业信用越多。萨默斯和威尔逊（Summers & Wilson，1999）利用英国的数据发现，大多数企业已经将商业信用融资作为一种成本较低的融资来源，当企业具有较高的市场地位，而供应商的市场地位相对不高，议价能力较弱时，企业会通过延期付款等方式要求供应商向其提供更多的商业信用融资。菲斯曼和拉图里（Fisman & Raturi，2004）和范（Van，2005）认为竞争能够促进商业信用融资的使用是由于竞争可以使不同企业有不同的市场地位，市场地位高的企业可以通过施加威胁来获得更多的商业信用融资，如上游企业向下游企业停止供货或企业更换交易伙伴，处于弱势地位的企业由于寻找替代供应商或客户的成本较高，因此为了保持合作关系不得不妥协，而处于强势地位的企业即使不提供商业信用也不会流失客户，当企业具有较高社会地位时，只要商业信用融资能够为企业带来收益，无论供应商是否面临融资困境，企业都会要求供应商向其提供商业信用融资支持。

在合作理论下，供应商会为了提高产品的销售额为企业提供更多的商业信用融资，并且供应商具有信息优势能够确保提供的商业信用融资可以收回，商业信用融资也可以作为供应商向企业传递质量可靠的一种信号机制。

但是在博弈竞争理论下，商业信用融资作为一项流动资产，商业信用融资的供给和取得会影响供应商和企业的流动性，供应商和企业都期望自身可以保留充足的现金流来进行投资、规避风险，供应商和企业会对商业信用融资相互竞争，都期望自身能够获得更多的商业信用融资。本书研究认为，在企业正常经营状态下，竞争理论将在企业与供应商的关系中发挥主导作用，当企业供应集中度较大时，企业采购原材料只局限于几家供应商，企业对供应商的依赖程度增加。根据资源依赖理论，当企业对其他资源依赖程度增大时，企业谈判能力降低，因此企业在与供应商谈判时，谈判能力相对较低，供应商会要求企业及时付款，甚至提前付款，企业应付账款减少，预付账款增加，企业商业信用融资减少。因此，本章提出假设 4 - 1。

假设 4 - 1：在供应商交易中，供应商集中度较大时，企业商业信用融资较少。

4.2.2 企业—供应商关系对企业商业信用融资的影响：不同融资约束水平下

企业融资约束程度较大时，企业的生产、投资、研发活动都会受到影响，不利于企业的发展，这对供应商的利益也会带来影响，供应商此时会通过增加对企业的商业信用供给帮助其渡过融资困难期。施瓦茨（Schwartz，1974）指出，当供应商比企业更容易获得资本市场的融资时，它们愿意将便宜的融资传递给客户，让客户使用商业信用融资。威尔纳（Wilner，2000）认为当企业面临困境时，比如清算危机，供应商期望与企业能够长久合作，更愿意为企业提供帮助，供应商会在它们的债务谈判中给予更多的优惠。杨和伯奇（Yang & Birge，2013）认为供应商考虑到企业违约的可能性，愿意与企业共同分享风险，并同时获得更大的销售额。库纳特（Cunat，2007）发现当企业面临临时性的清算冲击时，供应商会维持与企业间的关系，通过向企业提供更高比例的延期付款，或者延长已经协商的债务付款期，增加向企业提供商业信用融资来帮助企业渡过融资困难期，并且即使企业已经存在应付未付款项时，供应商还是会允许企业延期付款。美国全国小企业金融抽样调查（NSSBF）发现 46% 的企业在约定期后付款，而供应商并没有针对这些延期付款向企业要求明确的罚金，供应商这样做的目的是通过向企业提供商业信用融资来保证与企业持续的业务联系，提升了企业存活下来的几率，并且这种保护行为在供应商和企业关系紧密时更可能出现，也就是说，当供应商损失一个客户成本越高时，供应商越倾向于帮助企业。惠格巴特（Huyghebaert，2006）发现供应商为了与企业保持一个持续的市场关系，会在企业面临融资约束时比银行等金融机构给予企业更多的商业信用融资。

本书研究认为，当企业融资约束程度较高时，合作协同理论在企业与供应商关系中发挥主导作用。根据合作协同理论，当企业的主要供应商集中在几家企业中时，企业采购的产品具有一定的独特性，企业的主要供应商会与企业形成战略联盟，并会为满足企业的产品需求进行一定的专项投资，当企业融资约束程度较高时，企业无法从银行或其他金融机构获取借款，企业无法购买原材料，不能对固定资产、无形资产或其他研发活动进行投资，可能会影响企业的正常发展，并同时会影响到供应商的业务活动以及与供应商的长期合作。供应商为了确保自身与企业的长期合作发展，与企业之间的竞争关系会减弱，合作关系增强，供应商会降低自身对企业的商业信用融资侵占，甚至为企业提供商业信用融资支持。当企业融资约束程度较高时，供应商会延长企业的付款期，增加对企业的赊销，提高对企业的商业信用融资支持，帮助企业渡过融资困难期。并且应付账款的存在是由于物流与资金流相分离，供应商的货物已经发给企业而企业没有及时交付货款，当企业融资约束程度较高没有办法及时还款时，供应商会考虑如果收回货物进行再销售可能会产生贬值，并存在其他销售成本，因此，供应商会允许企业延长付款期，企业应付账款增加，因此本章提出假设 4－2。

假设 4－2：在供应商交易中，企业融资约束较大时，供应商与企业之间竞争关系减弱，企业商业信用融资增加。

4.3 研究设计

4.3.1 数据来源与样本选择

本章以2007~2021年我国A股上市公司为样本，其中供应商信息从上市公司年报中手工整理获得，其他财务数据来自CSMAR数据库和Wind数据库，参考以往文献的方法，对样本进行如下处理：（1）由于金融行业会计处理方法与其他行业不同，剔除金融行业数据；（2）由于ST公司可能会对结果带来一些偏误，剔除ST公司；（3）剔除变量有缺失的样本，并对所有变量进行了1%~99%的winsor处理，以减少离群值给研究结果带来的偏误。最终剩余21074个样本。

4.3.2 变量定义

1. 被解释变量

本章被解释变量是企业与供应商交易中的商业信用融资，利用“（应付账款－预付账款)/主营业务成本”进行度量，没有加入应付票据是由于应付票据与应付账款存在较大差异，应付票据涉及的因素比较多。首先，应付账款是企业与供应商的往来，应付票据要涉及企业与银行等第三方的往来；其次，应付账款依据的是企业的采购合同，而应付票据要涉及授信合同；最后，应付账款的时间和金额是可以与供应商协商的，而应付票据不可协商。考虑到以上三点因素，应付票据与供应商关系相关性不大，因此本章在计算供应商交易中的商业信用融资时没有将应付票据加入在内。

2. 解释变量

（1）企业与供应商关系。参考张敏等（2012）、张胜（2013）、逄咏梅（2013）对企业与供应商关系的度量方法，利用前五名供应商采购金额占全部采购金额的比重衡量企业与供应商的关系，由于行业对供应商集中度有较大影响，有些行业供应商相对较集中，有些行业供应商相对较分散，为了减少行业对供应商集中度影响所造成的偏差，将供应商集中度减去行业中位数进行标准化。

（2）融资约束。用 *WW* 指数度量融资约束程度，其中 *WW* 指数参考怀特和吴（Whited & Wu，2006）的研究，本章利用我国上市公司数据对 *WW* 指数的系数进行重新估算，*WW* 指数 $= -0.4318467 \times Size + 0.0790701 \times Salerate + 0.3597131 \times Salerate\_Ind - 1.851489 \times Lev\_ind + 0.9114212 \times TLTD - 0.4570891 \times Current$，*WW* 指数越大，企业融资约束程度越大。其中，*Size* 是总资产的自然对数；*Salerate* 为公司实际销售收入增长率；*Salerate_Ind* 为行业销售增长率；*Lev_ind* 为行业资本结构均值；*TLTD* 为长期负债比率；*Current* 为流动比率。本章将 *WW* 指数用现金—现金流模型（Almeida et al.，2004）进行检验，发现 *WW* 指数越大，现金—现金流敏感度越强，证明 *WW* 指数度量合适。

3. 控制变量

本章参考陆正飞、杨德明（2011）、葛和邱（Ge & Qiu，2007）的研究，选择如下变量作为控制变量，以控制其对商业信用融资的影响。①企业规模，用企业期末总资产的自然对数来衡量，彼得森和拉詹（Peterson & Rajan，1997）发现企业规模越大，其应付账款越多，企业规模与商业信用融资呈正向关系。②企业盈利情况，用资产回报率（ROA）来衡量，计算方式为当期利润/年末总资产与年初总资产的均值，参考陆正飞、杨德明（2011）的研究，企业盈利情况越好，其对外部资金的需求越少，因此需要的商业信用融资越少。③第一大股东持股比例，用第一大股东持股股数/企业总股数衡量，控制企业治理水平对企业商业信用融资的影响。④营业收入增长率，用企业当期营业收入增加值/上期营业收入来衡量，营业收入增长率越高，需要的外部资金越多，企业商业信用融资越多（陆正飞、杨德明，2011）。⑤有形资产比例，用（固定资产+存货）/总资产进行计算，衡量企业可抵押资产的大小，有形资产比例越大，企业可用于担保的固定资产越多，商业信用融资越多。但有形资产比例越大，企业可以获得的银行借款越多，所需要的商业信用融资越少，因此有形资产比例对企业商业信用融资的影响不确定。⑥企业成立年限，用企业成立年限的自然对数衡量，企业成立年限越长，信誉越好，越容易获得供应商的商业信用融资（阳佳余、杨蓓蕾，2013）。⑦市场份额，用企业营业收入占行业营业收入比重衡量，企业市场份额越高，谈判能力越强，越容易获得商业信用融资（张新民等，2012），但是企业市场份额越高，企业经营状况越好，越容易获得银行借款（祝继高等，2009），需要的商业信用融资越少，因此市场份额与商业信用融资的关系不确定。⑧银行借款比重，用银行借款金额除以企业总资产衡量，度量企业从银行融资的能力，由于银行借款与商业信用融资是替代性关系（Petersen & Rajan，1997；Fisman & Love，2003），因此，企业银行借款越多，需要的商业信用融资越少，但是，银行借款与商业信用融资又存在互补性关系（Cook，1999），企业银行借款多也表示其有较强的市场竞争力，由此供应商和客户更愿意为企业提供商业信用融资支持。所以，银行借款与企业商业信用融资关系可能是正向的，也可能是负向的。⑨产权性质，如果企业是国有企业设为1，非国有企业设为0。陆正飞、杨德明（2011）研究发现，供应商更愿意为国有企业提供商业信用融资，主要是由于国有企业信用情况较好，并且没有融资约束。⑩供应商、客户交易中的关联交易，定义为与供应商、客户进行商品交易、资产交易类、提供或接受劳务的关联交易总额，将缺失值替换成0，并除以营业成本（收入）进行标准化，由于企业与母公司或子公司发生关联交易会产生大量的赊销赊购，因此，会影响到企业的商业信用融资。此外，本章还设置了年度、行业虚拟变量控制年度、行业对企业商业信用融资的影响。

本章主要变量定义如表 4.1 所示。

表 4.1　　主要变量定义

属性	变量名称	符号	计算方法
被解释变量	与供应商交易中的商业信用净融资	*TC_S*	(应付账款 - 预付账款)/主营业务成本
解释变量	供应商集中度	*Supplier*	前五名供应商采购金额占全部采购金额的比重
		Supplier_a	行业中位数调整后的供应商集中度
	融资约束	*FC*	利用 *WW* 指数进行度量
控制变量	公司规模	*SIZE*	期末总资产的自然对数
	企业盈利情况	*ROA*	当期利润/年初和年末总资产的平均值
	第一大股东持股比例	*Diyigudong*	第一大股东持股/总股数
	营业收入增长率	*Salerate*	企业当期营业收入增加值/上期营业收入
	有形资产比例	*Tangible*	(固定资产 + 存货)/总资产
	公司成立年限	*Firmage*	企业成立年限的自然对数
	市场份额	*PSale*	企业营业收入占行业营业收入的比重
	银行借款比重	*Debt*	银行借款/企业总资产
	产权性质	*State*	国有企业设为 1，非国有企业设为 0
	供应商交易中关联交易额	*RT_S*	与供应商进行商品交易、资产交易类、提供或接受劳务的关联交易总额，将缺失值替换成 0，并除以营业成本进行标准化
	客户交易中关联交易额	*RT_C*	与客户进行商品交易、资产交易类、提供或接受劳务的关联交易总额，将缺失值替换成 0，并除以营业收入进行标准化
	行业	*IND*	行业虚拟变量
	年度	*YEAR*	年度虚拟变量

4.3.3　计量模型

借鉴以往研究文献，本章设置多元回归模型，为了检验假设 4 - 1，设立模型（4.1）式，若 b_1 系数为负，则假设 4 - 1 成立。此外，本章将按照融资约束程度进行分组检验，若 b_1 在融资约束越大的时候绝对值越小，假设4－2成立。

$$TC\_S_t = b_0 + b_1 Supplier_{t-1} + Controls_t + IND + YEAR + \varepsilon \quad (4.1)$$

4.4 实证分析

4.4.1 描述性统计分析

由表4.2描述性统计可以看出，我国上市公司供应商集中度平均值大约为34%，中位数为29%，并且供应商集中度跨越幅度很大，最小值为4%，而最大值达到了94%，标准差为20%。对于商业信用融资，在与供应商交易中，应付账款和预付账款分别除以主营业务成本进行了标准化，应付账款均值为0.27，中位数是0.21，预付账款均值为0.08，中位数是0.04，并且应付账款和预付账款的跨越幅度较大，最小值、最大值分别为（0.01，1.46）以及（0.00，0.86），在供应商交易中，应付账款大于预付账款。供应商交易中的净商业信用融资均值、中位数分别是0.19、0.16，大于0，说明企业在供应商交易中可以获得较多的商业信用融资，在市场中还是买方市场占主导地位。

表4.2 变量描述性统计

变量	样本数	均值	标准差	最小值	中位数	最大值
Yingfu	21074	0.27	0.23	0.01	0.21	1.46
Yufu	21074	0.08	0.13	0.00	0.04	0.86
Yingfu－Yufu	21074	0.19	0.23	－0.42	0.16	1.20
Supplier	21074	0.34	0.20	0.04	0.29	0.94
FC	21074	－10.50	0.58	－12.20	－10.41	－9.34

续表

变量	样本数	均值	标准差	最小值	中位数	最大值
SIZE	21074	22.28	1.32	19.37	22.10	26.08
ROA	21074	0.04	0.06	-0.26	0.03	0.23
Diyigudong	21074	0.35	0.15	0.09	0.33	0.75
Salerate	21074	0.17	0.42	-0.61	0.11	2.84
Tangible	21074	0.38	0.18	0.01	0.38	0.80
Firmage	21074	2.86	0.32	1.95	2.89	3.58
PSale	21074	0.01	0.02	0.00	0.00	0.13
Debt	21074	0.04	0.07	0.00	0.01	0.39
State	21074	0.40	0.49	0.00	0.00	1.00
RT_S	21074	0.04	0.11	0.00	0.00	0.89
RT_C	21074	0.01	0.07	0.00	0.00	0.93

此外，还可以看到，主要的控制变量公司规模（*SIZE*）的对数均值、中位数分别是 22.28 和 22.10；盈利情况（*ROA*）均值、中位数分别为 0.04、0.03，最小值是 -0.26，最大值 0.23，可以看出我国上市公司盈利能力差别很大；第一大股东持股比例（*Diyigudong*）均值是 35%，最小值 9%，最大值 75%，可以看出我国上市公司第一大股东持股比例相对较大；销售增长率（*Salerate*）均值、中位数分别是 17% 和 11%；资产有形性（*Tangible*）均值、中位数均为 38%，说明我国上市公司固定资产占总资产的比重还是很大的；公司成立年限（*Firmage*）对数值均值为 2.86，相对偏低；市场份额（*PSale*）均值是 1%，最大值是 13%，说明我国市场竞争比较激烈，没有过于垄断的企业；产权性质（*State*）均值为 40%，说明国有企业占比大约为 40%，国有企业与非国有企业比例相对平衡；与供应商关联交易额（*RT_S*）的均值、中位数是 4%、0；与客户关联交易额（*RT_C*）的均值、中位数是 1%、0，说明关联交易占比不是很大。

4.4.2 单变量分析

本章对供应商交易中的商业信用融资进行单变量分析，如表 4.3 所示，包括应付账款、预付账款、净商业信用融资（应付账款 - 预付账款），按照供应商集中度划分大小两组进行比较。首先对应付账款进行分析，当供应商集中度较大时，应付账款均值、中位数分别为 0.26 和 0.19；当供应商集中度较小时，应付账款均值、中位数分别为 0.28 和 0.23，在供应商集中度较大时，应付账款更小，并且 T 检验与秩和检验均显著。其次对预付账款进行分析，可以看出当供应商集中度大时，预付账款均值、中位数分别为 0.08 和 0.03；当供应商集中度小时，预付账款均值、中位数分别为 0.07 和 0.03，供应商集中度越大，预付账款越大，并且 T 检验显著。最后对净商业信用融资进行分析，可以看出供应商集中度较大时，净商业信用融资均值、中位数分别为 0.18 和 0.13；供应商集中度较小时，净商业信用融资均值、中位数分别为 0.22 和 0.18，供应商集中度越大，净商业信用融资越小，并且 T 检验与秩和检验均显著。综上所述，企业供应商集中度越大，应付账款较小，预付账款较大，总商业信用融资较小，这在一定程度上证明了假设 4-1，说明供应商集中度较大时，企业对供应商的依赖程度较大，企业谈判能力相对较弱，应付账款较少，预付账款较多，净商业信用融资较少。

表 4.3　单变量分析

变量	样本数	均值	标准差	最小值	中位数	最大值	T 检验	秩和检验
Yingfu								
Supplier 大	15711	0.26	0.25	0.01	0.19	1.46	-0.02***	-24.93***
Supplier 小	15750	0.28	0.21	0.01	0.23	1.46		
Yufu								
Supplier 大	15711	0.08	0.14	0.00	0.03	0.86	0.01***	1.41
Supplier 小	15750	0.07	0.10	0.00	0.03	0.86		

续表

变量	样本数	均值	标准差	最小值	中位数	最大值	T 检验	秩和检验
Yingfu - Yufu								
Supplier 大	15711	0.18	0.24	-0.42	0.13	1.20	-0.04***	-25.12***
Supplier 小	15750	0.22	0.21	-0.42	0.18	1.20		

注：*** 代表 $p<0.01$。

4.4.3　多元回归分析

（1）企业—供应商关系对商业信用融资影响作用的实证研究。

为了检验假设 4-1，本章对（4.1）式进行回归，结果如表 4.4 所示。本章将供应商交易中的商业信用融资区分为应付账款、预付账款、净商业信用融资进行回归，（1）~（3）列的供应商集中度为原始数据，由于有的行业供应商集中度较高，有的行业供应商集中度较低，为了降低行业对供应商集中度的影响，本章将供应商集中度减去行业中位数进行调整，如第（4）~（6）列所示，结果显示当供应商集中度较大时，企业应付账款较少，预付账款较多，应付账款-预付账款较少，结果均在 1% 水平上显著，说明当供应商集中度较大时，企业对供应商的依赖程度较大，企业的谈判能力相对较弱，因此企业在供应商交易中的净商业信用融资较少。从而证明了假设 4-1。

表 4.4　　企业—供应商关系对商业信用融资影响的实证结果

变量	(1)	(2)	(3)	(4)	(5)	(6)
	Yingfu	*Yufu*	*Yingfu - Yufu*	*Yingfu*	*Yufu*	*Yingfu - Yufu*
Supplier	-0.098*** (0.000)	0.045*** (0.000)	-0.139*** (0.000)			
L. Supplier_a				-0.095*** (0.000)	0.039*** (0.000)	-0.131*** (0.000)

续表

变量	(1)	(2)	(3)	(4)	(5)	(6)
	Yingfu	*Yufu*	*Yingfu - Yufu*	*Yingfu*	*Yufu*	*Yingfu - Yufu*
SIZE	0.003 (0.431)	0.006*** (0.001)	-0.003 (0.323)	0.003 (0.383)	0.005*** (0.001)	-0.003 (0.422)
ROA	-0.389*** (0.000)	-0.121*** (0.000)	-0.254*** (0.000)	-0.393*** (0.000)	-0.128*** (0.000)	-0.254*** (0.000)
Diyigudong	-0.022 (0.301)	-0.024* (0.058)	-0.002 (0.924)	-0.021 (0.342)	-0.024** (0.048)	0.001 (0.957)
Salerate	-0.012** (0.011)	-0.001 (0.807)	-0.010** (0.025)	-0.012*** (0.007)	0.001 (0.756)	-0.012*** (0.008)
Tangible	-0.098*** (0.000)	-0.112*** (0.000)	0.009 (0.674)	-0.102*** (0.000)	-0.108*** (0.000)	0.000 (0.991)
Firmage	-0.036*** (0.001)	-0.006 (0.291)	-0.028** (0.012)	-0.040*** (0.000)	-0.006 (0.273)	-0.032*** (0.004)
PSale	-2.169*** (0.000)	-0.769*** (0.000)	-1.356*** (0.000)	-2.256*** (0.000)	-0.718*** (0.000)	-1.500*** (0.000)
Debt	0.327*** (0.000)	0.135*** (0.000)	0.185*** (0.005)	0.315*** (0.000)	0.132*** (0.000)	0.180*** (0.007)
State	-0.004 (0.615)	-0.015*** (0.000)	0.010 (0.167)	-0.002 (0.750)	-0.013*** (0.000)	0.010 (0.183)
RT_S	0.077*** (0.004)	-0.007 (0.594)	0.085*** (0.001)	0.068*** (0.009)	0.004 (0.788)	0.067*** (0.006)
RT_C	0.124*** (0.000)	-0.017 (0.191)	0.136*** (0.000)	0.116*** (0.002)	-0.012 (0.442)	0.124*** (0.001)
Constant	0.484*** (0.000)	0.100* (0.099)	0.385*** (0.000)	0.460*** (0.000)	0.088** (0.045)	0.347*** (0.000)
年份	Control	Control	Control	Control	Control	Control
固定效应	Control	Control	Control	Control	Control	Control
样本数	21420	21430	21407	21727	21737	21714

续表

变量	(1)	(2)	(3)	(4)	(5)	(6)
	Yingfu	*Yufu*	*Yingfu - Yufu*	*Yingfu*	*Yufu*	*Yingfu - Yufu*
调整 R^2	0. 216	0. 116	0. 188	0. 222	0. 115	0. 194
F 值	30. 79 ***	11. 46 ***	35. 41 ***	29. 48 ***	11. 68 ***	33. 63 ***

注：*** 代表 p<0. 01，** 代表 p<0. 05，* 代表 p<0. 1；标准误差经过公司层面 cluster 调整；( ) 内数据为 p 值。

表 4. 4 的结果说明在企业正常经营时，供应商与企业在合作关系和竞争关系的选择上，竞争关系将起主导作用，供应商集中度较大时，企业向几家供应商采购的比例较大，由此，对供应商的依赖程度也增加，企业的谈判能力相对降低。由于商业信用融资会影响双方各自的流动性，因此供应商和客户对于商业信用的目标是对立的，企业期望可以延期付款，减少预付款项，而供应商期望可以及时收到货款，甚至提前收款，在供应商集中度较大时，企业对供应商的依赖程度较大，根据资源依赖理论，随着企业对外部资源的依赖程度增加，企业的谈判能力相对降低，供应商会要求企业及时付款，减少对企业的赊账，甚至预支货款，企业应付账款减少，预付账款增加，净商业信用融资减少。

（2）不同融资约束水平下，企业—供应商关系对企业商业信用融资影响的实证研究。

为了检验不同融资约束水平下，企业—供应商关系对企业商业信用融资的影响，本章对（4. 1）式进行分组检验，结果如表 4. 5 所示。由表第（1）、第（2）列可以看出，企业融资约束程度越小，供应商集中度对应付账款负向影响越大，而当融资约束程度较大时，供应商集中度与应付账款的负向关系越小，说明在企业正常经营状态下，竞争关系发挥主要作用，而当企业融资约束程度较大时，供应商与企业之间的竞争关系会减弱。第（3）、第（4）列为不同融资约束下，供应商集中度对预付账款的影响，可以看出组间检验二者没有显著差异。第（5）、第（6）列为不同融资约束下，供应商集中度对总商业信用融资额的影响，可以看出融资约束越大，供应商集中度对商业信用融资的负向影响越小，说明当企业面临融资约束程度较高时，企业的主要供应商会考虑到企业资金受到限制可能会减少向供应商的采购，供应商销售受到影响，并且应付账款是由于资金流和物流相分离而产生的，当供应商向企业发货，即使企业还款困难供应商也会允许企业延期付款，因为此时如果将产品回收可能会产生贬值。所以，当企业融资约束程度较大时，企业应付账款增加，总商业信用融资增加。

表 4.5　不同融资约束下企业—供应商关系对商业信用融资影响的回归结果

变量	(1)	(2)	(3)	(4)	(5)	(6)
	WW 大	*WW* 小	*WW* 大	*WW* 小	*WW* 大	*WW* 小
	Yingfu		*Yufu*		*Yingfu* – *Yufu*	
Supplier	−0.058*** (0.005)	−0.157*** (0.000)	0.058*** (0.000)	0.033*** (0.008)	−0.112*** (0.000)	−0.191*** (0.000)
SIZE	0.016* (0.051)	−0.007 (0.197)	0.011** (0.010)	−0.000 (0.860)	0.004 (0.620)	−0.005 (0.252)
ROA	−0.404*** (0.000)	−0.448*** (0.000)	−0.150*** (0.000)	−0.098** (0.031)	−0.250*** (0.000)	−0.333*** (0.000)
Diyigudong	−0.011 (0.756)	−0.014 (0.621)	−0.018 (0.377)	−0.014 (0.353)	0.005 (0.860)	0.001 (0.959)
Salerate	−0.010 (0.127)	−0.016* (0.062)	0.002 (0.693)	−0.004 (0.468)	−0.010* (0.100)	−0.009 (0.262)
Tangible	−0.068** (0.020)	−0.154*** (0.000)	−0.125*** (0.000)	−0.068*** (0.000)	0.055** (0.046)	−0.089*** (0.001)
Firmage	−0.021 (0.130)	−0.037** (0.030)	0.003 (0.753)	−0.003 (0.758)	−0.021 (0.130)	−0.035** (0.029)
PSale	−3.735*** (0.000)	−0.791*** (0.001)	−1.386*** (0.000)	−0.178 (0.112)	−2.139*** (0.002)	−0.610*** (0.006)
Debt	0.401*** (0.000)	0.588*** (0.000)	0.136** (0.023)	0.245*** (0.000)	0.257** (0.014)	0.351*** (0.000)

续表

变量	(1)	(2)	(3)	(4)	(5)	(6)
	WW 大	*WW* 小	*WW* 大	*WW* 小	*WW* 大	*WW* 小
	Yingfu		*Yufu*		*Yingfu* - *Yufu*	
State	-0.013 (0.223)	-0.011 (0.277)	-0.018*** (0.002)	-0.017*** (0.002)	0.005 (0.624)	0.006 (0.580)
RT_S	-0.012 (0.717)	0.129*** (0.000)	-0.000 (0.988)	-0.025 (0.149)	0.001 (0.969)	0.153*** (0.000)
RT_C	0.133** (0.029)	0.167*** (0.000)	0.011 (0.639)	-0.045*** (0.004)	0.113* (0.057)	0.206*** (0.000)
Constant	0.097 (0.585)	0.545*** (0.000)	-0.100 (0.257)	0.149** (0.022)	0.205 (0.240)	0.389*** (0.000)
年份	Control	Control	Control	Control	Control	Control
固定效应	Control	Control	Control	Control	Control	Control
样本数	9786	11195	9018	10420	9786	11195
调整 R^2	0.185	0.0981	0.0962	0.0553	0.176	0.107
F 值	14.51	18.84	6.563	7.769	18.71	24.54
组间检验	10.17***		0.90		6.93***	

注：***代表 $p<0.01$，**代表 $p<0.05$，*代表 $p<0.1$；标准误差经过公司层面 cluster 调整；( ) 内数据为 p 值。

表 4.5 的结果显示，在企业正常经营时，供应商与企业的关系主要是竞争关系，供应商集中度越大，企业商业信用融资越少，但是一旦企业融资约束程度较大时，供应商与企业之间的竞争关系会减弱，供应商会增加对企业的商业信用融资支持，企业商业信用融资增加。这是由于当供应商集中度较大时，企业进行集中采购的货物一般具有独特性，可能需要供应商进行前期投入，包括技术、人力以及基础设施等方面的投资，因此供应商与企业之间是紧密联系的，当企业融资约束程度较大时，企业无法获得来源于银行以及其他金融机构的借款，只能依赖于供应链中的商业信用融资，供应商作为企

业商业信用融资的主要提供者，如果不为企业提供商业信用融资，企业可能就无法正常地进行采购、固定资产、研发等方面的投资，从而可能会影响供应商的业务以及与供应商的长期合作关系。因此，当企业融资约束程度较大时，供应商会给予企业更多的赊销，为企业提供商业信用融资支持，企业商业信用融资增加。

4.4.4 稳健性检验

（1）变量替代。本章采用如下几种变量替代方法来进行稳健性检验。

①本章用现金股利支付情况来衡量融资约束水平，将现金股利支付率分为三组，大于66%的为融资约束组，小于33%为非融资约束组，结论不变。

②考虑到某些行业中商业信用融资较高，某些行业中较低，将商业信用融资减去行业中位数以减少行业的影响，结论不变。

③将所有控制变量滞后一期回归，结论不变。

④本章对供应商交易中的商业信用融资定义为（应付账款 + 应付票据 - 预付账款）/营业成本，对模型重新进行回归，结论不变。

（2）模型变换。

采用随机面板模型进行稳健性检验，结论不变，证明本章研究的稳健性。

（3）内生性问题。

本章选取供应商集中度行业中位数（*SupplierMedian*）、供应商集中度大小虚拟变量（*SupplierDUM*）作为工具变量，利用二阶段最小二乘法进行回归，各工具变量定义方法如表4.6所示。在二阶段最小二乘法中，第一阶段首先用 *SupplierMedian*、*SupplierDUM* 以及其他控制变量对供应商集中度进行回归，求出供应商集中度的拟合值，第二阶段用计算出的供应商集中度拟合值以及其他控制变量对商业信用融资进行回归，具体回归结果如表4.7所示。可以看出，采用二阶段最小二乘法，供应商集中度较大时，企业商业信用融资较少，与假设4-1相符。总体而言，采用二阶段最小二乘法得出的结论不变，证明了本章结论的稳健性。

表 4.6　　工具变量定义

变量	计算方法
SupplierMedian	供应商集中度的行业中位数，其中行业分类按照制造业行业取前两位，其他行业取第一位进行分类
SupplierDUM	当供应商集中度大于行业中位数时，取 1，当供应商集中度小于行业中位数时，取 0

表 4.7　　假设 4 -1 二阶段最小二乘法检验

变量	第二阶段检验			第一阶段检验
	Yingfu	*Yufu*	*Yingfu - Yufu*	*Supplier*
Supplier	-0.133*** (0.000)	0.050*** (0.000)	-0.180*** (0.000)	
L. SupplierMedian				0.346*** (0.000)
L. SupplierDUM				0.226*** (0.000)
SIZE	0.001 (0.725)	0.006*** (0.001)	-0.005 (0.149)	-0.022*** (0.000)
ROA	-0.394*** (0.000)	-0.133*** (0.000)	-0.250*** (0.000)	-0.065** (0.010)
Diyigudong	-0.021 (0.336)	-0.022* (0.096)	-0.001 (0.960)	-0.001 (0.951)
Salerate	-0.013*** (0.007)	-0.000 (0.910)	-0.012** (0.015)	0.001 (0.730)
Tangible	-0.102*** (0.000)	-0.111*** (0.000)	0.004 (0.839)	0.023* (0.070)
Firmage	-0.039*** (0.001)	-0.007 (0.221)	-0.030*** (0.008)	0.012* (0.088)
PSale	-2.245*** (0.000)	-0.744*** (0.000)	-1.448*** (0.000)	-0.020 (0.918)

续表

变量	第二阶段检验			第一阶段检验
	Yingfu	*Yufu*	*Yingfu - Yufu*	*Supplier*
Debt	0.330*** (0.000)	0.145*** (0.000)	0.182*** (0.008)	0.094*** (0.005)
State	-0.003 (0.639)	-0.014*** (0.001)	0.009 (0.218)	-0.008* (0.076)
RT_S	0.081*** (0.002)	-0.006 (0.660)	0.088*** (0.000)	0.187*** (0.000)
RT_C	0.129*** (0.001)	-0.015 (0.291)	0.140*** (0.000)	0.063** (0.015)
Constant	0.618*** (0.000)	0.001 (0.990)	0.609*** (0.000)	0.486*** (0.000)
年份	Control	Control	Control	Control
固定效应	Control	Control	Control	Control
样本数	19419	19419	19419	19419
调整 R^2	0.224	0.113	0.193	
F 值	29.08***	9.689***	31.01***	

注：***代表 p<0.01，**代表 p<0.05，*代表 p<0.1；标准误差经过公司层面 cluster 调整；( ) 内数据为 p 值。

4.5 本章小结

供应商作为企业重要的利益相关者以及商业信用融资的主要提供者，供应商集中度的大小将影响企业的商业信用融资情况，在供应商集中度较大时，可能有两种关系发挥作用，分别是竞争关系与合作关系。在合作关系下，供应商向企业提供商业信用融资，不仅可以缓解企业的融资约束程度，增加企业对存货、固定资产、研发支出的投资，而且可以提高供应商的销售额，双方实现共赢。但是在竞争关系下，商业信用融资将影响企业和供应商的流动性，企业和供应商都期望对方能够向自己提供更多的商业信用融资，双方之间为获得更多的流动性而相互竞争。本章的主要目的是研究企业与供应商交易过程中，在什么情况下供应商与企业之间竞争关系占主导，在什么情况下合作关系占主导。

本章利用我国 A 股上市公司数据，研究供应商关系对商业信用融资的影响，以及企业面临不同的融资约束水平时，供应商对企业商业信用融资的影响是否会发生变化。从单因素分析和回归分析都得到了一致的结论，通过变量替换、内生性检验、模型变换等一系列检验，也证明了本章研究结论的稳健性。具体研究结论有以下几点：

（1）企业供应商集中度较大时，企业相对于供应商的谈判能力较低，在供应商交易中企业商业信用融资较少。说明在企业正常经营过程时，供应商与企业之间竞争关系占主导作用，当供应商集中度较大时，企业的采购活动主要集中在几家供应商，企业对供应商的依赖程度增加，企业为了避免寻找新供应商以及建立新的供应商关系可能带来的成本，在谈判中会处于弱势地位，企业更可能会服从供应商制定的条款，供应商会要求企业提前付款，减少对企业的赊销，企业商业信用融资减少。

（2）当企业融资约束程度较高时，供应商与企业之间竞争关系减弱，供应商会更注重与企业之间的长远合作发展，减少对企业商业信用融资侵占，甚至会对企业商业信用融资提供支持。说明当企业融资约束程度较大时，供应商与企业之间的合作关系起主导作用，这是由于当企业供应商集中度较大时，企业进行集中采购的货物可能具有一定的独特性，供应商可能需要进行一些关于技术、人员等方面的前期投资，供应商的业务也与企业紧密联系。当企业融资约束程度较大时，企业无法从银行以及其他金融机构获得融资，就可能会影响企业的采购活动以及研发、固定资产等投资活动，从而会在短期和长期时间内影响供应商的业务活动。因此，供应商作为企业商业信用融资的主要提供者，会允许企业延期付款，企业商业信用融资增加。

第 5 章

企业—客户关系对资金链协同治理影响研究

5.1 研究背景

客户作为企业的另一重要利益相关者，与企业之间也存在商业信用融资的供给和使用。对于企业来说，客户的提前付款以及及时付款都属于客户给予企业的商业信用融资，体现在企业预收账款的增加以及应收账款的减少。客户预先支付给企业货款也很常见，国际货币基金组织（IMF，2009）的调查发现提前付款占国际贸易交易的19% ~22%。安特拉斯和福利（Antras & Foley，2014）也解释了在合同执行不利的进口商国家中，客户提前付款要比供应商提供商业信用更为普遍，埃克等（Eck et al.，2015）也持有相同的观点，提前付款可以作为一个信号传递机制来帮助降低国际贸易交易中的高度不确定性。

目前，企业战略、经营等方面越来越倾向于以客户为导向，企业倾向于选择几家客户，通过满足他们的需求，建立联盟关系，实现企业销售目标，客户集中度越来越大。企业与客户之间的关系将影响客户交易中的商业信用融资，包括预收账款和应收账款，企业与客户之间的关系包括合作关系和竞争关系，在合作关系下，客户向企业预支货款可以作为一种保证机制，有利于降低双方之间的信息不对称，企业可以用客户提前支付的资金来合理安排生产经营活动，缓解融资约束。而对于客户来说，向企业预支货款增强了双方关系的紧密程度，确保取得的产品质量安全可靠。在竞争关系下，商业信用融资作为一项流动资产，可能会对企业和客户各自的流动性产生影响，企业和客户都期望对方能给予自身更多的商业信用融资，企业期望客户能够预支货款，减少赊账，而客户则期望企业能够给予更长的付款期以及更多的赊销。

本章从合作角度和竞争角度研究客户关系对企业商业信用融资的影响，并研究在不同的融资约束程度下，上述关系是否有所差异。本章的结构安排如下：首先，结合相关理论，推导出相关的研究假设；其次，介绍本章的研究设计，包括数据来源与样本选择、变量定义、计量模型；再次，进行实证分析，分别对样本进行描述性统计分析、单变量分析和多元回归分析，证明研究假设，并且采取变量替换、工具变量法、二阶段最小二乘法等方法进行稳健性检验，证明研究结论的稳健性；最后，对本章的主要结论进行总结。

5.2 研究假设

5.2.1 企业—客户关系对商业信用融资的影响

目前关于客户关系对客户交易中的商业信用融资影响研究主要从合作角度和竞争角度进行。从合作角度，客户向企业提供商业信用融资可以作为一种保证机制，增强与企业之间关系的紧密程度，使企业安心生产，提供高质量的产品，并且客户向企业提供商业信用融资可以降低双方之间的信息不对称程度，减少客户更换供应商带来的成本。但是从竞争角度，商业信用融资作为流动资产，企业期望客户能够提前付款，客户期望企业能够给予更多的赊销，企业和客户会针对商业信用的供给和使用相互竞争，而双方谁的谈判能力更强，获得的商业信用融资越多。

客户向企业提供商业信用融资可以作为保证机制，确保企业提供产品的质量。如果企业收到新客户或者边际利润低且很可能违约的客户的一大笔订单，客户的提前付款也可以作为向企业的一种保证机制（Antras & Foley，2015），李和斯托（Lee & Stowe，1993）也认同这一观点，对于那些成立时间较短、规模较小的客户来说，商业信用融资可以作为很强的保证机制，确保供应商能够安心生产，提供高质量的产品（Dass et al.，2015）。达里帕和尼尔森（Daripa & Nilsen，2011）研究发现上游的企业制造中游的产品，卖给下游企业作为最终消耗产品，下游企业面对的最终群体需求是不确定的，如果上游企业从外部借款利率很高的话就会延迟生产，从而对它的下游企业带来不利的影响，如果下游企业融资利率很低的话就有动机来资助它们的上游企业，因此产生了提前付款，上游企业获得了下游企业的融资支持，就有足够的资金来进行生产并保障产品质量。

客户向企业提供商业信用融资可以减少双方之间的信息不对称问题。金和信（Kim & Shin，2012）认为商业信用融资可以缓解套牢问题，也就是在产品链条上的每一个企业都需要投入努力才能保证供应链的资金有效流动，通过建立应收应付机制，可以解决道德风险问题。金和信（Kim & Shin，2012）认为在有些供应链中企业收到客户的预付款后也要向供应商提前付款，那么企业的预收账款主要不是为了融资，客户向企业提前付款的主要原因在于提供保证，来缓解套牢问题。客户预付款项也是企业在未来向客户提供商业信用融资的一个前提条件。安特拉斯和福利（Antras & Foley，2014）发现美国的出口方在与新客户进行交易时更喜欢让它们提前支付现金，随着双方关系的加强以及出口方更了解客户的信用情况，企业才会为客户提供商业信用融资，也就是供应商与客户之间的套牢问题在重复交易后会解决。瑞泽等（Raiser et al.，2008）将预付款水平作为评估交易中信任关系的一种度量方法，他们认为供应商对客户提前付款的要求越高，那么它们对客户的信任程度越低。在埃克等（Eck et al.，2014）的模型中，提前支付货款解决了供应商对客户的信息不对称问题，在国际交易中，出口方既不了解客户的信用状况，也不了解客户所在国家市场需求情况，因此，只有客户提前支付货款，出口方才愿意出口货物。马特乌特和赞切丁

（Mateut & Zanchettin，2013）发现很多厂商将商业信用和预支货款作为付款合同的补充协议。

此外，客户向企业提供商业信用融资可以降低客户寻找新合作伙伴的成本。马特奥特（Mateut，2014）认为如果提前付款被视为一种逆向的商业信用，那么客户的提前付款就意味着企业需要从融资能力较强的客户获得融资来满足他们的投资和日常经营活动，并且客户要比传统金融机构有信息优势，与企业保持紧密关系对客户的价值更大，尤其当交易产品是专有化的并且客户不容易找到替代供应商时，考虑到替换供应商所带来的成本，客户会发现，与供应商维持现有关系，通过提前付款向供应商提供融资支持对客户来说是最优的。此外，供应商提供的产品专有化也是供应商市场竞争力的一种体现，此时也会伴随着客户的提前付款。

但是商业信用融资作为流动资产，是企业和客户相互争夺的对象，而获得商业信用融资的大小取决于双方之间的谈判能力。马特奥特（Mateut，2014）发现供应商规模与制造商提前付款金额正相关，并且当制造商在集中度较高的行业中更倾向于提前付款，这与法布里和克拉珀（Fabbri & Klapper，2014）、克拉珀等（Klapper et al.，2012）在商业信用合约方面的研究结论相一致。企业可能要求客户提前支付货款，企业的相对谈判能力既取决于产品市场竞争情况，也取决于交易产品的专有化程度。法布里和克拉珀（Fabbri & Klapper，2014）利用中国数据发现在高度竞争的市场环境中，企业的谈判能力相对较弱时，它们更可能向客户提供商业信用融资，给予客户更长的信用期。克拉珀等（Klapper et al.，2012）利用客户交易合同数据进行研究，发现规模大并且值得信任的客户从小规模企业中获得更长的信用期，而小规模的企业此时将向客户提供商业信用作为产品质量的保证。马特奥特（Mateut，2014）发现规模较大的企业更可能要求客户提前付款，而规模较小的客户更可能进行提前付款。达斯等（Dass et al.，2015）发现有较强谈判能力的企业可以从交易中获取更高份额的盈余，因此可能更不愿意进行专项资产的投资，并且不愿意向客户提供商业信用融资，而有较高盈利能力的客户不愿意向企业预支货款。萨默斯等（Summers et al.，2003）发现客户谈判能力越强，企业供给客户的商业信用融资越多。威尔逊和萨默斯（Wilson & Summers，2002）发现有很高谈判地位的企业，比如可以控制市场的企业，会被提供优惠的商业信用融资。詹内蒂等（Giannetti et al.，2011）研究发现，交易双方的市场地位对商业信用融资有重要影响，市场地位较高的买方可以获得更为优惠的商业信用融资条款，并且企业会为促使客户提前付款提供更优惠的折扣条件。

本书研究认为，在合作理论下，客户为了确保企业能够向其提供质量可靠的产品，降低与企业之间的信息不对称，会向企业预支货款作为保证机制，确保企业能够安心地与其合作，建立稳定的关系，客户集中度越大，企业向主要客户销售的比重越大，客户越有动机向企业提供保证，企业商业信用融资增加。但是在博弈竞争理论下，商业信用融资的供给和使用将影响双方各自的流动性，因此，企业和客户都期望对方能够给予自身更多的商业信用融资，从而可以增加存货、研发支出以及其他固定资产的投资，双方会针对商业信用融资相互竞争。本书研究认为，在企业正常经营过程中，企业与客户之间的关系将以竞争为主导，随着企业经营战略越来越向客户为导向发展，客户集中度越来越大，当客户集中度较大时，企业销售的货物主要集中在几家客户企业，企业提供的产品针对客户需求较强，企业可能需要针对客户的需求进行前期投入，包括技术、人员以及工程设施等方面的投资，企业对客户的依赖程度较大，根据资源依赖理论，当企业对外部资源的依赖程度增大时，企业的谈判能力相对降低。因此，企业为了保持与客户良好的关系，会在谈判中进行妥协，避免寻找新客户可能带来的成本，企业可能要给客户更多的赊账，给予客户更长的付款期，企业的应收账款较多，预收账款较少，企业商业信用融资较少，因此本章提出假设 5 - 1。

假设 5 -1：在客户交易中，客户集中度较大时，企业商业信用融资较少。

5.2.2 企业—客户关系对企业商业信用融资的影响：不同融资约束水平下

客户集中度较大时，企业的谈判能力相对较弱，企业要给予客户更多的赊销，商业信用融资较少，但是在企业融资约束较大时，客户与企业之间的竞争关系可能会转化为合作关系。当企业面临融资困境时，企业无法从银行等金融机构获得贷款，自由现金流不足，企业不能充分地进行投资、研发等活动，从而影响企业的长远发展，企业可能会生产质量不合格的产品，或者没有充足的资金进行研发来满足客户的需求从而影响客户的利益。在这种情况下，客户会增加对商业信用融资的供给，及时付款，甚至提前付款，来帮助企业渡过融资困难期。

马特奥特（Mateut，2014）研究发现商业信用融资理论也可以用来解释客户的提前付款，融资能力更强的客户会为融资能力较弱的企业提供融资来满足企业正常的生产活动，从而证明了商业信用理论所强调的企业的交易合作者比其他金融机构更可能帮助企业摆脱融资困境。达里帕和尼尔森（Daripa & Nilsen，2011）指出，无论在国内交易还是跨国交易中，融资能力较强的客户可能决定提前将货款支付给上游企业，目的是避免上游企业推迟生产活动影响客户自身经营。班纳吉等（Banerjee et al.，2004）发现，如果主要客户有动机与具有依赖关系的企业维持关系，那么客户会更主动地付款，会为企业提供现金流。彼得森和拉詹（Petersen & Rajan，1997）、罗德里格斯和奥尔加（Rodríguez & Olga，2006）发现当企业陷入融资困境时会减少对客户的商业信用供给。莫利纳和普雷夫（Molina & Preve，2009）研究了困境期企业的应收账款交易政策，他们发现融资约束程度较高的企业更倾向于降低应收账款交易以缓解它们的现金流问题，要求客户及时付款，从而使企业商业信用融资增加。

本书研究认为，当企业融资约束程度较大时，合作协同理论将发挥主导作用，根据合作协同理论，当客户集中度较大时，企业向客户销售的货物具有较强的针对性，企业可能会为了满足客户需求进行技术、人员、设备等方面的前期投资，客户与企业之间具有紧密的联系，客户从企业购买符合他们需求的产品，而企业通过销售获得资金，进行经营活动，以及固定资产、研发、无形资产等投资活动，客户与企业之间休戚相关，如果企业没有资金进行研发和生产，将会影响到客户的正常经营活动，而客户寻找新的供应商以及培养新的供应商关系是需要较高成本的。因此，当企业处于融资困境时，客户更倾向于帮助企业渡过融资困境，客户为了实现与企业的长远发展，会通过及时付款，甚至提前付款等方式为企业提供支持，企业商业信用融资增加，因此本章提出假设 5 -2。

假设 5 -2：在客户交易中，企业融资约束较大时，客户与企业之间竞争关系减弱，企业商业信用融资增加。

5.3 研究设计

5.3.1 数据来源与样本选择

本章以 2007 ~2021 年我国 A 股上市公司为样本，其中客户信息从上市公司年报手工整理获得，其他财务数据来自 CSMAR 数据库和 Wind 数据库，参考以往文献的做法，本章对样本进行如下处理：（1）由于金融行业会计处理方法与其他行业不同，剔除金融行业数据；（2）由于 ST 公司可能会对结果带来一些偏误，剔除 ST 公司；（3）剔除变量有缺失的样本，并对所有变量进行了 1% ~99% 的 winsor 处理，以减少离群值给研究结果带来的偏误。最终剩余 21494 个样本。

5.3.2 变量定义

1. 被解释变量

本章被解释变量是企业与客户交易中的商业信用融资，用“(预收账款 - 应收账款)/主营业务收入”进行度量，没有将应收票据加入进来是考虑到应收票据涉及的因素比较多。首先，应收账款是企业与客户的往来，应收票据要涉及企业与银行等第三方的往来；其次，应收账款依据的是企业的销售合同，而应收票据要涉及客户的授信合同；最后，应收账款是否能够收回是不确定的，而应收票据相当于客户已经给予的承诺，收回的可能性更大。考虑到以上三点因素，应收票据与客户关系相关性不大，因此本章在计算客户交易中的商业信用融资没有将应收票据加入在内。

2. 解释变量

（1）企业与客户关系。参考张敏等（2012）、张胜（2013）、逄咏梅（2013）对客户关系的度量方法，本章利用前五名客户销售金额占全部销售金额的比重衡量企业与客户的关系，由于行业对客户集中度有较大影响，有些行业客户相对较集中，有些行业客户相对较分散，为了减少行业对客户集中度影响的偏差，将客户集中度减去行业中位数进行标准化处理。

（2）融资约束。用 *WW* 指数度量融资约束程度，*WW* 指数分别采用连续变量和虚拟变量进行回归。其中 *WW* 指数参考怀特和吴（Whited & Wu, 2006）的研究，本章用我国上市公司数据对 *WW* 指数的系数进行重新估算，WW 指数 $= -0.4318467 \times Size + 0.0790701 \times Salerate + 0.3597131 \times Salerate\_Ind - 1.851489 \times Lev\_ind + 0.9114212 \times TLTD - 0.4570891 \times Current$，*WW* 指数越大，企业融资约束程度越大。其中，*Size* 是总资产的自然对数；*Salerate* 为公司实际销售收入增长率；*Salerate_Ind* 为行业销售增长率；*Lev_ind* 为行业资本结构均值；*TLTD* 为长期负债比率；*Current* 为流动比率。

3. 控制变量

本章参考陆正飞、杨德明（2011）、葛和邱（Ge & Qiu, 2007）的研究，选择如下变量作为控制变量，以控制其对商业信用融资的影响。①企业规模，用企业期末总资产的自然对数来衡量，彼得森和拉詹（Peterson & Rajan, 1997）发现企业规模与商业信用融资呈正向关系；②企业盈利情况，用 ROA 来衡量，计算方式为当期利润/年末总资产与年初总资产的均值，参考陆正飞、杨德明（2011）的研究，企业盈利情况越好，企业对外部资金的需求越少，因此需要的商业信用融资越少；③第一大股东持股比例，用第一大股东持股股数/企业总股数衡量，控制企业治理水平对企业商业信用融资的影响；④营业收入增长率，用企业当期营业收入增加值/上期营业收入来衡量，营业收入增长率越高，需要的外部资金越多，企业商业信用融资越多（陆正飞、杨德明，2011）；⑤有形资产比例，用（固定资产+存货）/总资产进行计算，衡量企业可抵押资产的大小，有形资产比例越大，企业可用于担保的固定资产越多，商业信用融资越多。但有形资产比例越大，企业可以获得的银行借款越多，所需要的商业信用融资越少，因此有形资产比例对企业商业信用融资的影响不确定；⑥企业成立年限，用企业成立年限的自然对数衡量，企业成立年限越长，信誉越好，越容易获得客户的商业信用融资（阳佳余、杨蓓蕾，2013）；⑦市场份额，用企业营业收入占行业营业收入比重衡量，企业市场份额越高，谈判能力越强，越容易获得商业信用融资（张新民等，2012），但是企业市场份额越高，企业经营状况越好，越容易获得银行借款（祝继高等，2009），需要的商业信用融资越少，因此市场份额与商业信用融资的关系不确定；⑧银行借款比重，用银行借款金额除以企业总资产衡量，度量企业从银行融资的能力，由于银行借款与商业信用融资是替代性关系（Petersen & Rajan，1997；Fisman & Love，2003），因此，企业银行借款越多，企业需要的商业信用融资越少，但是，银行借款与商业信用融资又存在互补性关系（Cook，1999），企业银行借款多也表示企业有较强的市场竞争力，由此供应商和客户更愿意为企业提供商业信用融资支持。所以，银行借款与企业商业信用融资关系可能是正向的，也可能是负向的；⑨产权性质，如果企业是国有企业，设为1，非国有企业设为0，陆正飞、杨德明（2011）研究发现国有企业更容易获得商业信用融资，主要是由于国有企业信用情况较好，并且没有融资约束；⑩供应商、客户交易中的关联交易，定义为与供应商、客户进行商品交易、资产交易类、提供或接受劳务的关联交易总额，将缺失值替换成0，并除以营业成本（营业收入）进行标准化，由于企业与母公司或子公司发生关联交易会产生大量的赊销赊购，因此，会影响到企业的商业信用融资。此外，本章还设置了年度、行业虚拟变量控制年度、行业对企业商业信用融资的影响。

本章主要变量定义如表 5.1 所示。

表 5.1　　主要变量定义

属性	变量名称	符号	计算方法
被解释变量	与客户交易中的商业信用净融资	*TC_C*	(预收账款 - 应收账款)/主营业务收入
解释变量	客户集中度	*Customer*	前五名客户销售金额占全部销售金额的比重
		Customer_a	行业中位数调整后的客户集中度
	融资约束	*FC*	*WW* 指数
控制变量	公司规模	*SIZE*	期末总资产的自然对数
	企业盈利情况	*ROA*	当期利润/年初和年末总资产的平均值
	第一大股东持股比例	*Diyigudong*	第一大股东持股/总股数
	营业收入增长率	*Salerate*	企业当期营业收入增加值/上期营业收入
	有形资产比例	*Tangible*	(固定资产 + 存货)/总资产
	企业成立年限	*Firmage*	企业成立年限的自然对数
	市场份额	*PSale*	企业营业收入占行业营业收入的比重
	银行借款比重	*Debt*	银行借款/企业总资产
	产权性质	*State*	国有企业设为 1，非国有企业设为 0
	供应商交易中关联交易额	*RT_S*	与供应商进行商品交易、资产交易类、提供或接受劳务的关联交易总额，将缺失值替换成 0，并除以营业成本进行标准化
	客户交易中关联交易额	*RT_C*	与客户进行商品交易、资产交易类、提供或接受劳务的关联交易总额，将缺失值替换成 0，并除以营业收入进行标准化
	行业	*IND*	行业虚拟变量
	年度	*YEAR*	年度虚拟变量

5.3.3　计量模型

为了检验假设 5 - 1，设立模型（5.1）式，若 b_1 系数为负，则假设 5 - 1

成立，本章对（5.1）式按照融资约束大小进行分组检验，若 b_1 在融资约束越大的时候绝对值越小，假设 5-2 成立。

$$TC\_C_t = b_0 + b_1 Customer_{t-1} + Controls_t + IND + YEAR + \varepsilon \qquad (5.1)$$

5.4 实证分析

5.4.1 描述性统计分析

由表 5.2 描述性统计可以看出，我国上市公司客户集中度平均值大约为 30%，中位数为 24%，并且客户集中度跨越幅度很大，最小值为 1%，而最大值达到了 99%，标准差为 22%。对于商业信用融资，在与客户交易中，预收账款和应收账款分别除以主营业务收入进行了标准化，预收账款均值为 0.09，中位数是 0.03，应收账款均值为 0.23，中位数是 0.16，并且应收账款和预收账款的跨越幅度不大，最小值、最大值分别为（0.00，1.16）以及（0.00，1.06），在客户交易中，预收账款小于应收账款。客户交易中的净商业信用融资均值、中位数分别是 -0.14、-0.12，均为负数，说明我国企业在客户交易中主要以商业信用供给为主，获取的商业信用融资很少，体现了我国企业买方市场的特点，企业在与客户谈判时普遍处于弱势地位。

表 5.2 变量描述性统计

变量	样本数	均值	标准差	最小值	中位数	最大值
Yushou	21494	0.09	0.18	0.00	0.03	1.06
Yingshou	21494	0.23	0.23	0.00	0.16	1.16
Yushou - Yingshou	21494	-0.14	0.29	-1.03	-0.12	0.94
Customer	21494	0.30	0.22	0.01	0.24	0.99
FC	21494	-10.49	0.58	-12.20	-10.40	-9.34

续表

变量	样本数	均值	标准差	最小值	中位数	最大值
SIZE	21494	22.23	1.32	19.37	22.05	26.08
ROA	21494	0.04	0.06	-0.26	0.03	0.23
Diyigudong	21494	0.35	0.15	0.09	0.33	0.75
Salerate	21494	0.18	0.43	-0.61	0.11	2.84
Tangible	21494	0.39	0.18	0.01	0.38	0.80
Firmage	21494	2.84	0.32	1.95	2.83	3.58
PSale	21494	0.01	0.02	0.00	0.00	0.13
Debt	21494	0.04	0.07	0.00	0.01	0.39
State	21494	0.43	0.49	0.00	0.00	1.00
RT_S	21494	0.04	0.12	0.00	0.00	0.89
RT_C	21494	0.01	0.07	0.00	0.00	0.93

5.4.2　单变量分析

本章对客户交易中的商业信用融资进行单变量分析，结果如表 5.3 所示，包括预收账款、应收账款、净商业信用融资（预收账款 - 应收账款），按照客户集中度大小划分两组进行比较。首先对预收账款进行分析，当客户集中度较大时，预收账款均值、中位数分别为 0.07 和 0.02，当客户集中度较小时，预收账款均值、中位数分别为 0.10 和 0.03，可以看出在客户集中度较大时，企业预收账款较少，并且 T 检验与秩和检验均显著。其次对应收账款进行分析，当客户集中度较大时，应收账款均值、中位数分别为 0.25 和 0.19，当客户集中度较小时，应收账款均值、中位数分别为 0.20 和 0.14，可以看出客户集中度较大时，企业应收账款较多，并且 T 检验与秩和检验均显著。最后对净商业信用融资进行分析，可以看出客户集中度较大时，净商业信用融资均值、中位数分别为 -0.18 和 -0.15，客户集中度较小时，净商业信用融资均值、中位数分别为 -0.11 和 -0.09，可以看出客户集中度较大时，企业净商业信用融资较少，并且 T 检验与秩和检验均显著。

综上所述，企业客户集中度较大时，预收账款较少，应收账款较多，总商业信用融资较少，这在一定程度上证明了假设5-1，客户集中度较大时，企业对客户的依赖程度较大，因此企业谈判能力较弱，从而商业信用融资较少。

表5.3　　单变量分析

变量	样本数	均值	标准差	最小值	中位数	最大值	T检验	秩和检验
Yushou								
Customer 大	10427	0.07	0.16	0.00	0.02	1.06	-0.03***	-26.24***
Customer 小	11343	0.10	0.19	0.00	0.03	1.06		
Yingshou								
Customer 大	10427	0.25	0.24	0.00	0.19	1.16	0.05***	18.87***
Customer 小	11343	0.20	0.22	0.00	0.14	1.16		
Yushou - Yingshou								
Customer 大	10427	-0.18	0.29	-1.03	-0.15	0.94	-0.08***	-21.82***
Customer 小	11343	-0.11	0.29	-1.03	-0.09	0.94		

注：*** 代表 $p < 0.01$。

5.4.3　多元回归分析

（1）企业—客户关系对商业信用融资影响作用的实证研究。

为了检验假设5-1，本章对（5.1）式进行回归，结果如表5.4所示。其中将客户交易中的商业信用融资区分为预收账款、应收账款、净商业信用融资进行回归，第（1）~（3）列的客户集中度为原始数据，由于有的行业客户集中度较高，有的行业客户集中度较低，为了降低行业对客户集中度的影响，将客户集中度减去行业中位数进行调整，如第（4）~（6）列所示，结果显示当客户集中度较大时，企业预收账款较少，应收账款较多，预收账款-应收账款较少，结果均在1%水平上显著，说明当客户集中度较大时，企业对客户的依赖程度较大，企业的谈判能力相对较弱，因此企业在客户交易中的净商业信用融资较少，从而证明了假设 5 - 1。

表 5.4　　企业—客户关系对商业信用融资影响的实证结果

变量	(1)	(2)	(3)	(4)	(5)	(6)
	Yushou	*Yingshou*	*Yushou - Yingshou*	*Yushou*	*Yingshou*	*Yushou - Yingshou*
Customer	-0.077*** (0.000)	0.106*** (0.000)	-0.179*** (0.000)			
L. Custome_a				-0.062*** (0.000)	0.111*** (0.000)	-0.169*** (0.000)
SIZE	0.013*** (0.000)	-0.015*** (0.000)	0.026*** (0.000)	0.013*** (0.000)	-0.016*** (0.000)	0.027*** (0.000)
ROA	-0.081*** (0.000)	-0.469*** (0.000)	0.372*** (0.000)	-0.070*** (0.002)	-0.477*** (0.000)	0.385*** (0.000)
Diyigudong	0.006 (0.727)	-0.086*** (0.000)	0.090*** (0.000)	0.001 (0.971)	-0.088*** (0.000)	0.089*** (0.000)
Salerate	-0.002 (0.549)	-0.008** (0.013)	0.005 (0.225)	-0.002 (0.497)	-0.013*** (0.000)	0.008** (0.049)
Tangible	0.091*** (0.000)	-0.329*** (0.000)	0.412*** (0.000)	0.088*** (0.000)	-0.332*** (0.000)	0.410*** (0.000)
Firmage	0.010 (0.195)	-0.091*** (0.000)	0.103*** (0.000)	0.007 (0.354)	-0.088*** (0.000)	0.100*** (0.000)
PSale	-1.285*** (0.000)	-0.314* (0.086)	-0.885*** (0.000)	-1.270*** (0.000)	-0.310* (0.088)	-0.884*** (0.000)
Debt	-0.064 (0.110)	0.024 (0.600)	-0.071 (0.230)	-0.073* (0.065)	0.032 (0.478)	-0.086 (0.154)
State	-0.000 (0.948)	-0.036*** (0.000)	0.036*** (0.000)	-0.001 (0.912)	-0.032*** (0.000)	0.034*** (0.000)
RT_S	-0.028** (0.039)	-0.084*** (0.000)	0.056*** (0.008)	-0.022 (0.123)	-0.082*** (0.000)	0.059*** (0.007)

续表

变量	(1)	(2)	(3)	(4)	(5)	(6)
	Yushou	*Yingshou*	*Yushou - Yingshou*	*Yushou*	*Yingshou*	*Yushou - Yingshou*
RT_C	-0.013 (0.331)	0.014 (0.538)	-0.019 (0.414)	-0.024 * (0.093)	0.016 (0.470)	-0.031 (0.196)
Constant	-0.282 *** (0.000)	0.901 *** (0.000)	-1.252 *** (0.000)	-0.289 *** (0.000)	1.053 *** (0.000)	-1.302 *** (0.000)
年份	Control	Control	Control	Control	Control	Control
固定效应	Control	Control	Control	Control	Control	Control
样本数	21895	23267	21879	22061	24320	22044
调整 R^2	0.351	0.325	0.407	0.337	0.326	0.398
F 值	19.16 ***	53.98 ***	55.97 ***	19.21 ***	53.73 ***	53.27 ***

注：*** 代表 p<0.01，** 代表 p<0.05，* 代表 p<0.1；标准误差经过公司层面 cluster 调整；( ) 内数据为 p 值。

表 5.4 的实证结果说明企业在正常经营情况下，客户与企业之间在合作关系和竞争关系的选择上，竞争关系起主导作用，由于企业的经营战略日益以客户为主导，企业越来越倾向于针对顾客的需求有目的地进行生产研发工作，因此，当客户集中度较大时，企业对客户的依赖程度增加。一方面是由于企业建立与客户的关系要进行大量专项投资，而如果客户与企业的关系破裂了，专项投资转移性很低；另一方面由于企业寻找新的客户、建立新的客户关系需要较大的成本，并且可能带来现金流的断裂，导致企业破产。因此，在这种情况下，企业在与客户谈判时处于弱势地位，客户会要求企业更多的赊账，更长的付款期，而客户对企业的商业信用融资支持相对较少，企业应收账款较多，预收账款较少，净商业信用融资较少。

（2）不同融资约束水平下，企业—客户关系对商业信用融资影响的实证研究。

为了检验假设 5-2，本章对（5.1）式进行分组回归，结果如表 5.5 所示。由第（1）、第（2）列可以看出，企业融资约束程度越小，客户集中度对预收账款的负向影响越大，而当融资约束程度较大时，客户集中度与预收账款的负向影响越小，说明在企业正常经营状态下，竞争关系发挥主要作用，而当企业融资约束程度较大时，客户与企业之间的竞争关系会减弱，合作关系增强。由第（3）、第（4）列组间检验结果可以看出，不同企业融资约束下，客户集中度对预收账款没有显著影响，由第（5）、第（6）列可以看出，融资约束越大，客户集中度对净商业信用融资额的负向影响越小，说明当企业融资约束程度较高时，客户会降低对企业的商业信用融资侵占，甚至会提供支持，帮助企业渡过融资困境，实现长远合作发展。

表 5.5　不同融资约束下企业—客户关系对商业信用融资影响的实证结果

变量	(1)	(2)	(3)	(4)	(5)	(6)
	WW 大	*WW* 小	*WW* 大	*WW* 小	*WW* 大	*WW* 小
	Yushou		*Yingshou*		*Yushou - Yingshou*	
Customer	-0.055*** (0.000)	-0.089*** (0.000)	0.092*** (0.000)	0.120*** (0.000)	-0.143*** (0.000)	-0.206*** (0.000)
SIZE	0.009* (0.054)	0.004 (0.382)	-0.006 (0.359)	-0.021*** (0.000)	0.014* (0.070)	0.025*** (0.000)
ROA	-0.116*** (0.000)	-0.047 (0.151)	-0.394*** (0.000)	-0.568*** (0.000)	0.271*** (0.000)	0.516*** (0.000)
Diyigudong	-0.002 (0.929)	0.013 (0.545)	-0.090*** (0.002)	-0.083*** (0.001)	0.088** (0.011)	0.094*** (0.002)
Salerate	0.004 (0.355)	-0.004 (0.356)	-0.003 (0.448)	-0.021*** (0.000)	0.007 (0.243)	0.017** (0.016)
Tangible	0.085*** (0.000)	0.089*** (0.000)	-0.307*** (0.000)	-0.356*** (0.000)	0.383*** (0.000)	0.438*** (0.000)
Firmage	0.019* (0.070)	0.004 (0.712)	-0.097*** (0.000)	-0.084*** (0.000)	0.114*** (0.000)	0.087*** (0.000)

续表

变量	(1)	(2)	(3)	(4)	(5)	(6)
	WW 大	WW 小	WW 大	WW 小	WW 大	WW 小
	Yushou		Yingshou		Yushou - Yingshou	
PSale	-2.169*** (0.000)	-1.376*** (0.000)	-1.546*** (0.003)	-0.411* (0.060)	-0.555 (0.320)	-0.934*** (0.003)
Debt	-0.040 (0.514)	-0.066 (0.149)	-0.022 (0.785)	0.032 (0.562)	-0.014 (0.893)	-0.092 (0.191)
State	-0.002 (0.837)	0.004 (0.544)	-0.039*** (0.000)	-0.031*** (0.000)	0.038*** (0.000)	0.036*** (0.001)
RT_S	-0.034* (0.091)	-0.004 (0.793)	-0.082*** (0.001)	-0.075*** (0.001)	0.051 (0.100)	0.071*** (0.005)
RT_C	-0.009 (0.672)	-0.011 (0.555)	-0.020 (0.470)	0.062** (0.050)	0.009 (0.799)	-0.075** (0.023)
Constant	-0.156 (0.125)	-0.001 (0.994)	0.760*** (0.000)	1.154*** (0.000)	-0.894*** (0.000)	-1.147*** (0.000)
年份	Control	Control	Control	Control	Control	Control
固定效应	Control	Control	Control	Control	Control	Control
样本数	10113	11279	10113	11279	10113	11279
调整 R^2	0.259	0.445	0.314	0.351	0.366	0.450
F 值	8.553***	19.97***	30.42***	28.40***	30.23***	36.52***
组间检验 chi2	4.01**		0.26		4.34**	

注：*** 代表 $p<0.01$，** 代表 $p<0.05$，* 代表 $p<0.1$；标准误差经过公司层面 cluster 调整；( ) 内数据为 p 值。

表 5.5 的实证结果说明在企业正常经营情况下，客户与企业之间以竞争关系为主导，客户集中度较高时，客户会要求企业给予其更多的商业信用，更长的付款期以及更多的赊账，而当企业融资约束程度较高时，企业无法从银行等金融机构获取较多的贷款，从而影响研发、固定资产、无形资产等方

面的投资，甚至无法正常经营，这可能会影响到客户的利益，企业的产品质量可能无法得到保证，或者由于研发不足，产品功能无法满足客户的需求。此时，客户可能会通过提前付款或预支款项来为企业提供资金支持，企业商业信用融资增加，客户向企业提供了保证支持机制，确保企业能向其提供质量功能合格的产品，企业也利用客户给予的商业信用融资增加了对研发、无形资产、设备等方面的投资，获得了市场竞争力，双方之间实现了共赢。

5.4.4 稳健性检验

（1）变量替代。本章采用如下几种变量替代方法来进行稳健性检验。

①考虑到某些行业中商业信用融资较高，某些行业中较低，因此将商业信用融资减去行业中位数以减少行业的影响，*Yushou_a*、*Yingshou_a*、*TC_C_a* 为行业调整后的预收账款、应收账款与净商业信用融资，结论不变。

②将所有控制变量滞后一期回归，结论不变。

③本章将客户交易中商业信用融资定义为（预收账款 - 应收账款 - 应收票据）/营业收入，结论不变。

（2）内生性问题。

本章选取客户集中度行业中位数（*CustomerMedian*）、客户集中度大小虚拟变量（*CustomerDUM*）作为工具变量，利用二阶段最小二乘法（2SLS）进行回归，各工具变量定义方法如表 5.6 所示。在二阶段最小二乘法中，第一阶段首先用 *CustomerMedian*、*CustomerDUM* 以及其他控制变量对客户集中度进行回归，求出客户集中度的拟合值，第二阶段用计算出的客户集中度拟合值以及其他控制变量对商业信用融资进行回归，具体回归结果如表 5.7 所示。可以看出，采用二阶段最小二乘法，客户集中度较大时，企业商业信用融资较少，与假设 5 - 1 相符。总体而言，采用二阶段最小二乘法得出的结论不变，证明了本章结论的稳健性。

表 5.6　　工具变量定义

变量	计算方法
CustomerMedian	客户集中度的行业中位数，其中行业分类按照制造业行业取前两位，其他行业取第一位进行分类
CustomerDUM	当行业调整的客户集中度 *Customer_a* 大于中位数，取 1，当 *Customer_a* 小于中位数，取 0

表 5.7　　假设 5-1 二阶段最小二乘法检验

变量	第二阶段检验			第一阶段检验
	Yushou	*Yingshou*	*Yushou - Yingshou*	*Customer*
Customer	-0.087*** (0.000)	0.152*** (0.000)	-0.239*** (0.000)	
L. CustomerMedian				0.589*** (0.000)
L. CustomerDUM				0.260*** (0.000)
SIZE	0.010*** (0.000)	-0.016*** (0.000)	0.024*** (0.000)	-0.018*** (0.000)
ROA	-0.078*** (0.006)	-0.331*** (0.000)	0.259*** (0.000)	-0.047 (0.129)
Diyigudong	0.001 (0.934)	-0.093*** (0.000)	0.094*** (0.000)	0.025* (0.076)
Salerate	-0.003 (0.339)	-0.004 (0.341)	-0.000 (0.970)	0.007** (0.038)
Tangible	0.078*** (0.000)	-0.307*** (0.000)	0.385*** (0.000)	-0.020 (0.126)
Firmage	0.012 (0.135)	-0.092*** (0.000)	0.106*** (0.000)	0.007 (0.374)
Psale	-1.177*** (0.000)	-0.094 (0.614)	-0.929*** (0.000)	-0.122 (0.295)

续表

变量	第二阶段检验			第一阶段检验
	Yushou	*Yingshou*	*Yushou - Yingshou*	*Customer*
Debt	-0.000 (0.992)	-0.009 (0.840)	0.016 (0.798)	0.180*** (0.000)
State	-0.001 (0.918)	-0.037*** (0.000)	0.037*** (0.000)	0.001 (0.796)
RT_S	-0.023* (0.093)	-0.088*** (0.000)	0.065*** (0.003)	0.074*** (0.000)
RT_C	0.010 (0.560)	0.012 (0.579)	0.001 (0.978)	0.210*** (0.000)
Constant	-0.212** (0.016)	0.914*** (0.000)	-1.201*** (0.000)	0.357*** (0.000)
年份	Control	Control	Control	Control
固定效应	Control	Control	Control	Control
样本数	19043	19043	19043	19043
调整 R^2	0.355	0.160	0.405	
F 值	18.66***	19.356***	51.996***	

注：*** 代表 $p<0.01$，** 代表 $p<0.05$，* 代表 $p<0.1$；标准误差经过公司层面 cluster 调整；() 内数据为 p 值。

5.5 本章小结

目前，企业经营管理越来越倾向于以客户为核心，通过满足客户的需求进行有针对性的研发以及生产，企业与客户的关系管理也越来越重要，客户集中度逐渐增大。客户与企业之间的关系主要有两种，一种是竞争关系，一种是合作关系，两种关系共同存在，竞争中有合作，合作中有竞争。在合作关系下，客户向企业及时支付货款，甚至提供预付款，这可以向企业提供一种信用保障，使企业可以安心生产，不用考虑客户违约情况，使企业加大对产品的研发力度，保障产品的生产质量和功能符合客户的要求，并且客户向企业提供商业信用融资可以使企业充分地投资，获得市场竞争力，实现双方共赢。但是在竞争关系下，商业信用融资是一项流动资产，商业信用融资的供给和使用将影响双方的流动性，企业和客户都期望对方能够给予自身更多的商业信用融资，相互之间会竞争，谈判能力强的一方将会获得更多的商业信用融资。本章的主要研究内容就要探讨如何更好地管理客户关系，使合作关系能够发挥主导作用，从而使企业能够获得更多的商业信用融资。

本章利用我国A股上市公司数据，研究企业与客户关系对商业信用融资的影响，以及当企业面临不同的融资约束水平时，客户对企业商业信用融资的影响是否会发生变化。本章从单因素分析和回归分析都得到了一致的结论，并通过变量替换、内生性检验、模型变换等一系列检验，证明了本书研究结论的稳健性。具体研究结论有以下几点：

（1）当客户集中度较大时，企业在客户交易中的商业信用融资较少。当客户集中度较大时，企业销售产品主要集中在几家客户企业上，由于寻找新客户以及建立新的客户关系需要花费成本，并且建立原有的客户关系进行的关系投资可转移性很低，因此企业对客户的依赖程度较大，企业期望能与客户建立长期联系，在谈判时企业的谈判能力较弱，客户会要求企业提供更长的付款期，更多的赊账，并且减少对企业预付款项，企业商业信用融资较少。

（2）当企业融资约束程度较高时，客户与企业之间竞争关系减弱，企业商业信用融资增加。当企业无法从银行等金融机构获取充足的贷款，企业的投资，甚至经营活动都会受到影响，企业的发展受到了限制。而客户集中度较大时，企业产品的针对性较强，企业会针对客户的需求进行研发、人员等方面的投入，因此客户的利益与企业经营状况紧密相连，当企业资金不足时，企业无法开展研发活动来满足客户需求，甚至可能会生产质量不合格的产品，影响到客户的利益。此时，客户将会对企业提供商业信用融资支持，通过及时付款，甚至提前付款来保障企业充足的现金流，确保企业能够为其提供更好的产品和服务，同时客户向企业提供商业信用融资可以作为一种保证机制，加强了企业与客户之间的信任关系，实现了客户与企业之间的双赢。

第 6 章

供应商—企业—客户三元关系对资金链协同治理影响研究

6.1 研究背景

本书在第 4 章和第 5 章研究了企业在单独与供应商或客户交易时，企业—供应商关系、企业—客户的关系对企业商业信用融资的影响。但是，企业与供应商和客户的交易不是分离的，是同时进行的，企业在与供应商进行谈判时要考虑客户的情况，在与客户进行谈判时要考虑供应商的情况，企业要同时处理与供应商和客户的关系，企业与供应商、客户组成了三元关系。三元关系与二元关系相比更为稳定，并且各方之间的议价能力减弱，合作关系增强，通过各方相互之间的帮助和支持，抗风险能力更强。

本章将供应链关系从二元关系拓展为三元关系，研究企业与供应商、客户的三元关系对企业商业信用融资的影响，在三元关系中，合作理论将发挥主要作用。在二元关系中，当企业供应商集中度或客户集中度较大时，企业与供应商、客户之间竞争关系较强，供应商和客户会侵占企业的商业信用融资，但是在三元关系中，供应商、客户会考虑到企业的商业信用融资可能会受到对方的侵占，影响企业长期发展，进而会影响到自身的利益，因此会同时对企业提供商业信用融资支持。并且当企业融资约束程度较大时，企业无法从银行等金融机构获得充足的资金，只能依靠供应商和客户提供的商业信用来进行融资，此时，供应链三元合作关系会加强，企业获得的商业信用融资增多。

本章从合作理论出发，研究供应链三元关系对企业商业信用融资的影响，以及在不同融资约束程度下，上述影响是否有所差异。本章的结构安排如下：首先，结合相关理论，推导出相关的研究假设；其次，介绍本章的研究设计，包括数据来源与样本选择、变量定义、计量模型；再次，进行实证分析，分别对样本进行描述性统计分析、单变量分析和多元回归分析，证明研究假设，并且采取变量替换、工具变量法、二阶段最小二乘法、模型替换等方法进行稳健性检验，证明研究结论的稳健性；最后，对本章的主要结论进行总结。

6.2 研究假设

6.2.1 供应商—企业—客户三元关系对商业信用融资的影响

尽管集中度较大的供应商、客户对企业的谈判能力较强，在与企业交易中会侵占企业流动资金，使企业商业信用融资减少，但是由于企业与供应商和客户的交易是同时进行的，因此，企业要同时处理与供应商和客户的关系，供应商和客户在影响企业商业信用融资时可能会产生相互作用，供应商、客户之间如何发生交互作用还没有明确的结论。

西美尔（Simmel，1949）解释了三元关系和二元关系的区别，当个体处在由三个个体组成的群体中，三个个体组成的关系与两个个体组成的关系有很大区别。首先，三元关系中存在“少数服从多数”的规则，三元关系中会出现个体为了服从群体决策作出妥协的现象，为了实现群体的整体利益而牺牲个体利益，而二元关系中两个个体要么意见相同，要么意见不同，没有上述机制，在二元关系中个体的独立性更强。其次，在二元关系中个体具有很强的议价能力，个体会以退出关系来向对方进行威胁，议价能力的强弱取决于双方之间的重要性和不可替代性，而三元关系中通过退出机制来进行议价的作用会小得多，因为其他个体会以互相帮助、互相抚慰的方式来缓解一方退出对整个关系带来的负面影响。最后，三元关系很容易进行调解，冲突在任何关系中都是不可避免的，但在三元关系中当两个个体出现冲突时，另外一个个体可以充当公证人的角色进行调解，而在二元关系中缺少这种机制。三元关系还可以降低机会主义行为，如果一个个体以不恰当或投机的行为对待它的合作伙伴，那么它可能不但会直接损害与该合作伙伴的关系，还会间接损害与其他合作伙伴的关系，第三元合作者可能将此行为作为借鉴，终止与该投机企业的关系（Greve et al.，2010）。因此，三元关系可以降低冲突、降低机会主义行为，提高合作关系（Krackhardt，1999），但是，第三元的加入对二元关系的影响效果不一定，可能会改善原有的二元关系（Krackhardt，1999；Madhavan & Gnyawali，2003；Obstfeld，2005），也可能恶化二元关系（Madhavan & Gnyawali，2003；Obstfeld，2005）。

曹智等（2011）认为供应商、客户嵌入在复杂的供应链网络中，从横向来看，一个企业有若干个供应商，以及若干个客户；从纵向来看，每个供应商都有其自己的供应商，每个客户都分别有各自的客户，因此，单独研究供应商—客户二元的关系不足以反映供应链中真实的关系。在二元关系中，每个企业更倾向于只考虑自身的利益，重视短期利益忽视长期利益，并且由于二元关系中双方的议价能力均较强，因此当双方利益发生冲突时不利于达成一致意见，而在三元关系中，由于群体决策机制、调解机制的存在、议价能力的降低，企业之间将更注重长期利益，并且形成合作关系。崔和金（Choi & Kim，2008）发现企业在评估选择供应商时，如果只从供应商角度单独考虑，那么就会把短期内经营能力欠佳但是长远发展较好的供应商排除在外，但是当考虑供应商的上游供应商时，如果供应商的上游供应商技术能力、产品质量、资源等其他方面较好，那么即使该企业供应商短期经营方面较差，该企业也会从战略发展角度将该供应商纳入考虑范围内。

由于供应链三元关系错综复杂，关于供应链三元关系有横向和纵向的研究。横向研究主要关注企业—供应商—供应商关系，以及企业—客户—客户关系，杜布瓦和弗雷德里克松（Dubois & Fredriksson，2008）利用案例研究的方法研究沃尔沃汽车座椅供应商管理，发现通过培养两个互补的供应商，并保持它们之间的竞合关系有助于企业获得收益。崔和吴（Choi & Wu，2009）通过平衡理论和结构洞理论研究了二元关系如何转化为三元关系，以及供应商与企业的关系、供应商与供应商之间的关系如何相互影响。吴和崔（Wu & Choi，2010）研究了在客户—供应商—供应商关系中供应商与其他供应商之间关系，验证了供应商与供应商之间的关系对供应商行为的影响，以及对买方企业的影响，并突出了在构建供应商—供应商关系中买方所起到的作用，企业在管理供应链关系时要充分考虑保持不同供应商之间的竞合关系。也有一些研究是关于供应链垂直关系，包括客户—供应商—供应商的供应商，以及供应商—客户—客户的客户。梅纳等（Mena et al.，2013）研究客户—供应商—供应商的供应商这一供应链三元关系，将整个供应链区分为闭合供应链和开放供应链，若客户与供应商的供应商没有直接联系，为开放供应链；若客户与供应商的供应商有联系，则为闭合供应链，闭合供应链使得供应链上企业沟通更为便利，并且合作关系增强，相互依赖程度增大。罗塞蒂和崔（Rossetti & Choi，2005；2008）通过案例研究发现在一些情况下供应商会跳过中间企业，直接与最终客户取得联系，了解最终客户的需求。

本书研究认为，在供应链三元关系下，供应链企业之间的合作关系会比二元关系增强。根据合作理论，企业的供应商、客户以及企业自身是协同合作的，供应链企业会通过信息共享（叶飞、薛运普，2011）、技术合作（Kale & Shahrur，2007）实现共赢，通过合作来获得互补资源（Pathak & Wu，2014），并且当企业融资约束程度较大时，供应链企业还可能对其给予商业信用支持帮助企业走出困境（Banerjee et al.，2004）。企业的供应商集中度较大时，企业的客户担心企业的流动资金受供应商侵占影响企业的长期发展，而不能确保为其提供高质量、符合要求的产品，因此客户会对企业商业信用融资提供支持，及时付款，减少企业的应收账款，增加企业的预收账款，客户集中度对企业商业信用融资的负向影响减少。与此相同，当企业的客户集中度较大时，供应商也会以长期发展的态度允许企业更长的付款期，减少企业的预付账款，供应商集中度对企业商业信用融资的负向影响减少。供应商、客户都预期企业商业信用受供应链对方企业侵占，可能影响企业长期可持续发展，因此供应商、客户会同时对企业商业信用融资提供支持，供应链三元关系竞争减弱，合作增强，企业商业信用融资增加，本章提出假设 6 – 1。

假设 6 – 1：供应商、客户集中度同时较大时，供应商、客户与企业三元合作关系增强，企业商业信用融资增加。

6.2.2　供应商—企业—客户三元关系对商业信用融资的影响：不同融资约束水平下

商业信用融资与银行借款等外部融资具有替代关系，当企业由于自身融资能力不足或受到外部宏观经济货币政策冲击时，无法从银行或其他金融机构获得足够的借款，就可以采用商业信用融资方式向供应商、客户取得延期付款或预收账款，缓解企业的流动性问题或融资困境。陆正飞、杨德明（2011）通过对比买方市场理论和替代性融资理论，发现在货币紧缩时期，商业信用融资的存在更符合替代性融资理论，企业从银行获得融资的难度增大，因此需要转向供应商获取商业信用融资来缓解融资困境。张新民等（2012）发现无论是商业信用融资还是银行借款都会向市场地位更高的企业移动，并且市场地位越高，商业信用和银行借款的替代性作用越大。阳佳余、杨蓓蕾（2013）发现商业信用融资与银行借款有替代性关系，并且内源资金不足、流动性低、财务成本低，以及有形资产比率较高、存货比率高的企业更偏好于利用商业信用融资来替代银行借款。

企业加强与供应商、客户三元关系的建立，实现供应链的整合，有利于供应链之间合作关系的加强，实现供应链上的收益共享，提高各自的效率，增加供应链企业之间的信任程度，促进沟通，提高供应链整体绩效。拉尼尔等（Lanier et al.，2010）研究发现供应链整合程度越高，持续时间越长，企业财务绩效越好，供应链整合带来的收益由供应链整体进行分担。若干供应商合作下企业获得的资源比很多供应商竞争下企业获得的资源要更好（Balakrishnan & Geunes，2004），通过供应链的整合可以为企业带来成本的降低以及其他收益，很多企业开始整合供应链，供应链整合可以提高绩效（Petersen et al.，2005；Rai et al.，2006），供应链被认为是一个统一的系统（Vickery et al.，2003）。企业之间的流程整合提高了效率，产生了不同种类的产品（Arend & Wisner，2005），通过合作降低了成本，提高销售预测准确度，更有利于存货管理，还会给企业带来一些间接收益，如提高交付能力（Loch & Terwiesch，2005；Cousins & Menguc，2006）。现代供应链管理显示供应链整合可以带来更多的利益交换，加强双方之间合作的提升，并同时带来收益和风险的分享机制，提高了各自供应链成员的收益（Spekman et al.，1998）。供应链的整合建立在重复交易上，这样可以提升供应链成员之间的信任程度（Irel & Webb，2007），从而可以使供应链企业之间共同学习、加强知识沟通、共同探索和挖掘机会，从而提升企业业绩（Irel & Webb，2007）。

本书研究认为，在合作理论下，供应商、客户希望能与企业长期合作，并且在三元关系下，这种长期合作的意愿更强。一方面是由于稳定的供应链是一种优质资源，所有在供应链上的企业都期望供应链上其他企业能保持相对稳定，有利于企业更好地安排生产，降低风险；另一方面，寻找新的合作伙伴以及建立新的关系需要投入成本，并且这种投资专用性很强，不容易转移。当企业融资约束程度较大时，企业向银行的融资渠道受限，对商业信用融资的依赖程度增加，企业的主要供应商担心企业的流动资金受其供应链上其他企业的侵占同时又无法获得银行等外部机构的融资时，会影响与企业的长期合作发展，供应商更倾向于增加对企业的商业信用支持，企业商业信用融资增加，企业的主要客户也是如此，会对企业的商业信用融资提供支持，并且企业融资约束越大，供应商和客户对企业商业信用融资支持程度越大，供应链三元合作关系加强，企业商业信用融资增加，因此，本章提出假设 6 –2。

假设 6 –2：企业融资约束越大，供应商、客户与企业三元合作关系越强，企业商业信用融资增加。

6.3 研究设计

6.3.1 数据来源与样本选择

本章以 2007 ~2021 年我国 A 股上市公司为样本，其中供应商、客户信息从上市公司年报手工整理获得，其他财务数据来自 CSMAR 数据库和 Wind 数据库，参考以往文献的做法，对样本进行如下处理：（1）由于金融行业会计处理方法与其他行业不同，剔除金融行业数据；（2）由于 ST 公司可能会对结果带来一些偏误，剔除 ST 公司；（3）剔除变量有缺失的样本，并对所有变量进行了 1% ~99% 的 winsor 处理，以减少离群值给研究结果带来的偏误，最终剩余 18958 个样本。

6.3.2 变量定义

1. 被解释变量

本章被解释变量是企业商业信用融资，用总商业信用融资来衡量，计算方法用（应付账款 + 预收账款 – 预付账款 – 应收账款）/总资产进行度量，并在分组检验中细分为供应商交易中的商业信用融资和客户交易中的商业信用融资。没有将应收票据、应付票据加入进来是考虑到应收/应付票据涉及的因素比较多。首先，应付/应收账款是企业与供应商/客户的往来，应付/应收票据要涉及企业与银行等第三方的往来；其次，应付/应收账款依据的是企业的销售合同，而应付/应收票据要涉及供应商/客户的授信合同；最后，应付/应收账款是否能够收回是不确定的，而应付/应收票据相当于供应商/客户已经给予的承诺，收回的可能性更大。考虑到以上三个因素，应付/应收票据与供应商/客户关系相关性不大，因此本章在计算商业信用融资时没有将应付/应收票据加入在内。

2. 解释变量

（1）企业与供应商关系。参考张敏等（2012）、张胜（2013）、逄咏梅（2013）对企业与供应商关系的度量方法，利用前五名供应商采购金额占全部采购金额的比重衡量企业与供应商的关系，由于行业对供应商集中度有较大影响，有些行业供应商相对较集中，有些行业供应商相对较分散，为了减少行业对供应商集中度影响的偏差，本章将供应商集中度减去行业中位数进行标准化处理。

（2）企业与客户关系。参考张敏等（2012）、张胜（2013）、逄咏梅（2013）对客户关系的度量方法，本章利用前五名客户销售金额占全部销售金额的比重衡量企业与客户的关系，由于行业对客户集中度有较大影响，有些行业客户相对较集中，有些行业客户相对较分散，为了减少行业对客户集中度影响的偏差，本章将客户集中度减去行业中位数进行标准化处理。

（3）融资约束。参考王（Wang，2003）、石晓军、张顺明（2010）、连玉君（2009）对融资约束 IEI 指数的度量方式，采用投资不足情况来度量企业融资约束程度，当企业面临融资约束时，企业的投资水平要低于最优投资水平，而降低的程度取决于企业融资约束大小，因此通过投资不足可以度量企业融资约束水平，设定融资约束指数为 FC，投资不足指数为 TE，由于融资约束与投资不足呈正向关系，企业融资约束程度越大，投资不足越严重，因此 FC = TE，通过随机前沿模型计算投资不足指数，具体方法如下：

最优投资支出为 $I^* = TobinQ + v$；

实际投资支出为 $I = I^* - u = TobinQ + v - u$；

投资支出也可以写成 $I = TobinQ + \varepsilon$，其中，$\varepsilon = v - u$；v 为通常意义上的随机干扰项，假设其服从正态分布且彼此独立，$v \sim N(0, \sigma^2)$。u 表示融资约束效应，由于其具有单边分布的特征，我们假设其服从非负的截断型半正态分布，即 $u \sim N^+(w, \sigma^2)$，影响 u 的因素包括资产规模、现金流、股权融资、债权融资，其中现金流是企业的内源融资，股权融资和债权融资是企业的外源融资，投资效率指数为实际投资低于最优投资的偏离程度，定义投资不足指数为：$TE = 1 - \exp\{Xb - u\}/\exp\{Xb\} = 1 - \exp\{-u\}$。

而企业的融资约束程度与投资不足呈正向关系，企业融资约束越大，投资不足越严重，因此，设定融资约束指数 FC = TE，从而计算融资约束指数。

3. 控制变量

本章参考陆正飞、杨德明（2011）、葛和邱（Ge & Qiu，2007）的研究，选择如下变量作为控制变量，以控制其对商业信用融资的影响。

①公司规模，用企业期末总资产的自然对数来衡量，彼得森和拉詹（Peterson & Rajan，1997）发现公司规模与商业信用融资呈正向关系；②企业盈利情况，用 ROA 来衡量，计算方式为当期利润/年末总资产与年初总资产的均值，参考陆正飞、杨德明（2011）的研究，企业盈利情况越好，企业对外部资金的需求越少，因此需要的商业信用融资越少；③第一大股东持股比例，用第一大股东持股股数/企业总股数衡量，控制公司治理水平对企业商业信用融资的影响；④营业收入增长率，用企业当期营业收入增加值/上期营业收入来衡量，营业收入增长率越高，需要的外部资金越多，企业商业信用融资越多（陆正飞、杨德明，2011）；⑤有形资产比例，用（固定资产 + 存货）/总资产进行计算，衡量企业可抵押资产的大小，有形资产比例越大，企业可用于担保的固定资产越多，商业信用融资越多，但有形资产比例越大，企业可以获得的银行借款越多，所需要的商业信用融资越少，因此有形资产比例对企业商业信用融资的影响不确定；⑥企业成立年限，用企业

成立年限的自然对数衡量，企业成立年限越长，信誉越好，越容易获得商业信用融资（阳佳余、杨蓓蕾，2013）；⑦市场份额，用企业营业收入占行业营业收入比重衡量，企业市场份额越高，谈判能力越强，越容易获得商业信用融资（张新民等，2012），但是企业市场份额越高，企业经营状况越好，越容易获得银行借款（祝继高等，2009），需要的商业信用融资越少，因此市场份额与商业信用融资的关系不确定；⑧银行借款比重，用银行借款金额除以企业总资产衡量，度量企业从银行融资的能力，由于银行借款与商业信用融资是替代性关系（Petersen & Rajan，1997；Fisman & Love，2003），因此，企业银行借款越多，企业需要的商业信用融资越少，但是，银行借款与商业信用融资又存在互补性关系（Cook，1999），企业银行借款多也表示企业有较强的市场竞争力，由此供应商和客户更愿意为企业提供商业信用融资支持。因此，银行借款与企业商业信用融资关系可能是正向的，也可能是负向的；⑨产权性质，如果企业是国有企业，设为1，非国有企业设为0，陆正飞、杨德明（2011）研究发现供应商更愿意为国有企业提供商业信用融资，主要是由于国有企业信用情况较好，并且没有融资约束；⑩供应商、客户交易中的关联交易，定义为与供应商进行商品交易、资产交易类、提供或接受劳务的关联交易总额，将缺失值替换成0，并除以营业成本进行标准化；与客户进行商品交易、资产交易类、提供或接受劳务的关联交易总额，将缺失值替换成0，并除以营业收入进行标准化。由于企业与母公司或子公司发生关联交易会产生大量的应付预付、应收预收款项，因此，会影响到企业的商业信用融资。此外，本书还设置了年度、行业虚拟变量控制年度、行业对企业商业信用融资的影响。

本章主要变量定义如表6.1所示。

表6.1　　　　主要变量定义

属性	变量名称	符号	计算方法
被解释变量	商业信用融资	*TC*	(应付账款＋预收账款－预付账款－应收账款)/总资产

续表

属性	变量名称	符号	计算方法
解释变量	供应商集中度	*Supplier*	前五名供应商采购金额占全部采购金额的比重
		Supplier_a	行业中位数调整后的供应商集中度
	客户集中度	*Customer*	前五名客户销售金额占全部销售金额的比重
		Customer_a	行业中位数调整后的客户集中度
	融资约束	*FC*	用ZEI指数度量，具体计算过程如正文所述
控制变量	企业规模	*SIZE*	期末总资产的自然对数
	企业盈利情况	*ROA*	当期利润/年初和年末总资产的平均值
	第一大股东持股比例	*Diyigudong*	第一大股东持股/总股数
	营业收入增长率	*Salerate*	企业当期营业收入增加值/上期营业收入
	有形资产比例	*Tangible*	(固定资产+存货)/总资产
	企业成立年限	*Firmage*	企业成立年限的自然对数
	市场份额	*PSale*	企业营业收入占行业营业收入的比重
	银行借款比重	*Debt*	银行借款/企业总资产
	产权性质	*State*	国有企业设为1，非国有企业设为0
	供应商交易中关联交易额	*RT_S*	与供应商进行商品交易、资产交易类、提供或接受劳务的关联交易总额，将缺失值替换成0，并除以营业成本进行标准化
	客户交易中关联交易额	*RT_C*	与客户进行商品交易、资产交易类、提供或接受劳务的关联交易总额，将缺失值替换成0，并除以营业收入进行标准化
	行业	*IND*	行业虚拟变量
	年度	*YEAR*	年度虚拟变量

6.3.3 计量模型

为了检验本章供应链三元关系对企业商业信用融资影响的假设，借鉴以往研究文献，设置多元回归模型，如（6.1）式所示，为了减少内生性，参考陆正飞、杨德明（2011）减少内生性的做法，对 *Supplier*、*Customer* 变量滞后一期。

对于（6.1）式，若 b_3 系数为正，则假设 6－1 成立，若 b_3 系数在融资约束大的时候更大，则假设 6－2 成立。

$$TC_t = b_0 + b_1 Supplier_{t-1} + b_2 Customer_{t-1} + b_3 Supplier_{t-1} \times Customer_{t-1} + Controls_t + IND + YEAR + \varepsilon \tag{6.1}$$

6.4 实证分析

6.4.1 描述性统计分析

表 6.2 主要是对本章的主要变量和控制变量进行描述性统计，可以看出，我国上市公司供应商集中度、客户集中度平均值大约分别为 34% 和 30%，并且供应商、客户集中度跨越幅度很大，最小值分别为 4% 和 1%，而最大值分别达到了 94% 和 99%。对于商业信用融资，本章对应付账款和预付账款分别除以主营业务成本进行了标准化，对预收账款和应收账款除以主营业务收入进行标准化。在供应商交易中，应付账款均值、中位数分别为 0.27 和 0.21，预付账款均值、中位数分别为 0.08 和 0.04，应付账款－预付账款均值、中位数为 0.19 和 0.15，均为正数，说明企业向供应商延期付款金额要大于提前付款金额，获得的商业信用融资要大于商业信用供给；而在客户交易中，预收账款均值、中位数分别为 0.09 和 0.02，应收账款均值、中位数分别为 0.24 和 0.18，预收账款－应收账款均值、中位数分别为 －0.15 和 －0.14，均为负数，说明企业向客户提供的赊账要比客户预支货款更多，获得的商业信用融资小于商业信用供给，这是由于我国是买方市场，客户占主导地位，因此企业要尽量满足客户的需求。企业的商业信用净融资均值为负，接近于 0，说明我国企业从供应商获得的商业信用融资恰好与向客户供

给的商业信用相抵，并且向客户供给的商业信用更多一些。因此，研究如何利用供应链关系获得更多的商业信用融资，减少供应商、客户对企业的商业信用侵占尤为重要。

表 6.2　　　　变量描述性统计

变量	样本数	均值	标准差	最小值	中位数	最大值
TC	18958	-0.02	0.13	-0.36	-0.02	0.39
Yingfu	18958	0.27	0.23	0.01	0.21	1.55
Yufu	18958	0.08	0.14	0.00	0.04	0.93
Yingfu - Yufu	18958	0.19	0.24	-0.44	0.15	1.25
Yushou	18958	0.09	0.19	0.00	0.02	1.24
Yingshou	18958	0.24	0.23	0.00	0.18	1.18
Yushou - Yingshou	18958	-0.15	0.30	-1.04	-0.14	1.09
Supplier	18958	0.34	0.20	0.04	0.30	0.94
Customer	18958	0.30	0.22	0.01	0.24	0.99
FC	18958	0.29	0.09	0.04	0.30	0.51
SIZE	18958	22.23	1.31	19.37	22.05	26.08
ROA	18958	0.04	0.06	-0.26	0.03	0.23
Diyigudong	18958	0.35	0.15	0.09	0.33	0.75
Salerate	18958	0.18	0.41	-0.61	0.11	2.84
Tangible	18958	0.39	0.18	0.01	0.38	0.80
Firmage	18958	2.84	0.32	1.95	2.89	3.58
PSale	18958	0.01	0.02	0.00	0.00	0.13
Debt	18958	0.17	0.13	0.00	0.15	0.57
State	18958	0.40	0.49	0.00	0.00	1.00
RT_S	18958	0.04	0.11	0.00	0.00	0.89
RT_C	18958	0.01	0.07	0.00	0.00	0.93

6.4.2 单变量分析

为了检验供应链三元关系与二元关系相比，对商业信用融资的影响是否有所差异，本章按照供应商集中度大与小、客户集中度大与小分为四组，对商业信用融资进行单变量分析，结果如表6.3所示。由第（1）、第（2）组横向对比可知，在企业与供应商交易中，当供应商集中度不变、企业客户集中度较大时，无论供应商集中度大还是小，企业的应付账款都更多，供应商交易中的净商业信用融资也更多，说明当客户集中度较大时，企业面临商业信用融资被主要客户侵占的威胁，此时供应商会以企业长远发展为前提，给予企业更多的应付账款，企业商业信用融资更多，一定程度上证明了假设6-1。由第（3）、第（4）组横向对比可知，在企业与客户交易中，当客户集中度不变、供应商集中度较大时，无论客户集中度大还是小，客户都会减少对企业的延期付款，应收账款更少，客户交易中的商业信用融资更多，说明企业在与客户交易中，如果客户预测到企业的商业信用融资可能受到主要供应商的侵占，会增加对企业的商业信用融资支持，企业在客户交易中获得的商业信用融资更多，这在一定程度上证明了假设6-1。

表6.3　　单变量分析

	均值	标准差	最小值	最大值	均值	标准差	最小值	最大值	
（1）组	*Supplier* 大 *Customer* 大				*Supplier* 大 *Customer* 小				（1）组横向 T检验
Yingfu	0.27	0.27	0.01	1.46	0.23	0.21	0.01	1.46	0.04***
Yufu	0.08	0.14	0.00	0.86	0.07	0.12	0.00	0.86	0.01***
Yingfu - Yufu	0.19	0.26	-0.42	1.20	0.16	0.21	-0.42	1.20	0.03***
N	9327				6232				

续表

	均值	标准差	最小值	最大值	均值	标准差	最小值	最大值	
（2）组	*Supplier* 小 *Customer* 大				*Supplier* 小 *Customer* 小				（2）组横向 T 检验
Yingfu	0.30	0.22	0.01	1.46	0.27	0.20	0.01	1.46	0.03***
Yufu	0.06	0.11	0.00	0.86	0.07	0.10	0.00	0.86	-0.01
Yingfu - *Yufu*	0.24	0.22	-0.42	1.20	0.21	0.20	-0.42	1.20	0.03***
N	6184				9263				
（3）组	*Customer* 大 *Supplier* 大				*Customer* 大 *Supplier* 小				（3）组横向 T 检验
Yushou	0.06	0.15	0.00	1.24	0.07	0.16	0.00	1.24	-0.01***
Yingshou	0.26	0.25	0.00	1.18	0.29	0.24	0.00	1.18	-0.03***
Yushou - *Yingshou*	-0.20	0.29	-1.04	1.09	-0.22	0.28	-1.04	1.09	0.02***
N	8379				5599				
（4）组	*Customer* 小 *Supplier* 大				*Customer* 小 *Supplier* 小				（4）组横向 T 检验
Yushou	0.09	0.19	0.00	1.24	0.10	0.20	0.00	1.24	-0.01**
Yingshou	0.20	0.21	0.00	1.18	0.23	0.23	0.00	1.18	-0.03***
Yushou - *Yingshou*	-0.11	0.29	-1.04	1.09	-0.13	0.31	-1.04	1.09	0.02***
N	5648				8390				

注：*** 代表 $p<0.01$，** 代表 $p<0.05$。

6.4.3　多元回归分析

（1）供应商、客户关系对企业商业信用融资交互作用影响的实证研究。

为了检验假设 6-1，本章对（6.1）式进行回归，并将商业信用融资区分为供应商交易中的商业信用融资、客户交易中的商业信用融资以及总商业信用融资，表 6.4 为客户对供应商交易中商业信用融资影响结果，表 6.5 为供应商对客户交易中商业信用融资影响结果，表6.6为供应商、客户共同对总商业信用融资的影响。为了减少内生性，本章对供应商集中度、客户集中度两个变量减去行业中位数进行标准化处理。

表6.4　　客户对供应商交易中商业信用融资影响实证结果

变量	(1)	(2)	(3)	(4)	(5)	(6)	(7)	(8)	(9)
	Yingfu			*Yufu*			*Yingfu - Yufu*		
	Customer 大	*Customer* 小	全样本	*Customer* 大	*Customer* 小	全样本	*Customer* 大	*Customer* 小	全样本
Supplier_a	-0.085*** (0.000)	-0.127*** (0.000)	-0.125*** (0.000)	0.068*** (0.000)	0.005 (0.667)	0.025*** (0.009)	-0.146*** (0.000)	-0.129*** (0.000)	-0.146*** (0.000)
Customer_a	0.112*** (0.000)	0.120** (0.014)	0.094*** (0.000)	0.019 (0.193)	-0.007 (0.777)	-0.002 (0.769)	0.090*** (0.000)	0.121** (0.014)	0.092*** (0.000)
Supplier_a × *Customer_a*			0.238*** (0.000)			0.190*** (0.000)			0.066 (0.308)
SIZE	0.019*** (0.000)	0.013*** (0.001)	0.015*** (0.000)	0.009*** (0.001)	0.005** (0.030)	0.007*** (0.000)	0.009* (0.058)	0.008** (0.035)	0.008** (0.023)
ROA	-0.641*** (0.000)	-0.507*** (0.000)	-0.577*** (0.000)	-0.148*** (0.000)	-0.121** (0.013)	-0.140*** (0.000)	-0.476*** (0.000)	-0.378*** (0.000)	-0.425*** (0.000)
Diyigudong	-0.055* (0.072)	-0.047* (0.063)	-0.050** (0.021)	-0.032* (0.091)	-0.021 (0.179)	-0.027* (0.058)	-0.026 (0.374)	-0.022 (0.368)	-0.023 (0.273)
Salerate	-0.036*** (0.000)	-0.030*** (0.001)	-0.035*** (0.000)	-0.008* (0.076)	-0.006 (0.195)	-0.007** (0.030)	-0.025*** (0.000)	-0.024*** (0.004)	-0.026*** (0.000)
Tangible	-0.002 (0.957)	-0.001 (0.980)	0.000 (0.986)	-0.136*** (0.000)	-0.089*** (0.000)	-0.111*** (0.000)	0.119*** (0.000)	0.080*** (0.004)	0.100*** (0.000)
Firmage	-0.043*** (0.006)	-0.004 (0.774)	-0.024** (0.037)	-0.001 (0.951)	-0.006 (0.430)	-0.004 (0.582)	-0.037** (0.016)	0.003 (0.846)	-0.018 (0.115)
PSale	-3.204*** (0.000)	-1.546*** (0.000)	-1.983*** (0.000)	-0.955*** (0.000)	-0.501*** (0.003)	-0.648*** (0.000)	-2.178*** (0.000)	-1.047*** (0.001)	-1.310*** (0.000)
Debt	-0.136*** (0.000)	-0.218*** (0.000)	-0.176*** (0.000)	0.064*** (0.005)	0.034* (0.091)	0.050*** (0.002)	-0.191*** (0.000)	-0.248*** (0.000)	-0.220*** (0.000)

续表

变量	(1)	(2)	(3)	(4)	(5)	(6)	(7)	(8)	(9)
	Yingfu			*Yufu*			*Yingfu - Yufu*		
	Customer 大	*Customer* 小	全样本	*Customer* 大	*Customer* 小	全样本	*Customer* 大	*Customer* 小	全样本
State	0.007 (0.517)	0.006 (0.477)	0.006 (0.401)	-0.016*** (0.005)	-0.008 (0.142)	-0.013*** (0.003)	0.021** (0.048)	0.013 (0.138)	0.018** (0.021)
RT_S	0.092** (0.018)	0.049 (0.199)	0.077*** (0.008)	0.005 (0.804)	0.001 (0.967)	0.004 (0.783)	0.085** (0.016)	0.050 (0.191)	0.072*** (0.007)
RT_C	0.091** (0.035)	0.099 (0.134)	0.087** (0.021)	-0.013 (0.520)	-0.028 (0.161)	-0.016 (0.348)	0.098** (0.017)	0.126* (0.061)	0.098*** (0.006)
FC	-0.351*** (0.000)	-0.304*** (0.000)	-0.343*** (0.000)	-0.103*** (0.000)	-0.071*** (0.001)	-0.093*** (0.000)	-0.245*** (0.000)	-0.230*** (0.000)	-0.248*** (0.000)
Constant	0.399** (0.011)	0.237** (0.013)	0.327*** (0.000)	-0.032 (0.747)	-0.011 (0.848)	-0.026 (0.625)	0.411*** (0.001)	0.240** (0.013)	0.340*** (0.000)
年份	Control	Control	Control	Control	Control	Control	Control	Control	Control
固定效应	Control	Control	Control	Control	Control	Control	Control	Control	Control
样本数	9020	9529	18634	9020	9529	18634	9020	9529	18634
调整 R^2	0.229	0.268	0.244	0.119	0.125	0.121	0.214	0.211	0.209
F 值	18.65***	19.80***	31.29***	6.780***	6.154***	10.08***	19.69***	19.23***	32.60***

注：*** 代表 $p<0.01$，** 代表 $p<0.05$，* 代表 $p<0.1$；标准误差经过公司层面 cluster 调整；( ) 内数据为 p 值。

表 6.5　　供应商对客户交易中商业信用融资影响实证结果

变量	(1)	(2)	(3)	(4)	(5)	(6)	(7)	(8)	(9)
	Yushou			*Yingshou*			*Yushou - Yingshou*		
	Supplier 大	*Supplier* 小	全样本	*Supplier* 大	*Supplier* 小	全样本	*Supplier* 大	*Supplier* 小	全样本
Customer_a	-0.038*** (0.004)	-0.078*** (0.000)	-0.064*** (0.000)	0.151*** (0.000)	0.134*** (0.000)	0.143*** (0.000)	-0.184*** (0.000)	-0.210*** (0.000)	-0.204*** (0.000)
Supplier_a	0.015 (0.342)	0.025 (0.488)	-0.016 (0.133)	-0.150*** (0.000)	-0.096** (0.017)	-0.129*** (0.000)	0.163*** (0.000)	0.123** (0.019)	0.113*** (0.000)

续表

变量	(1)	(2)	(3)	(4)	(5)	(6)	(7)	(8)	(9)
	Yushou			*Yingshou*			*Yushou - Yingshou*		
	Supplier 大	*Supplier* 小	全样本	*Supplier* 大	*Supplier* 小	全样本	*Supplier* 大	*Supplier* 小	全样本
Supplier_a × *Customer_a*			0.145*** (0.000)			-0.010 (0.880)			0.159** (0.028)
SIZE	0.017*** (0.000)	0.020*** (0.000)	0.019*** (0.000)	-0.024*** (0.000)	-0.024*** (0.000)	-0.023*** (0.000)	0.040*** (0.000)	0.043*** (0.000)	0.042*** (0.000)
ROA	-0.204*** (0.000)	-0.263*** (0.000)	-0.244*** (0.000)	-0.451*** (0.000)	-0.505*** (0.000)	-0.479*** (0.000)	0.242*** (0.000)	0.236*** (0.001)	0.230*** (0.000)
Diyigudong	-0.007 (0.717)	-0.002 (0.936)	-0.005 (0.746)	-0.070*** (0.007)	-0.123*** (0.000)	-0.099*** (0.000)	0.065** (0.038)	0.120*** (0.000)	0.093*** (0.000)
Salerate	-0.018*** (0.000)	-0.014** (0.024)	-0.016*** (0.000)	-0.013*** (0.009)	-0.026*** (0.000)	-0.018*** (0.000)	-0.004 (0.517)	0.012 (0.155)	0.003 (0.558)
Tangible	0.141*** (0.000)	0.171*** (0.000)	0.155*** (0.000)	-0.316*** (0.000)	-0.385*** (0.000)	-0.348*** (0.000)	0.447*** (0.000)	0.544*** (0.000)	0.492*** (0.000)
Firmage	0.020* (0.053)	0.027** (0.016)	0.024*** (0.005)	-0.081*** (0.000)	-0.094*** (0.000)	-0.089*** (0.000)	0.099*** (0.000)	0.119*** (0.000)	0.110*** (0.000)
PSale	-1.372*** (0.000)	-0.681** (0.027)	-0.899*** (0.000)	-0.601** (0.029)	-0.221 (0.369)	-0.450** (0.024)	-0.746** (0.014)	-0.479 (0.172)	-0.457* (0.085)
Debt	-0.213*** (0.000)	-0.223*** (0.000)	-0.223*** (0.000)	0.009 (0.761)	0.106*** (0.001)	0.051** (0.041)	-0.217*** (0.000)	-0.321*** (0.000)	-0.267*** (0.000)
State	0.005 (0.455)	-0.005 (0.522)	-0.001 (0.886)	-0.040*** (0.000)	-0.031*** (0.001)	-0.034*** (0.000)	0.046*** (0.000)	0.026** (0.024)	0.033*** (0.000)
RT_S	-0.026* (0.081)	-0.032 (0.187)	-0.027* (0.055)	-0.052** (0.024)	-0.042 (0.248)	-0.046** (0.025)	0.027 (0.272)	0.011 (0.781)	0.021 (0.353)
RT_C	-0.006 (0.786)	0.004 (0.857)	-0.003 (0.849)	0.017 (0.579)	0.042 (0.310)	0.030 (0.238)	-0.026 (0.464)	-0.037 (0.414)	-0.035 (0.224)
FC	-0.232*** (0.000)	-0.229*** (0.000)	-0.236*** (0.000)	-0.077*** (0.008)	-0.084*** (0.005)	-0.079*** (0.000)	-0.144*** (0.001)	-0.131*** (0.001)	-0.144*** (0.000)
Constant	-0.325*** (0.001)	-0.396*** (0.000)	-0.440*** (0.000)	1.213*** (0.000)	1.207*** (0.000)	1.280*** (0.000)	-1.514*** (0.000)	-1.583*** (0.000)	-1.696*** (0.000)

续表

变量	(1)	(2)	(3)	(4)	(5)	(6)	(7)	(8)	(9)
	Yushou			*Yingshou*			*Yushou - Yingshou*		
	Supplier 大	*Supplier* 小	全样本	*Supplier* 大	*Supplier* 小	全样本	*Supplier* 大	*Supplier* 小	全样本
年份	Control	Control	Control	Control	Control	Control	Control	Control	Control
固定效应	Control	Control	Control	Control	Control	Control	Control	Control	Control
样本数	8925	9624	18634	8925	9624	18634	8925	9624	18634
调整 R^2	0. 343	0. 434	0. 388	0. 319	0. 371	0. 343	0. 394	0. 465	0. 427
F 值	11. 59***	12. 69***	16. 86***	27. 18***	34. 02***	47. 13***	30. 74***	36. 54***	49. 94***

注：*** 代表 p<0. 01，** 代表 p<0. 05，* 代表 p<0. 1；标准误差经过公司层面 cluster 调整；( ) 内数据为 p 值。

表 6. 6　　供应商、客户集中度对商业信用融资交互作用的实证结果

净商业信用融资	(1)	(2)	(3)	(4)	(5)
变量	*Customer* 大	*Customer* 小	*Supplier* 大	*Supplier* 小	全样本
Supplier	-0. 006 (0. 534)	-0. 025** (0. 027)	-0. 009 (0. 459)	-0. 005 (0. 818)	-0. 021** (0. 012)
Customer	0. 009 (0. 476)	-0. 193*** (0. 000)	-0. 026** (0. 016)	-0. 064*** (0. 000)	-0. 050*** (0. 000)
Supplier × *Customer*					0. 086*** (0. 009)
SIZE	0. 024*** (0. 000)	0. 024*** (0. 000)	0. 023*** (0. 000)	0. 024*** (0. 000)	0. 023*** (0. 000)
ROA	-0. 190*** (0. 000)	-0. 124*** (0. 000)	-0. 132*** (0. 000)	-0. 181*** (0. 000)	-0. 153*** (0. 000)
Diyigudong	0. 025* (0. 072)	0. 039** (0. 015)	0. 026* (0. 074)	0. 046*** (0. 003)	0. 037*** (0. 001)
Salerate	-0. 005 (0. 138)	-0. 005 (0. 217)	-0. 008** (0. 017)	-0. 003 (0. 391)	-0. 006** (0. 016)

续表

净商业信用融资	(1)	(2)	(3)	(4)	(5)
变量	*Customer* 大	*Customer* 小	*Supplier* 大	*Supplier* 小	全样本
Tangible	0. 239 *** (0. 000)	0. 287 *** (0. 000)	0. 249 *** (0. 000)	0. 285 *** (0. 000)	0. 266 *** (0. 000)
Firmage	0. 039 *** (0. 000)	0. 035 *** (0. 000)	0. 039 *** (0. 000)	0. 038 *** (0. 000)	0. 039 *** (0. 000)
PSale	-0. 547 ** (0. 018)	-0. 928 *** (0. 000)	-0. 537 ** (0. 042)	-0. 807 *** (0. 000)	-0. 708 *** (0. 000)
Debt	-0. 231 *** (0. 000)	-0. 266 *** (0. 000)	-0. 236 *** (0. 000)	-0. 281 *** (0. 000)	-0. 258 *** (0. 000)
State	0. 031 *** (0. 000)	0. 023 *** (0. 000)	0. 035 *** (0. 000)	0. 017 *** (0. 001)	0. 026 *** (0. 000)
RT_S	0. 067 *** (0. 000)	0. 094 *** (0. 000)	0. 077 *** (0. 000)	0. 077 *** (0. 000)	0. 077 *** (0. 000)
RT_C	0. 023 (0. 184)	0. 079 *** (0. 003)	0. 028 (0. 157)	0. 052 ** (0. 014)	0. 037 ** (0. 016)
FC	-0. 101 *** (0. 000)	-0. 107 *** (0. 000)	-0. 120 *** (0. 000)	-0. 096 *** (0. 000)	-0. 110 *** (0. 000)
Constant	-0. 859 *** (0. 000)	-1. 073 *** (0. 000)	-0. 849 *** (0. 000)	-1. 058 *** (0. 000)	-1. 010 *** (0. 000)
年份	Control	Control	Control	Control	Control
固定效应	Control	Control	Control	Control	Control
样本数	9020	9529	8925	9624	18634
调整 R^2	0. 297	0. 366	0. 337	0. 330	0. 331
F 值	26. 26 ***	31. 51 ***	30. 63 ***	29. 13 ***	44. 69 ***

注：*** 代表 p<0. 01，** 代表 p<0. 05，* 代表 p<0. 1；标准误差经过公司层面 cluster 调整；( ) 内数据为 p 值。

表 6. 4 为研究企业在与供应商进行交易时获得的商业信用融资是否会受到客户的影响，第（1）~（3）列为在不同客户集中度下，供应商集中度对

应付账款的影响，通过对客户集中度大小进行分组，可以看出，在客户集中度较大时，供应商集中度对应付账款的负向影响相对较小，而在客户集中度较小时，供应商集中度对应付账款的负向影响相对较大，说明当企业客户集中度较大时，企业流动性可能受到客户侵占，在与供应商进行谈判时，供应商考虑到企业流动性受到客户的侵占可能影响企业未来的经营状态，因此，部分供应商会允许企业延期付款，企业与供应商之间的竞争关系减弱，应付账款增加。第（4）~（6）列为不同客户集中度下供应商对预付账款的影响，结果发现在客户集中度较大时，供应商集中度对预付账款的正向影响更大，说明即使供应商考虑到企业的流动性在受客户较大的侵占时，会本着与企业长期合作发展的目标允许企业对本期交易延期付款，但是为了避免自身的利益受损，在涉及与企业未来交易时，会更多地要求企业提前付款，规避供应商自身的风险。第（7）~（9）列为不同客户集中度下供应商对净商业信用融资的影响，发现不同客户集中度下，供应商对净商业信用融资的影响没有显著差异，这是由于增加的应付账款被同时增加的预付账款所抵销。因此，在客户集中度较大时，供应商集中度对应付账款的负向影响更小，对预收账款的正向影响更大，净商业信用融资没有显著差异。

表6.5为研究企业在与客户进行交易时获得的商业信用融资是否会受到供应商的影响，第（1）~（3）列为在不同供应商集中度下，客户集中度对预收账款的影响，通过对供应商集中度按照大小进行分组，可以看出，在供应商集中度较大时，客户集中度对预收账款的负向影响更小，而在供应商集中度较小时，客户集中度对预收账款的负向影响相对较大，说明当企业供应商集中度较大时，企业流动性可能受到供应商侵占，在与客户进行谈判时，客户考虑到企业流动性受到供应商的侵占可能影响企业未来的经营状态，因此，部分客户会提前支付货款，企业与客户之间的竞争关系减弱，预收账款增加，第（4）~（6）列为不同供应商集中度下客户对应收账款的影响，结果发现在供应商集中度较大时，客户集中度对应收账款没有显著影响，第（7）~（9）列为不同供应商集中度下客户集中度对净商业信用融资的影响，发现在供应商集中度较大的时候，客户集中度对净商业信用融资的负向影响

越小，说明企业在与客户进行交易谈判时会考虑供应商的情况，并且供应商集中度增大会促进企业与客户之间合作关系的增强，商业信用融资增加。

表6.6是检验供应商、客户集中度对商业信用融资的交互作用，第（1）、第（2）列结果显示，当企业客户集中度较小时，供应商集中度对商业信用融资有显著负影响，而当客户集中度较大时，供应商集中度与商业信用融资没有显著关系。第（3）、第（4）列结果显示，当企业供应商集中度较小时，客户集中度对商业信用融资有显著负影响，而当供应商集中度较大时，客户集中度与商业信用融资的负向关系减弱。本章对全样本进行交乘项检验，如第（5）列所示，交乘项显著为正，说明供应链三元关系相对于二元关系合作作用加强。表6.6的实证结果说明企业的供应商和客户重视与企业的长期合作，当企业流动性可能受到其他利益相关者侵占，影响企业经营状况时，供应商、客户会考虑自身与企业的长远发展，减少对企业的商业信用侵占，同时增加对企业的商业信用融资支持。

（2）不同融资约束水平下，供应商、客户关系对企业商业信用融资交互作用影响的实证研究。

为了检验假设6-2，本章对融资约束程度按照大小进行分组，分别对（6.1）式进行回归，回归结果如表6.7所示。为了减少内生性并降低多重共线性，对供应商集中度、客户集中度两个变量减去行业中位数进行标准化处理。分别采用IEI指数和SA指数来度量融资约束程度。

表6.7　不同融资约束水平下供应商、客户关系对商业信用融资交互作用结果

变量	IEI 指数		SA 指数	
	FC 大	FC 小	FC 大	FC 小
Supplier	-0.025*** (0.009)	-0.017 (0.121)	-0.016 (0.144)	-0.027** (0.013)
Customer	-0.062*** (0.000)	-0.036*** (0.000)	-0.056*** (0.000)	-0.036*** (0.002)

续表

变量	IEI 指数		SA 指数	
	FC 大	FC 小	FC 大	FC 小
Supplier × Customer	0.112 *** (0.006)	0.054 (0.177)	0.124 *** (0.001)	0.050 (0.289)
SIZE	0.019 *** (0.000)	0.026 *** (0.000)	0.025 *** (0.000)	0.023 *** (0.000)
ROA	-0.118 *** (0.000)	-0.173 *** (0.000)	-0.105 *** (0.001)	-0.157 *** (0.000)
Diyigudong	0.048 *** (0.000)	0.029 ** (0.047)	0.056 *** (0.000)	0.024 (0.117)
Salerate	0.003 (0.401)	-0.004 (0.235)	0.001 (0.786)	0.000 (0.994)
Tangible	0.236 *** (0.000)	0.290 *** (0.000)	0.240 *** (0.000)	0.252 *** (0.000)
Firmage	0.044 *** (0.000)	0.029 *** (0.000)	0.028 *** (0.000)	0.035 *** (0.000)
PSale	-0.448 ** (0.031)	-0.923 *** (0.000)	-0.840 *** (0.000)	-0.329 (0.256)
Debt	-0.219 *** (0.000)	-0.292 *** (0.000)	-0.223 *** (0.000)	-0.264 *** (0.000)
State	0.024 *** (0.000)	0.024 *** (0.000)	0.018 *** (0.002)	0.023 *** (0.000)
RT_S	0.058 *** (0.000)	0.093 *** (0.000)	0.073 *** (0.000)	0.074 *** (0.000)
RT_C	0.039 ** (0.036)	0.023 (0.272)	0.033 * (0.087)	0.021 (0.269)
Constant	-0.645 *** (0.000)	-0.670 *** (0.000)	-0.763 *** (0.000)	-0.775 *** (0.000)
年份	Control	Control	Control	Control

续表

变量	IEI 指数		SA 指数	
	FC 大	FC 小	FC 大	FC 小
固定效应	Control	Control	Control	Control
样本数	8789	9836	8362	10274
调整 R^2	0. 328	0. 342	0. 276	0. 218
F 值	30. 73 ***	35. 11 ***	20. 63 ***	15. 23 ***

注：*** 代表 p<0. 01，** 代表 p<0. 05，* 代表 p<0. 1；标准误差经过公司层面 cluster 调整；( ) 内数据为 p 值。

表 6. 7 研究企业在不同融资约束下，供应商、客户与企业三元关系对商业信用融资的影响是否不同。结果显示，当企业融资约束程度较高时，三元合作关系更为显著，供应商、客户会同时增加对企业商业信用融资支持，而企业融资约束程度较低时，三元合作关系不明显，证明了假设 6 - 2。表 6. 7 的结果说明供应商、客户与企业三元合作关系的发挥受企业对商业信用融资依赖程度的影响，企业融资约束程度较大时，企业向银行等机构借款的渠道受到限制，因此企业对商业信用融资依赖程度增大，此时如果供应商、客户集中度同时较大，供应商、客户会担心另一方对企业的商业信用侵占影响企业的长远发展，从而同时增加对企业的商业信用支持，供应商、客户相互之间发生制约作用。而当企业融资约束程度较小时，企业可以向银行借到充足的资金，企业的长远发展不会因商业信用融资被侵占而受到影响，因此供应商、客户不会增加对企业的商业信用融资支持，三元关系与二元关系相比没有显著差异。

6. 4. 4 稳健性检验

(1) 变量替代。本章采用以下几种变量替代方法来进行稳健性检验。

①考虑到商业信用融资具有较强的行业特征（Ng et al. , 1999），在某些行业中较高，而在某些行业中较低，将商业信用融资减去行业中位数以减少行业的影响，结论不变。

②所有控制变量滞后一期回归，结论不变。

（2）内生性问题。

考虑到内生性问题，本章采用二阶段最小二乘法进行稳健性检验，选取工具变量为供应商集中度行业均值（*SupplierMean*）、客户集中度行业均值（*CustomerMean*）、供应商集中度虚拟变量（*SupplierDUM*）、客户集中度虚拟变量（*CustomerDUM*），以及交乘项 *SupplierDUM* × *CustomerDUM*，各工具变量定义方法如表 6.8 所示，在二阶段最小二乘法中，第一阶段首先用各工具变量以及其他控制变量对供应商集中度、客户集中度进行回归，求出供应商集中度、客户集中度的拟合值，第二阶段用计算出的供应商集中度、客户集中度拟合值以及其他控制变量对商业信用融资进行回归，具体回归结果如表 6.9 所示。可以看出，采用二阶段最小二乘法回归，结论不变，证明了本章结论的稳健性。

表 6.8　　工具变量定义

变量	计算方法
SupplierMean	供应商集中度的行业均值，行业分类按照行业代码取前两位进行划分
CustomerMean	客户集中度的行业均值，行业分类按照行业代码取前两位进行划分
SupplierDUM	当 *Supplier_a* 大于中位数，取 1，当 *Supplier_a* 小于中位数，取 0
CustomerDUM	当 *Customer_a* 大于中位数，取 1，当 *Customer_a* 小于中位数，取 0
SupplierDUM × *CustomerDUM*	*SupplierDUM* 与 *CustomerDUM* 的乘积

表 6.9　　二阶段最小二乘法检验

变量	第二阶段检验	第一阶段检验		
	TC	*Supplier*	*Customer*	*Supplier* × *Customer*
Supplier	-0.051*** (0.000)			

续表

变量	第二阶段检验	第一阶段检验		
	TC	*Supplier*	*Customer*	*Supplier × Customer*
Customer	-0.096*** (0.000)			
Supplier × Customer	0.106*** (0.001)			
SupplierMean		0.407*** (0.000)	-0.114*** (0.000)	0.062*** (0.000)
CustomerMean		-0.016 (0.330)	0.435*** (0.000)	0.183*** (0.000)
SupplierDUM		0.277*** (0.000)	0.008*** (0.000)	0.041*** (0.000)
CustomerDUM		0.015*** (0.000)	0.264*** (0.000)	0.054*** (0.000)
SupplierDUM × CustomerDUM		0.011*** (0.004)	0.035*** (0.000)	0.112*** (0.000)
SIZE	0.021*** (0.000)	-0.016*** (0.000)	-0.010*** (0.000)	-0.006*** (0.000)
ROA	-0.144*** (0.000)	0.005 (0.764)	0.022 (0.267)	0.027* (0.071)
Diyigudong	0.037*** (0.000)	-0.008 (0.203)	0.037*** (0.000)	0.007 (0.109)
Salerate	-0.005** (0.042)	0.004 (0.178)	0.007** (0.035)	0.004 (0.102)
Tangible	0.266*** (0.000)	-0.002 (0.742)	-0.020*** (0.005)	-0.019*** (0.000)
Firmage	0.036*** (0.000)	0.012*** (0.000)	0.001 (0.777)	0.008*** (0.001)

续表

变量	第二阶段检验	第一阶段检验		
	TC	*Supplier*	*Customer*	*Supplier × Customer*
PSale	-0.714*** (0.000)	0.098 (0.160)	-0.125* (0.058)	0.148*** (0.001)
Debt	-0.255*** (0.000)	0.034*** (0.000)	0.034*** (0.000)	0.039*** (0.000)
State	0.027*** (0.000)	-0.008*** (0.000)	-0.001 (0.555)	-0.005*** (0.001)
RT_S	0.080*** (0.000)	0.134*** (0.000)	0.051*** (0.000)	0.078*** (0.000)
RT_C	0.038*** (0.001)	0.036** (0.021)	0.162*** (0.000)	0.081*** (0.000)
FC	-0.095*** (0.000)	0.056*** (0.000)	0.049*** (0.002)	0.071*** (0.000)
Constant	-0.580*** (0.000)	0.291*** (0.000)	0.227*** (0.000)	0.024 (0.261)
年份	Control	Control	Control	Control
固定效应	Control	Control	Control	Control
样本数	18921	18921	18921	18921
调整 R^2	0.336			
F 值	190.6***			

注：*** 代表 $p<0.01$，** 代表 $p<0.05$，* 代表 $p<0.1$；标准误差经过公司层面 cluster 调整；( ) 内数据为 p 值。

6.5 本章小结

在供应链中，最基本的单位是三元关系，由于企业与供应商和客户的交易是同时进行的，因此，企业要同时处理与供应商和客户的关系，企业在与供应商进行谈判时要考虑客户的情况，在与客户进行谈判时要考虑供应商的情况，企业的供应商和客户虽然可能没有直接联系，但相互之间可能产生间接影响。本章基于三元关系理论和合作理论，研究供应链三元关系对企业商业信用融资的影响，明确在供应链交易中增加第三方时，对原有的二元关系会造成怎样的影响，是竞争关系增强，还是合作关系增强。

本章利用我国 A 股上市公司的数据，研究供应链三元关系对商业信用融资的影响，以及当企业在不同的融资约束水平下，上述影响是否会发生变化，运用单因素分析和回归分析都得到了一致的结论，并通过变量替换、内生性检验、模型变换等一系列检验，证明了研究结论的稳健性。具体研究结论有以下几点：

（1）当供应商、客户集中度同时较大时，三方之间的合作关系增强，企业商业信用融资增加。供应商、客户在与企业进行商业信用融资谈判时要考虑供应链另一方可能会侵占企业商业信用融资，影响企业的长远发展，从而可能影响供应商、客户自身的业务，因此供应商、客户会同时对企业提供商业信用支持，供应商允许企业更多的赊账，客户会及时付款，甚至提前付款，企业与供应商、客户三方之间会以合作为重，合作关系加强，商业信用融资增加。

（2）当企业融资约束程度较大时，供应链三方合作关系增强，企业商业信用融资增加。当企业无法从银行等金融机构获得充足的贷款时，对商业信用融资的依赖程度增加，此时，供应商和客户对企业的商业信用融资支持力度增加，确保企业有充足的资金渡过融资困境，可以正常地安排投资、经营活动，不会影响到与供应商、客户之间的交易，确保供应商和客户与企业之间合作关系的稳定性，企业与供应商、客户之间三元合作关系加强，企业商业信用融资增加。

第 7 章

供应商（客户）产权性质对资金链协同治理影响研究

7.1 研究背景

随着大数据和移动互联网的发展，信息透明度、及时性提升，企业在进行财务决策时有能力收集到多方面信息，基于综合信息进行决策，在商业信用决策中，不仅要考虑直接交易对象的情况，也可以将供应链网络中与交易有间接关系的对象纳入考虑范围内。本章研究企业和客户国有产权性质对商业信用谈判能力的影响，并基于三元视角研究供应商是否会提高企业相对于客户的谈判能力。通过研究发现拥有国有供应商可以作为企业的一项竞争资源，增强企业对客户的谈判能力，并且当供应商和客户处于差异化行业时，这种效果更为明显。本章的研究不仅从学术上丰富了供应链三元关系研究和商业信用研究，而且在实践上为企业如何更好地利用供应链多方资源提升自己的谈判能力、促进供应链协同提供指导，为政府尽快解决国有客户拖延民营企业账款问题，减少三角债，促进供应链和整个行业健康发展提供帮助。

本章的主要内容包括以下几个部分，第一部分为研究背景，第二部分为研究假设，第三部分为研究设计，第四部分为实证结果，第五部分为本章小结。

7.2 研究假设

7.2.1 企业与客户产权性质对商业信用谈判能力影响研究

在二元关系中，影响双方谈判能力的主要因素是双方资源的不可替代性，一方对另一方依赖程度越大，谈判能力越弱，向另一方提供的商业信用越多（Fabbri & Klapper，2016），商业信用融资与银行贷款存在替代关系（张惠君、刘静，2018）。默芬和恩乔罗格（Murfin & Njoroge，2015）发现大客户更喜欢从企业获得更多的商业信用和更长的付款期，即使这些客户更容易获得银行贷款，规模小、融资约束大的企业也要向其提供商业信用，同时会减少自身的投资。客户市场地位高、客户集中度高的买方可以获得更为优惠的商业信用融资条款（Giannetti et al.，2011），而行业竞争激烈的企业提供给下游客户的应收账款比例较高（方明月，2014）。

在企业与客户交易中，国有客户延期付款、拖延上游民营企业资金的现象较为普遍。一方面，国有客户有政府支持，较容易获得银行贷款和政府补贴，可以为其他交易对象提供隐性担保，资金短缺的情况较少（应千伟、蒋天骄，2012），破产风险小，因此，企业出于信任愿意为国有客户提供商业信用；另一方面，国有客户具有政治关联关系，掌握市场稀缺资源，能够更快获得国家新的政策信息（Boubakri et al.，2008），一些行政审批、土地征用、贷款担保等优惠政策掌握在政府手中（徐业坤等，2013），民营企业期望能够与国有客户建立合作联盟来获得政治关联关系和资源溢出。此外，国有客户可能还会受到国家或地区政府贸易保护，阻止新的竞争者进入某个行业或地区，确保国家对一些行业和资源的垄断（陆铭、陈钊，2009），企业在该区域或行业寻找新的客户难度增大，因此，对国有客户更为依赖。本章提出假设 7 - 1。

假设7-1：国有客户比例越大，企业商业信用谈判能力越弱，向客户提供商业信用更多。

此外，根据资源依赖理论，影响双方谈判能力更重要的因素是双方资源的不对称性，提供重要资源或控制集中资源的企业具有更强的议价能力，企业可以使用稀缺的有形或无形资源来控制供应链中的其他企业，并利用这些资源影响其他企业的行为策略（Crook & Combs，2007）。掌握关键资源的优势方会控制弱势方，同时采取机会主义行为以保持其权力地位，弱势方在合作过程中会迫于对方的权力优势被动接受要求。但是当双方资源对等时，根据博弈均衡理论，双方的资源依赖程度降低，竞争作用将会减弱，双方将寻求长期共赢的途径。当企业为民营企业，客户大部分为国有企业时，企业为了获得国有客户政治资源溢出和维持稳定交易，对客户依赖程度增大，企业谈判能力更弱，需要提供更多的商业信用（Fabbri & Klapper，2016）。而当企业和客户均为国有企业时，客户的产权优势减弱，企业的谈判能力相对提升。陈正林（2017）也发现国有企业因为拥有垄断势力和稀缺资源，对客户具有更大的话语权，同时国有企业可以获得政府和关联企业订单，对客户的依赖程度会减少。因此，本章提出假设7-2。

假设7-2：国有企业相对于非国有企业，受国有客户商业信用侵占作用更小。

7.2.2 供应商产权性质对企业和客户商业信用谈判能力影响研究

供应链成员之间不仅是单纯的买卖关系，同时会在技术、资金、信息、人员等多方面进行交换，当企业缺乏发展所需的必要资源时，就需要以某种形式与外部环境进行资源交易、融合和共享，从而整合形成自身的核心能力（徐二明、徐凯，2012）。在供应链网络中，供应链各个主体的资源和能力实现互补，产生协同效应，会创造比单纯的市场交易更大的价值，这就迫使核心企业与供应商、次级供应商、客户等利益相关者保持高度紧密的关系

（李维安等，2016），企业与重点供应链成员之间的关系也是企业的一项资源。在三元视角下，各方企业要充分利用供应链的资源，企业要考虑更多主体的情况，利用整个网络中的资源和知识来实现“协作优势”（Cao et al.，2010），供应链各方企业通过合作共同解决问题，共同开发新产品，分享知识和专业技能，平稳运营，提升竞争力（Chen et al.，2013）。关系网络扩大了信息和资源的访问范围，扩大了组织可以利用的资源，并且可以通过连接不同组织获得互补资产，获取可利用的信息和知识（Park & Luo，2010）。企业需要针对既定的供应链资源进行选择性利用，形成供应链能力，最终实现供应链战略的提升（肖静华等，2015）。在供应链三元关系下，客户与企业的合作可能不仅是为了获取企业的资源，还可能是为了获取与企业有关联的其他企业的资源（Li et al.，2015）。

因此，在供应链网络环境中，企业的供应商资源可能会影响企业和客户之间的博弈关系，谈判能力强的一方为了获取第三方资源会在商业信用谈判中妥协，实现合作协同。国有供应商也可以被视为企业的一项资源，提高与客户的谈判能力。国有供应商可以通过政治关联获得更多的银行贷款、更低的税率和更大的市场份额（潘红波等，2008），同时受到国家政策倾斜（金碚，2010），获得更多的财政补贴（孔东民等，2013），有国家财政担保，可以对交易合作伙伴提供更高的保障，提高交易的稳定性。此外，国有企业可能会在某些行业或技术方面处于垄断地位，而这些技术、知识、信息、声誉都会随着供应链发挥溢出效应，例如企业或企业的客户在购买国有供应商新技术产品后可能会获得技术指导，或对自身产品创新有激发提升作用。

当企业的国有供应商比例较高时，企业的客户为了间接获得国有供应商的资源溢出，更希望嵌入供应链中，企业此时处于结构洞位置，企业可以将国有供应商视为独特的资源，以此提高对客户的谈判能力，受到国有客户商业信用侵占也会减少。此外，当企业供应商和客户均拥有国有产权时，双方都由国家控股，会产生共同的利益目标，更容易形成稳定的联盟关系（魏明海等，2018），客户为了避免自身拖延付款会在供应链中形成三角债，进一步损害国有供应商资金流动性，引起国有供应商的惩罚性行为，会减少对企业的商业信用侵占。因此，本章提出假设 7-3。

假设 7-3：国有供应商比例越大，企业相对于国有客户商业信用谈判能力越大。

7.3 研究设计

7.3.1 变量定义

1. 被解释变量

企业和客户交易中的商业信用，用应收账款除以主营业务收入进行衡量。

2. 解释变量

（1）国有客户（供应商）比例。本章利用前五名客户（供应商）产权性质加权平均数进行度量，权重为各个客户（供应商）销售（采购）金额占前五名客户（供应商）销售（采购）金额的比重，在确定各个客户（供应商）产权性质时，首先搜索客户（供应商）最终控制人，如果最终控制人为国有企业或事业单位时①，设定产权性质为 1，对于最终控制人为非国有企业时，设定产权性质为 0。

（2）企业产权性质。如果企业是国有企业设为 1，非国有企业设为 0。

3. 控制变量

为了控制其他因素对应收账款的影响，本章设定供应商集中度、客户集中度、公司规模、第一大股东持股比例、企业盈利能力、资本结构、企业成

① 当最终控制人为国家、国资委、地方政府，以及海关、大学、研究院、医院、铁路、供电局、财政部等政府单位时，设定供应商产权性质为 1。

立年限、经营活动现金流量、存货周转率、收入增长率、应付预付账款净值、预收账款作为模型的控制变量，同时增加行业和年度虚拟变量。

本章主要变量定义如表 7.1 所示。

表 7.1　　变量定义

属性	变量名称	符号	计算方法
被解释变量	商业信用	*TC*	应收账款/营业收入
解释变量	企业产权性质	*State*	国有企业为 1，非国有企业为 0
	国有客户比例	*State_C*	前五名客户产权性质加权平均数
	国有供应商比例	*State_S*	前五名供应商产权性质加权平均数
控制变量	供应商集中度	*Supplier*	前五名供应商采购金额占总采购金额的比重
	客户集中度	*Customer*	前五名客户销售金额占总销售金额的比重
	公司规模	*Size*	期末总资产的自然对数
	第一大股东持股比例	*Largest*	第一大股东持股数/总股数
	企业盈利能力	*ROA*	净利润/总资产
	资本结构	*Lev*	负债总额/资产总额
	企业成立年限	*Firmage*	企业成立年限的自然对数
	经营活动现金流量	*CashFlow*	经营活动现金流量/营业收入
	存货周转率	*Turnover*	营业收入/存货年初和年末的平均值
	收入增长率	*Growth*	销售收入增长率
	应付预付账款净值	*Yingfu - yufu*	(应付账款 - 预付账款)/营业成本
	预收账款	*Yushou*	预收账款/营业收入
	行业	*Ind*	行业虚拟变量
	年度	*Year*	年度虚拟变量

7.3.2　研究模型

为了检验假设 7 - 1，本章设立模型（7.1）式，如果 a_1 系数显著为正，则假设7-1成立。

$$TC = a_0 + a_1 \Delta State\_C + Controls + \varepsilon \tag{7.1}$$

为了检验假设7-2，本章设立模型（7.2）式，如果 b_3 系数显著为负，则假设7-2成立。

$$TC = b_0 + b_1 State\_C + b_2 State + b_3 State\_C \times State + Controls + \varepsilon \tag{7.2}$$

为了检验假设7-3，本章设立模型（7.3）式，如果 h_3 系数显著为负，则假设7-3成立。

$$TC = h_0 + h_1 State\_S + h_2 State\_C + h_3 State\_S \times State\_C + h_4 State + Controls + \varepsilon \tag{7.3}$$

7.3.3　样本来源

本章的样本为我国A股上市公司2007~2018年的数据，财务和治理数据来源于CSMAR数据库，部分公司披露了前五名供应商和客户名字，基于该名字从国家企业信用信息公示系统、天眼查网站搜集供应商和客户具体信息。参考以往文献常用做法，对数据进行如下处理：（1）删除了金融类行业；（2）删除ST公司样本；（3）删除回归中的缺失值，并对所有数据进行1%~99%的winsor处理，最终剩余18503个样本。

7.4　实证结果

7.4.1　描述性统计

表7.2为变量的描述性统计，可以看出，企业与客户交易中应收账款占营业收入比例均值为24%，而预收账款比例为8%，说明在销售过程中向客户提供应收账款更为普遍，企业天然处于谈判弱势地位。企业前五名供应商

集中度均值为35%，企业前五名客户集中度均值为30%，较为适中。企业前五名供应商中向国有供应商采购比例为39%，前五名客户中向国有客户销售比例为31%，表示企业与国有供应商和客户交易活动较为普遍，供应商和客户的国有产权性质可能会对各方的谈判能力产生影响。

表7.2　　描述性统计

变量	样本数	均值	标准差	最小值	中位数	最大值
TC	18503	0.24	0.23	0.00	0.17	1.12
State	18503	0.40	0.49	0.00	0.00	1.00
Supplier	18503	0.35	0.21	0.04	0.31	0.96
Customer	18503	0.30	0.22	0.01	0.25	0.99
Size	18503	22.00	1.29	18.96	21.83	26.92
Largest	18503	0.35	0.15	0.08	0.33	0.75
ROA	18503	0.04	0.06	-0.29	0.04	0.22
Lev	18503	0.44	0.22	0.05	0.43	1.12
Firmage	18503	2.82	0.31	1.95	2.83	3.53
CashFlow	18503	0.07	0.20	-1.17	0.07	0.78
Turnover	18503	15.97	62.45	0.20	5.40	659.30
Growth	18503	0.21	0.56	-0.65	0.12	4.45
Yingfu - yufu	18503	0.18	0.23	-0.60	0.15	1.20
Yushou	18503	0.08	0.17	0.00	0.03	1.21
State_C	6026	0.39	0.37	0.00	0.31	1.00
State_S	3600	0.31	0.33	0.00	0.19	1.00

7.4.2　回归分析

本章分别采用OLS模型和PSM1：1匹配方法对模型进行检验，结果如表7.3所示，第（1）、第（2）列为假设7-1的检验结果，可以看出国有客户比例越高，企业要给予客户更多的应收账款。客户国有产权可以作为一项谈判资源提升客户的谈判能力，一方面是因为国有客户可以获得国家更多的资源倾斜，使得它们在某些领域具有领先地位，另一方面国有企业是国家和政府控股，民营企业希望能够通过交易获得政治关联关系，就需要对国有客户更为妥协，如果企业在国有产权方面无法与客户抗衡，就需要向国有客户提供更多的商业信用。第（3）、第（4）列为假设7－2的检验结果，可以看出当企业自身为国有企业时，可以降低国有客户对自己的商业信用侵占，主要是由于国有企业与国有客户拥有相同的政治资源，对其依赖程度降低，同时二者均由国家控股，合作程度也会提升。第（5）、第（6）列为假设7－3的检验结果，可以看出，国有供应商比例越大，国有客户对企业的商业信用侵占程度越小。国有供应商可以作为一项资源提升企业与客户的谈判能力，国有客户也期望能够通过中间企业建立与国有供应商的关系，强强联合，资源互补，同时双方均为国家控股，利益更容易实现一致，国有客户会通过减少对企业的商业信用侵占避免债务向上传递，损害国有供应商利益，协同程度提升。

表7.3　　回归结果

TC	假设7－1		假设7－2		假设7－3	
	(1) OLS	(2) PSM	(3) OLS	(4) PSM	(5) OLS	(6) PSM
State_C	0.126*** (0.000)	0.138*** (0.000)	0.172*** (0.000)	0.169*** (0.000)	0.178*** (0.000)	0.180*** (0.000)
State			−0.042*** (0.000)	−0.044*** (0.000)	−0.064*** (0.000)	−0.059*** (0.000)
State_C × *State*			−0.081*** (0.001)	−0.081*** (0.004)		
State_S					−0.050** (0.044)	−0.029 (0.279)
State_S × *State*					−0.081** (0.049)	−0.121** (0.032)

续表

TC	假设7-1		假设7-2		假设7-3	
	(1) OLS	(2) PSM	(3) OLS	(4) PSM	(5) OLS	(6) PSM
Supplier	-0.125*** (0.000)	-0.095*** (0.000)	-0.116*** (0.000)	-0.091*** (0.000)	-0.092*** (0.001)	-0.074** (0.015)
Customer	0.083*** (0.000)	0.098*** (0.000)	0.085*** (0.000)	0.099*** (0.000)	0.071*** (0.008)	0.112*** (0.002)
Size	-0.030*** (0.000)	-0.019*** (0.001)	-0.022*** (0.000)	-0.015*** (0.009)	-0.020*** (0.002)	-0.012 (0.127)
Largest	-0.154*** (0.000)	-0.110*** (0.000)	-0.104*** (0.000)	-0.078** (0.012)	-0.128*** (0.001)	-0.097** (0.026)
ROA	-0.273*** (0.000)	-0.281*** (0.000)	-0.304*** (0.000)	-0.316*** (0.000)	-0.366*** (0.000)	-0.329*** (0.003)
Lev	-0.140*** (0.000)	-0.107*** (0.000)	-0.116*** (0.000)	-0.086*** (0.001)	-0.082** (0.015)	-0.055 (0.147)
Age	-0.083*** (0.000)	-0.042** (0.014)	-0.072*** (0.000)	-0.032* (0.055)	-0.057** (0.014)	-0.021 (0.394)
CashFlow	-0.133*** (0.000)	-0.076*** (0.001)	-0.126*** (0.000)	-0.070*** (0.003)	-0.103*** (0.000)	-0.043 (0.167)
Turnover	-0.000*** (0.001)	-0.000 (0.120)	-0.000*** (0.002)	-0.000 (0.186)	-0.000* (0.056)	-0.000 (0.319)
Growth	0.003 (0.486)	0.002 (0.711)	-0.001 (0.862)	-0.002 (0.663)	-0.001 (0.808)	0.002 (0.823)
Yingfu-yufu	0.159*** (0.000)	0.102*** (0.000)	0.165*** (0.000)	0.109*** (0.000)	0.200*** (0.000)	0.148*** (0.000)
Yushou	0.021 (0.451)	-0.020 (0.456)	0.013 (0.646)	-0.029 (0.291)	-0.030 (0.459)	-0.085** (0.028)
Year & Ind	Control	Control	Control	Control	Control	Control
Constant	0.997*** (0.000)	0.617*** (0.000)	0.940*** (0.000)	0.647*** (0.000)	0.851*** (0.000)	0.546*** (0.005)

续表

TC	假设 7 - 1		假设 7 - 2		假设 7 - 3	
	(1) OLS	(2) PSM	(3) OLS	(4) PSM	(5) OLS	(6) PSM
样本数	6084	3584	6026	3584	3193	1904
调整后 R^2	0.350	0.327	0.370	0.347	0.376	0.345
F 值	21.794***	13.779***	21.699***	14.066***	14.657***	10.196***

注：*** 代表 p < 0.01，** 代表 p < 0.05，* 代表 p < 0.1；标准误差经过公司层面 cluster 调整；( ) 内数据为 p 值。

7.4.3　进一步检验：供应链行业差异化对结果的影响

为了进一步确认国有供应商提升企业对国有客户的谈判能力是由于其差异化资源引起的，本章检验供应商、企业、客户处于差异化行业对结果是否有影响，因为处于非同一行业的供应链企业拥有的资源差异化更大。本章通过建立模型（7.4）进行检验，*Indsame* 代表同行业比例，分别按照供应商和客户同行业比例、供应商和企业同行业比例、客户和企业同行业比例进行检验，如果 h_7 系数显著为正，代表同行业比例越大，国有供应商提升企业相对于国有客户商业信用谈判能力越小，要给予对方更多商业信用。表 7.4 中第（1）、第（2）列分别按照供应商和客户是否同属大类行业、小类行业[①]进行估计，可以看出，当供应商和客户处于差异化行业时，国有供应商对提升企业谈判能力的效果更好，因为差异化行业的国有供应商更具有不可替代性，客户更希望嵌入该条供应链中，通过中间企业建立与供应商的联系，获得差异化资源，企业在中间连接两个没有关联的企业，发挥结构洞的作用，可以占据控制优势和信息优势，具有更强的谈判能力（陈运森，2015）。第（3）、第（4）列的结果可以看出，客户更多关注的是其自身能

① 大类行业按照制造业取前两位代码，非制造业取第一位代码进行估计，小类行业全部按照行业前三位代码进行估计。

否获得差异化资源，因此，企业与客户处于差异化行业也会促进企业提升谈判能力，但是供应商和企业是否同行业并不在客户关心的范畴。

$$TC = h_0 + h_1 State\_S + h_2 State\_C + h_3 Indsame + h_4 State\_S \times State\_C + h_5 State \times Indsame + h_6 State\_C \times Indsame + h_7 State\_S \times State\_C \times Indsame + Controls + \varepsilon \quad (7.4)$$

表 7.4 异质性检验结果

TC	(1) 供应商－客户同行业 1	(2) 供应商－客户同行业 2	(3) 供应商－企业同行业	(4) 客户－企业同行业
State	-0.061 *** (0.001)	-0.060 *** (0.001)	-0.060 *** (0.001)	-0.061 *** (0.001)
State_C	0.228 *** (0.000)	0.202 *** (0.000)	0.240 *** (0.000)	0.229 *** (0.000)
State_S	-0.042 (0.302)	-0.047 (0.170)	-0.081 ** (0.032)	-0.037 (0.272)
Indsame	-0.018 (0.654)	-0.003 (0.942)	0.014 (0.694)	0.047 (0.297)
State_C × State_S	-0.127 * (0.073)	-0.115 * (0.068)	-0.124 * (0.065)	-0.179 *** (0.007)
State_C × Indsame	-0.276 *** (0.002)	-0.308 ** (0.014)	-0.203 ** (0.012)	-0.218 *** (0.005)
State_S × Indsame	-0.126 (0.109)	-0.180 * (0.061)	0.074 (0.345)	-0.095 (0.284)
State_C × State_S × Indsame	0.261 * (0.079)	0.407 ** (0.033)	0.082 (0.562)	0.325 ** (0.018)
控制变量	Control	Control	Control	Control
Constant	0.886 *** (0.000)	0.891 *** (0.000)	0.879 *** (0.000)	0.907 *** (0.000)

续表

TC	(1) 供应商 - 客户同行业 1	(2) 供应商 - 客户同行业 2	(3) 供应商 - 企业同行业	(4) 客户 - 企业同行业
样本数	1843	1843	1843	1843
调整后 R^2	0.420	0.412	0.411	0.409
F 值	12.912***	12.677***	12.403***	13.429***

注：*** 代表 p < 0.01，** 代表 p < 0.05，* 代表 p < 0.1；标准误差经过公司层面 cluster 调整；( ) 内数据为 p 值。

7.4.4　稳健性检验

（1）为了减少内生性，本章对各解释变量（*X*）利用行业中位数以及该变量是否高于或低于行业均值虚拟变量，均滞后一期作为工具变量，结论不变。同时，本章对工具变量进行弱工具变量、识别不足、过度识别检验，验证结果表明工具变量选择合适，如表 7.5 所示。

（2）为了减少样本选择性偏误，本章参考刘鑫、薛有志（2015）关于解释变量存在选择偏误问题的解决方法，采用 Heckman 两步法进行检验，第一步根据是否能获得供应商和客户产权信息（*Disclose*），利用 Probit 模型对（7.5）式进行回归，计算逆米尔斯比率（λ），第二步将 λ 带入各回归模型中，经过检验，结论不变。

$$\begin{aligned} Disclose = {} & k_0 + k_1 Size + k_2 Largest + k_3 ROA + k_4 Lev + k_5 Firmage + k_6 CashFlow \\ & + k_7 Turnover + k_8 Growth + k_9 Supplier + k_{10} Customer \\ & + k_{11} Yingfu\_yufu + k_{12} Yushou + \varepsilon \end{aligned} \tag{7.5}$$

表 7.5　　稳健性检验结果

TC	工具变量法			Heckman		
	(1)	(2)	(3)	(4)	(5)	(6)
State_C	0.172*** (0.000)	0.210*** (0.000)	0.230*** (0.000)	0.124*** (0.000)	0.170*** (0.000)	0.176*** (0.000)

续表

TC	工具变量法			Heckman		
	(1)	(2)	(3)	(4)	(5)	(6)
State	−0.073*** (0.000)	−0.040*** (0.000)	−0.060*** (0.000)		−0.044*** (0.000)	−0.066*** (0.000)
State_C × *State*		−0.087*** (0.000)			−0.079*** (0.001)	
State_S			−0.051 (0.173)			−0.049** (0.047)
State_S × *State*			−0.134* (0.085)			−0.083** (0.043)
λ				−2.674** (0.034)	−2.954** (0.022)	−4.306** (0.021)
控制变量	Control	Control	Control	Control	Control	Control
Constant	1.022*** (0.000)	0.984*** (0.000)	0.803*** (0.000)	4.999*** (0.008)	5.357*** (0.006)	7.308*** (0.009)
样本数	4688	4688	2184	6084	6026	3193
调整后 R^2	0.361	0.364	0.383	0.352	0.372	0.379
F 值	19.384***	51.789***	25.721***	21.536***	21.364***	14.751***
Hasen	0.059	3.052	5.923			
P − Hasne	0.808	0.384	0.115			

注：*** 代表 $p<0.01$，** 代表 $p<0.05$，* 代表 $p<0.1$；标准误差经过公司层面 cluster 调整；( ) 内数据为 p 值。

7.5 本章小结

本章基于我国 A 股上市公司 2007 ~ 2018 年的数据，研究企业和客户产权性质是否对商业信用谈判能力有影响，以及拥有国有供应商是否可以提升企业相对于客户的谈判能力，并从行业层面进行异质性分析，得出以下结论：

（1）当国有客户比例较大时，企业向客户提供商业信用越多，同时国有企业相对于民营企业，受到国有客户商业信用侵占程度更小。这是由于双方谈判能力受资源差异影响，国有企业拥有政治关联关系，同时在一些资源和市场具有垄断优势，因此，民营企业向国有客户销售时要给予更多的赊销。

（2）国有供应商比例越大，企业受国有客户商业信用侵占程度越少。国有供应商具有银行和国家政策支持，一些资源、技术和信息会通过供应链发挥溢出效应，同时，国有客户和国有供应商同属于国家控股，双方目标相同，更愿意实现供应链联盟，因此，国有客户会减少对民营企业的商业信用侵占，实现供应链的健康发展。

（3）供应商与客户处于差异化行业时，国有供应商对提升企业相对于国有客户谈判能力更好。差异化资源可以在供应链中发挥溢出效应，处于不同行业的供应商和客户拥有的资源差异较大，客户更希望通过中间企业建立与国有供应商的联系，因此会降低客户自身的谈判能力，企业受到商业信用侵占作用减少。

第 8 章

供应商（客户）产业集群对资金链协同治理影响研究

8.1 研究背景

本章研究企业和客户国有产权差异对商业信用谈判能力的影响，并从行业关联、区域集群角度提出应对措施。2019 年 8 月习近平主席在中央财经委员会第五次会议中也强调，要推动形成优势互补高质量发展的区域经济布局，提升产业链水平。通过研究发现，企业相对于客户国有产权劣势会降低企业谈判能力，但是企业和客户行业关联度高、处于同一行业或处于不同城市但城市距离越近时会降低企业的谈判劣势。本章从产权差异角度研究商业信用谈判能力的影响因素，丰富了客户关系研究和竞争角度下商业信用研究；从产业集群角度提出缓解国有客户对民营企业商业信用侵占问题的应对措施，包括行业和区域两个方面，丰富了合作协同角度下的商业信用研究，同时为我国企业更好地管理国有客户关系、促进商业信用协同提供指导，为政府如何培育产业集群、规划产业区域、建立现代供应链提供参考意见。

本章的结构安排如下：第一部分为研究背景，第二部分为研究假设，第三部分为研究模型，第四部分为实证结果，第五部分为本章小结。

8.2 研究假设

8.2.1 企业—客户产权差异对商业信用谈判能力影响研究

根据资源依赖理论，影响双方谈判能力的主要因素是双方资源不对称性，一个企业可以通过拥有稀缺的有形或无形资源获得对供应链其他企业的控制（Dahl，1957），并利用这些资源影响其他企业的行动策略。在企业和客户交易中，双方之间关于商业信用的谈判竞争因素占主导，交易对象之间的权力不对称会影响谈判的结果（Gulati & Sytch，2007），掌握关键资源的优势方会控制弱势方，同时采取机会主义行为以保持其权力地位，弱势方在合作过程中会迫于对方的权力优势被动接受要求（Wu & Choi，2005）。例如市场地位较高的买方可以获得更为优惠的商业信用融资条款，并且企业会为促使客户提前付款提供更优惠的折扣条件（Giannetti et al.，2011）。处于弱势地位、规模较小的企业会给予客户更长的信用期（Fabbri & Klapper，2016），小规模企业此时将向客户提供商业信用作为产品质量的保证（Klapper et al.，2012），而有较强谈判能力的企业更不愿意进行专项资产的投资，并会减少向客户提供商业信用融资（Dass et al.，2015）。

国有产权可以作为一项竞争资源提升企业的谈判能力。国有企业更容易取得银行贷款（潘红波等，2008）、获取政府补助（孔东民等，2013），同时有国家公信力作为支持，国有企业破产的可能性较小，因此企业更愿意将产品销售给国有企业。同时国有企业能够获取国家垄断性资源（金碚，2010）、占据更大市场份额，受到国家政策倾斜，而这些资源、技术会通过供应链发挥溢出效应（李晓静等，2017），例如国有客户为了确保企业提供的产品符合技术和质量要求，可能会对企业提供知识技术支持，或者国有企业可以作为一种品牌效应，企业向国有客户销售产品可以使其他消费者在头脑中创建企业与国有客户的关联，发挥“晕轮效应”，企业可以在“晕轮效应”中获益（李桂华等，2017）。因此，企业有动机与国有客户保持长久联系，根据资源依赖理论，依赖程度越大的一方谈判能力更弱。此外，国有客户有政府支持，政府具有一定的强制执行力和对部分资源的垄断性，民营企业需要向国有客户妥协，以避免经营资源的流失。

综上所述，根据资源依赖理论，国有产权可以获得更多的贷款、政府资源、信息，拥有国有产权一方谈判能力更强，但是影响双方谈判能力更重要的因素是产权资源的差异，国有企业相对于民营企业，受到国有客户商业信用侵占程度更小，本章提出假设 8 -1。

假设 8 -1：企业相对于客户国有产权劣势程度越大，企业商业信用谈判能力越弱。

8.2.2 不同行业关联下产权差异对商业信用谈判能力影响研究

在相似行业之间，技术会发生溢出效应，包括知识性溢出、市场性溢出和产业关联性溢出，相似行业之间创新产品、创新思想和方法、创新知识和创新人员流动更为频繁，上下游企业之间会通过产品交易主动学习或被动学习来提高创新水平，以此满足行业关联密切的企业发展，同时行业相似度越高，技术溢出水平越高（潘文卿等，2011）。即使空间距离较远，行业关联程度大的上下游企业之间仍可以通过交易实现知识溢出，不受地理距离的影响（陆立军等，2011），技术距离近的行业通过吸收效应快速获得其他行业的技术溢出，带动产业进步（孙浦阳等，2015），技术会在供应链中通过溢出效应影响另一方生产效率（Han et al.，2011）。因此，为了促进供应链上下游的人员、知识和技术传递，企业之间合作协同的动机会增加。国有客户为了确保行业内部知识和技术的流动，获得更多的溢出效应，会减少对行业相似度高的上游企业商业信用侵占。

此外，根据产业关联理论，行业关联度高的企业之间产品交易更为频繁，相互依赖程度更高，更倾向于合作联盟来确保交易的稳定，提高供应链在行业中的竞争力。包群等（2015）通过对外资企业的研究发现，外资企业在本地市场进行采购和销售活动，会促进与其行业关联度大的其他行业发展。王和孙（Wang & Sun，2017）也发现某一行业的发展会受到与其关联度高的其他行业的影响，并且前向联系行业和后向联系行业带来的影响不同。国有客户为了保障采购交易的稳定性，也会降低自身的谈判能力，对行业关联度高的上游企业及时付款。

综上所述，根据知识溢出理论和产业关联理论，知识、技术、人员在行业关联度高的企业之间传递更为便利，同时行业关联度高的企业之间投入产出更为密切，交易相互依赖程度更高，合作协同意愿更强。即使当企业存在国有产权劣势时，与企业行业关联度高的国有客户也会减少对企业的利益侵占，国有客户为了促进技术交流和交易联盟，避免企业资金流不足导致交易中断，会及时付款，企业赊销比例下降，商业信用谈判能力增强。因此，本章提出假设 8 -2。

假设 8 -2：企业与客户行业关联程度越大，企业国有产权劣势对商业信用谈判能力的负向影响越小。

8.2.3　不同区域集群下产权差异对商业信用谈判能力影响研究

首先，企业与客户区域集群可以促进知识流动，加强资源共享和风险分担，提升企业和客户的合作协同程度。上下游企业之间为了发挥规模效应和知识溢出效应，降低交易成本，在地理上会集聚，双方依存关系增强（王如玉等，2018）。区域内知识和信息传递的效果更好，集群可以使技术发生外溢、劳动力市场共享，并促进区域经济的发展，集群内企业由于地理距离较近，业务交易较为便利，有利于实现协同（Humphrey & Schmitz，2002），同时因为相似的地理、认知和制度获得外部经济性（Boschma，2005）。区域集聚可以提升公共资源的共享以及风险的分担、提高劳动力与企业的匹配质量、提高学习和知识溢出效应，促进经济发展（原倩，2016）。区域集群可以促进企业和客户协同合作，因此地理距离近的客户对企业的商业信用侵占作用会减少。

其次，区域集群可以降低信息不对称程度。唐斯圆、李丹（2019）发现客户与上游企业地理距离越临近，客户可以实地考察企业生产情况、治理情况，与企业管理层治理层沟通增多，获取企业信息的渠道也越多，促进客户对企业更好地监督，也使得企业管理层更好地了解客户需求。商业信用也是客户监督企业商品质量的一种方式，在客户对企业产品质量不信任的情况下，客户会对企业要求更长的付款期和试用期（Kling et al.，2014），区域集群使得客户对上游企业有更深入的监督，可以替代商业信用发挥的监督作用，客户要求的付款期会减少。

综上所述，根据产业集群理论，存在交易关系的企业在同一地区集聚有助于获得外部规模经济、提高知识溢出效应、降低空间交易成本，当企业与客户区域距离更近时，双方更有动机实现协同合作，国有客户为了促进知识交流以及获取其他外部资源，有动机与企业实现同盟，及时付款，避免同盟关系的破裂，这样会降低对民营企业的商业信用侵占。同时区域集群有助于国有客户对企业的监督，降低信息不对称性，替代商业信用发挥的监督作用，减少国有客户的试用期和付款期。因此，本章提出假设8－3。

假设8－3：企业与客户地理距离越近，企业国有产权劣势对商业信用谈判能力的负向影响越小。

8.3 研究设计

8.3.1 变量定义

1. 被解释变量

本章的被解释变量为企业与客户交易中的商业信用，用应收账款净值和应收账款进行度量，并除以营业收入进行标准化。

2. 解释变量

参考帕塔图卡斯（Patatoukas，2012）对客户特征的度量方法，本章对客户产权性质、行业关联、区域集群等特征利用（8.1）式、（8.2）式进行度量，$C_Variables_{it}$代表第 i 个企业第 t 年客户综合特征，用加权数来计算，其中 J 代表企业披露具体名称的客户个数，w_{ijt}代表企业各个客户销售金额占披露出来客户全部销售金额比重，$C_Variables_{ijt}$代表企业披露名称的客户特征。因为我国上市公司年报中只披露了前五名客户名称，因此 J 为 5。

$$C\_Variables_{it} = \sum_{j=1}^{J} w_{ijt} \times C\_Variables_{ijt} \tag{8.1}$$

$$w_{ijt} = \frac{\left(\dfrac{Sales_{ijt}}{Sales_{it}}\right)}{\left(\sum_{j=1}^{J} \dfrac{Sales_{ijt}}{Sales_{it}}\right)} \tag{8.2}$$

（1）客户产权性质。搜索客户的最终控制人，当最终控制人为国有企业、事业单位①时，设定客户产权性质为 1，当最终控制人为非国有企业、外资单位或个体经营者时，设定客户产权性质为 0，计算前五名客户产权性质虚拟变量加权平均数，权重为各个客户销售金额占前五名客户销售金额的比重。

（2）国有产权差异。用客户产权性质减去企业产权性质，该指标越大，表示企业国有产权资源劣势程度越大。

（3）客户与企业行业关联度。参考潘文卿等（2011）对行业相似度的度量方式，利用投入产出表对（8.3）式进行估计，定义 i 和 j 之间的行业关联度为两行业直接消耗系数结构向量的角余弦，a_{ki}和 a_{kj}分别是第 i 行业与第 j 行业直接消耗系数结构列向量的第 k 个位置的元素。样本区间为 2007 ~

① 当最终控制人为国家、政府、国务院、国资委、财政部、研究院、海关，以及铁路局、供电局等国家单位时，设定供应商（客户）产权性质为 1，其余民营企业、外资企业、个体经营者产权性质设为 0。

2018 年，由于可以获得的 135 个细分行业投入产出表只有 2007 年和 2012 年，因此，对 2008～2011 年数据用 2007 年替代，2013～2018 年数据用 2012 年数据替代，将投入产出表中的行业分类与上市公司行业代码进行匹配，行业代码为完整三位行业代码。最后对前五名客户与企业的行业关联度计算加权平均数。

$$Indlink_{ij} = \frac{\sum_k a_{ki} a_{kj}}{\sqrt{\sum_k a_{ki}^2 \times \sum_k a_{kj}^2}} \tag{8.3}$$

（4）客户与企业同行业比例。当客户与企业为同一行业时，设置同行业虚拟变量为 1，否则为 0，其中行业代码采用两种方法划分：一是采用完整的三位行业代码；二是采用文献常用做法，非制造业只取第一位行业代码，制造业取前两位行业代码。最终对前五名客户同行业虚拟变量计算加权平均数。

（5）客户与企业省（市）相邻情况。采用以下三种方式定义各个客户与企业之间省（市）相邻情况：当企业与客户所在省（市）边界相邻，设为 1，否则为 0；当企业与客户所在省（市）顶点相邻，设为 1，否则为 0；企业与客户所在省（市）距离的倒数 × 省（市）边界相邻虚拟变量。最终计算前五名客户与企业省（市）相邻情况加权平均数。

（6）客户与企业同省（市）比例。当客户与企业同省（市），设定虚拟变量为 1，否则为 0，最后分别计算前五名客户与企业同省（市）虚拟变量的加权平均数。

3. 控制变量

为了控制其他因素对商业信用的影响，本章在模型中使用供应商集中度、客户集中度、企业规模、第一大股东持股比例、企业盈利能力、短期借款、企业成立年限、现金持有比例、存货周转率、收入增长率作为控制变量，同时控制年度、行业虚拟变量。

本章主要变量如表 8.1 所示。

表 8.1　　变量定义

属性	变量名称	符号	计算方法
被解释变量	商业信用	*TC*	(应收账款 - 预收账款)/营业收入
		Yingshou	应收账款/营业收入
解释变量	客户产权性质	*SOE_C*	前五名客户国有产权虚拟变量的加权平均数
	企业产权性质	*SOE*	国有企业取 1，非国有企业取 0
	国有产权差异	Δ*SOE*	客户产权性质 - 企业产权性质
	客户与企业行业关联度	*Indlink_C*	前五名客户与企业行业关联度的加权平均数
	客户与企业同行业比例	*Indsame_C*	前五名客户与企业同行业虚拟变量的加权平均数，按两个标准对行业进行分类：（1）完整的三位行业代码；（2）非制造业只取第一位行业代码，制造业取前两位行业代码
	客户与企业省（市）相邻情况	*Sheng_near* *Shi_near*	前五名客户与企业所在省（市）相邻情况的加权平均数，其中省（市）相邻情况有以下度量方式：（1）当企业与客户所在省（市）边界相邻，设为 1，否则为 0；（2）当企业与客户所在省（市）顶点相邻，设为 1，否则为 0；（3）企业与客户所在省（市）距离的倒数 × 省（市）边界相邻虚拟变量。最终计算前五名客户与企业省（市）相邻情况加权平均数
	客户与企业同省份比例	*Shengsame_C*	前五名客户与企业同省份虚拟变量的加权平均数
	客户与企业同城市比例	*Shisame_C*	前五名客户与企业同城市虚拟变量的加权平均数
控制变量	供应商集中度	*Supplier*	前五名供应商采购金额占总采购金额的比重
	客户集中度	*Customer*	前五名客户销售金额占总销售金额的比重
	公司规模	*Size*	期末总资产的自然对数
	第一大股东持股比例	*Largest*	第一大股东持股数/总股数
	企业盈利能力	*ROA*	净利润/总资产
	短期借款	*ShortDebt*	短期借款/营业收入
	企业成立年限	*Firmage*	企业成立年限的自然对数
	现金持有比例	*Cash*	货币资金/总资产

续表

属性	变量名称	符号	计算方法
控制变量	存货周转率	*Turnover*	营业收入/存货年初和年末的平均值
	收入增长率	*Growth*	销售收入增长率
	年度	*Year*	年度虚拟变量
	行业	*Ind*	行业虚拟变量

8.3.2 研究模型

为了检验假设 8 -1，本章设定模型（8.4）式，如果 b_1 显著为正，则假设 8 -1 成立。

$$TC = b_0 + b_1 \Delta SOE + Controls + IND + Year + \varepsilon \tag{8.4}$$

为了检验假设 8 -2，本章设定模型（8.5）式、（8.6）式，如果 c_3 显著为负，表明相同行业或行业关联度高的国有客户会降低对企业商业信用侵占，企业谈判能力提升，假设 8 -2 成立。

$$TC = c_0 + c_1 \Delta SOE + c_2 Indlink\_C + c_3 \Delta SOE \times Indlink\_C + Controls + IND + Year + \varepsilon \tag{8.5}$$

$$\begin{aligned} TC = {} & c_0 + c_1 \Delta SOE + c_2 Indsame\_C + c_3 \Delta SOE \times Indsame\_C \\ & + Controls + IND + Year + \varepsilon \end{aligned} \tag{8.6}$$

为了检验假设 8 -3，本章设定模型（8.7）式、（8.8）式，如果 r_3 显著为负、r_5 显著为负，表示客户与企业省份越临近、客户与企业同省份比例越大，企业国有产权劣势对商业信用谈判能力的负向影响越小。如果 h_3 显著为负、h_5 显著为负，表示客户与企业所在城市越临近、客户与企业同市比例越大，企业国有产权劣势对商业信用谈判能力的负向影响越小。

$$\begin{aligned} TC = {} & r_0 + r_1 \Delta SOE + r_2 Sheng\_near + r_3 \Delta SOE \times Sheng\_near + r_4 Shengsame\_C \\ & + r_5 \Delta SOE \times Shengsame\_C + Controls + IND + Year + \varepsilon \end{aligned} \tag{8.7}$$

$$\begin{aligned} TC = {} & h_0 + h_1 \Delta SOE + h_2 Shi\_near + h_3 \Delta SOE \times Shi\_near + h_4 Shisame\_C \\ & + h_5 \Delta SOE \times Shisame\_C + Controls + IND + Year + \varepsilon \end{aligned} \tag{8.8}$$

8.3.3　样本来源

本章的样本为 2007～2018 年我国 A 股上市公司，财务数据和治理数据来源于 CSMAR 数据库，而客户产权、行业、地区数据基于上市公司年报中披露的前五名客户名字，从国家企业信用信息公示系统、天眼查网站手工搜索获得。参考以前文献的做法，对数据做如下处理：（1）删除金融行业企业数据；（2）删除了 ST 公司样本；（3）删除主要回归变量中的缺失值，并对所有变量进行了 1%～99% 的 Winsor 处理，来减少离群值给研究结果带来的偏误，剩余 18735 个样本，由于很多企业没有披露客户具体名称，因此无法确定其产权、行业和地区特征，将在与之相关的具体回归分析中删除缺失值。

8.4　实证结果

8.4.1　描述性统计

本章对数据进行描述性统计，如表 8.2 所示，可以看出，应收账款占营业收入比例为 24%，净应收账款均值为正，说明企业与客户交易中应收账款占主导，主要因为我国是买方市场，客户的谈判能力相对更强。前五名供应商采购金额占总采购金额的比例均值为 35%，前五名客户销售金额占总销售金额的比例均值为 30%，说明我国部分企业存在大客户和大供应商。企业前五名客户交易中国有企业占比均值为 39%，中位数为 31%，说明客户中存在一定比例的国有企业，且比例适中，ΔSOE 衡量了客户与企业之间的国有产权差异，该值越大，意味着客户相对于企业国有产权资源越有优势，ΔSOE 均值为 -5%，中位数为 0，表明企业和客户的国有产权基本处于平衡状态。客户与企业行业关联度均值为39%，企业前五名客户中向小类同行业客户销售的比例为16%，向大类同行业客户销售的比例为28%，表明客户虽然与企业并非全部来源同一行业，但是客户与企业处于相似行业的比例较大，存在着行业关联现象，企业向同省、同市客户销售的比例分别为35%和20%，与企业省、市边界相邻客户占比均值分别为16%和7%，顶点相邻客户占比均值分别为24%和11%，说明客户与企业存在一定的区域集群，且保持在一定适中的比例。

表8.2　　　　描述性统计

变量	样本数	均值	标准差	最小值	中位数	最大值
TC	18735	0.15	0.29	-1.06	0.13	0.99
Yingshou	18735	0.24	0.23	0.00	0.17	1.12
Supplier	18735	0.35	0.21	0.04	0.30	0.96
Customer	18735	0.30	0.22	0.01	0.25	0.99
Size	18735	22.03	1.29	18.96	21.86	26.92
SOE	18735	0.40	0.49	0.00	0.00	1.00
Largest	18735	0.35	0.15	0.08	0.33	0.75
ROA	18735	0.04	0.06	-0.29	0.03	0.22
ShortDebt	18735	0.23	0.30	0.00	0.14	2.21
Firmage	18735	2.82	0.31	1.95	2.83	3.53
Cash	18735	0.18	0.13	0.00	0.15	0.72
Turnover	18735	15.84	62.02	0.20	5.39	659.30
Growth	18735	0.22	0.56	-0.65	0.12	4.45
Yingyebili	18735	0.01	0.02	0.00	0.00	0.13
SOE_C	6046	0.39	0.37	0.00	0.31	1.00
ΔSOE	6046	-0.05	0.56	-1.00	0.00	1.00
Indlink_C	3873	0.39	0.27	0.04	0.31	1.00
Indsame1_C	4037	0.16	0.29	0.00	0.00	1.00
Indsame2_C	4037	0.28	0.35	0.00	0.08	1.00

续表

变量	样本数	均值	标准差	最小值	中位数	最大值
*Sheng_near*1	5233	0. 16	0. 23	0. 00	0. 00	0. 98
*Sheng_near*2	5233	0. 24	0. 25	0. 00	0. 16	0. 98
*Sheng_near*3	5233	0. 02	0. 05	0. 00	0. 00	0. 30
Shengsame_C	5249	0. 35	0. 35	0. 00	0. 24	1. 00
*Shi_near*1	4609	0. 07	0. 17	0. 00	0. 00	0. 83
*Shi_near*2	4609	0. 11	0. 19	0. 00	0. 00	0. 84
*Shi_near*3	4609	0. 01	0. 01	0. 00	0. 00	0. 06
Shisame_C	5150	0. 20	0. 30	0. 00	0. 00	1. 00

8. 4. 2　国有产权差异对商业信用谈判能力影响研究

假设 8 - 1 验证结果如表 8. 3 所示，第（1）、第（2）列为国有客户比例对商业信用谈判能力的影响，可以看出，国有客户比例越大，企业向客户发放的商业信用越多，这是由于国有客户拥有一定的垄断资源，更容易获得政府支持和银行贷款，资金更为充裕，破产风险小，交易稳定性高，企业更愿意与国有客户交易，主动提供商业信用，并且国有客户依靠的政府具有一定的强制执行力，增强了国有客户谈判能力，企业给予的赊销更多。此外，本章分别对企业国有和非国有产权性质进行分组检验，如第（3）、第（4）列所示，通过结果分析发现国有企业相对于民营企业，受到国有客户商业信用侵占程度更小。进一步针对国有产权差异对商业信用谈判能力的影响进行检验，结果如第（5）、第（6）列所示，可以看出，虽然国有客户拥有较强的谈判能力，但是影响双方相对谈判能力更重要的因素是双方的资源差异，企业国有产权相对于客户劣势程度越大时，企业给予客户的商业信用越多。

表 8.3　　国有产权差异对商业信用谈判能力影响结果

被解释变量	(1) TC 全样本	(2) Yingshou 全样本	(3) Yingshou 国有企业	(4) Yingshou 非国有企业	(5) TC 全样本	(6) Yingshou 全样本
SOE_C	0.151*** (0.000)	0.149*** (0.000)	0.111*** (0.000)	0.165*** (0.000)		
SOE	-0.072*** (0.000)	-0.071*** (0.000)				
ΔSOE					0.099*** (0.000)	0.098*** (0.000)
Supplier	-0.138*** (0.000)	-0.138*** (0.000)	-0.153*** (0.000)	-0.117*** (0.000)	-0.144*** (0.000)	-0.144*** (0.000)
Customer	0.158*** (0.000)	0.081*** (0.000)	0.247*** (0.000)	0.079** (0.017)	0.177*** (0.000)	0.099*** (0.000)
Size	-0.042*** (0.000)	-0.037*** (0.000)	-0.035*** (0.000)	-0.047*** (0.000)	-0.035*** (0.000)	-0.031*** (0.000)
Largest	-0.079** (0.028)	-0.089*** (0.002)	-0.087* (0.062)	-0.082 (0.119)	-0.067* (0.068)	-0.077*** (0.009)
ROA	-0.023 (0.746)	-0.123* (0.055)	0.001 (0.989)	-0.066 (0.521)	-0.038 (0.588)	-0.138** (0.033)
ShortDebt	0.087*** (0.000)	0.106*** (0.000)	0.078*** (0.007)	0.092*** (0.003)	0.082*** (0.000)	0.102*** (0.000)
Firmage	-0.109*** (0.000)	-0.086*** (0.000)	-0.045 (0.205)	-0.134*** (0.000)	-0.107*** (0.000)	-0.083*** (0.000)
Cash	-0.031 (0.411)	0.015 (0.630)	-0.190*** (0.003)	0.040 (0.392)	-0.040 (0.295)	0.006 (0.842)
Turnover	-0.000 (0.217)	-0.000*** (0.000)	0.000 (0.108)	-0.000** (0.045)	-0.000 (0.197)	-0.000*** (0.000)
Growth	-0.005 (0.326)	-0.002 (0.731)	-0.003 (0.669)	-0.007 (0.318)	-0.007 (0.172)	-0.004 (0.441)
Year & Ind	Control	Control	Control	Control	Control	Control

续表

被解释变量	(1) *TC* 全样本	(2) *Yingshou* 全样本	(3) *Yingshou* 国有企业	(4) *Yingshou* 非国有企业	(5) *TC* 全样本	(6) *Yingshou* 全样本
Constant	1.304*** (0.000)	1.250*** (0.000)	0.983*** (0.000)	1.428*** (0.000)	1.176*** (0.000)	1.125*** (0.000)
样本数	6062	6062	2718	3344	6062	6062
调整后 R^2	0.354	0.345	0.330	0.335	0.348	0.336
F 值	21.137***	22.590***	8.882***	12.371***	20.832***	21.985***
SOE_C 系数组间检验			7.22*** (0.007)			

注：*** 代表 $p<0.01$，** 代表 $p<0.05$，* 代表 $p<0.1$；标准误差经过公司层面 cluster 调整；() 内数据为 p 值。

8.4.3　不同行业关联下产权差异对商业信用谈判能力影响研究

假设 8-2 验证结果如表 8.4 所示，第（1）、第（2）列采用客户与企业行业相似度进行检验，可以看出，客户与企业行业关联度越高，企业国有产权劣势对商业信用谈判能力的负向影响越小，这是由于企业和客户行业越相似，投入产出关系越密切，双方依赖程度越大，二者可以利用相似的技术、知识、人员，分享相同的市场群体，更容易实现联盟。因此，民营企业相对于国有客户的谈判劣势会减弱，商业信用谈判能力增强，使得处于同一条供应链中的企业更容易实现利益共同体，共同合作提高供应链在行业中的竞争地位。第（3）、第（4）列采用客户与企业同行业比例来进行检验，按照行业代码区分为小类同行业和大类同行业，可以得出相同的结论，客户与企业同行业比例越高，客户与企业合作协同程度越高，企业商业信用谈判能力越大，由此可以减弱国有产权劣势带来的负向影响。

表 8.4　　不同行业关联下产权差异对商业信用谈判能力影响结果

变量	(1) Yingshou 行业关联度	(2) TC 行业关联度	(3) TC 同行业 (小类)	(4) TC 同行业 (大类)	(5) 市场份额大 行业关联度	(6) 市场份额小 行业关联度
ΔSOE	0.133*** (0.000)	0.135*** (0.000)	0.119*** (0.000)	0.118*** (0.000)	0.065*** (0.007)	0.188*** (0.000)
Indlink_C	-0.019 (0.349)	0.024 (0.289)			0.030 (0.298)	0.017 (0.603)
ΔSOE × Indlink_C	-0.099*** (0.007)	-0.102** (0.013)			0.001 (0.977)	-0.183*** (0.002)
Indsame_C			0.001 (0.939)	0.002 (0.897)		
ΔSOE × Indsame_C			-0.156*** (0.000)	-0.081*** (0.005)		
Supplier	-0.153*** (0.000)	-0.126*** (0.000)	-0.128*** (0.000)	-0.127*** (0.000)	-0.122*** (0.000)	-0.108*** (0.006)
Customer	0.085*** (0.001)	0.129*** (0.000)	0.134*** (0.000)	0.134*** (0.000)	0.165*** (0.000)	0.055 (0.199)
Size	-0.035*** (0.000)	-0.038*** (0.000)	-0.038*** (0.000)	-0.038*** (0.000)	-0.037*** (0.000)	-0.049*** (0.000)
Largest	-0.077** (0.024)	-0.066 (0.112)	-0.065 (0.116)	-0.066 (0.114)	-0.024 (0.581)	-0.115* (0.087)
ROA	-0.206*** (0.007)	-0.148* (0.059)	-0.134* (0.084)	-0.136* (0.081)	-0.054 (0.585)	-0.141 (0.160)
ShortDebt	0.083*** (0.001)	0.047* (0.086)	0.048* (0.075)	0.049* (0.069)	0.153*** (0.004)	0.013 (0.655)
Firmage	-0.072*** (0.001)	-0.099*** (0.000)	-0.100*** (0.000)	-0.100*** (0.000)	-0.086*** (0.002)	-0.106*** (0.002)

续表

变量	(1) Yingshou 行业关联度	(2) TC 行业关联度	(3) TC 同行业（小类）	(4) TC 同行业（大类）	(5) 市场份额大 行业关联度	(6) 市场份额小 行业关联度
Cash	0.003 (0.939)	-0.049 (0.256)	-0.049 (0.257)	-0.045 (0.297)	-0.146** (0.024)	-0.049 (0.344)
Turnover	-0.000*** (0.002)	-0.000 (0.150)	-0.000 (0.158)	-0.000 (0.174)	0.000 (0.469)	-0.000* (0.071)
Growth	-0.002 (0.798)	-0.004 (0.565)	-0.003 (0.600)	-0.004 (0.545)	0.007 (0.363)	-0.009 (0.383)
Year & Ind	Control	Control	Control	Control	Control	Control
Constant	1.175*** (0.000)	1.250*** (0.000)	1.261*** (0.000)	1.256*** (0.000)	1.136*** (0.000)	1.528*** (0.000)
样本数	3882	3882	3882	3882	1883	1999
调整后 R^2	0.348	0.310	0.313	0.310	0.372	0.307
F 值	16.974***	14.961***	15.463***	15.530***	10.384***	10.276***
交乘项系数组间检验 Chi^2					6.66*** (0.009)	

注：*** 代表 p<0.01，** 代表 p<0.05，* 代表 p<0.1；标准误差经过公司层面 cluster 调整；() 内数据为 p 值。

本章进一步按照市场份额进行分组检验，比较了不同市场份额下企业与客户行业关联度对降低商业信用侵占的影响，结果如表 8.4 第（5）、第（6）列所示，当企业市场份额越小时，行业关联度高的国有客户对企业的商业信用侵占作用越小；而当企业市场份额较大时，行业关联度带来的影响不明显。该结果更能说明国有客户减少商业信用侵占是出于合作协同的目的，当企业在行业中竞争力较弱时，相似行业的国有客户担心企业在行业中的不利地位会通过供应链交易影响到自身，本着与企业长期共同发展的态度，减少对企业的商业信用侵占，提升双方在行业中的竞争力，并且客户的商业信用支持对市场份额低的企业帮助更大。

8.4.4 不同区域集群下产权差异对商业信用谈判能力影响研究

假设8-3验证结果如表8.5所示。第(1)~第(3)列是客户与企业是否同省，以及省份之间是否临近对国有客户降低商业信用侵占程度的影响，可以看出，客户与企业同省的比例越高，企业国有产权劣势对商业信用谈判能力的负向影响越小，而省份临近情况对结果无显著影响。第(4)~第(6)列是客户与企业是否同市，以及城市是否临近对国有客户降低商业信用侵占程度的影响，可以看出，客户与企业所在城市距离越近，企业国有产权劣势对商业信用谈判能力的负向影响越小，而是否同市对结果无显著影响。本章分别采用省(市)是否边界相邻(*near*1)、是否顶点相邻(*near*2)，以及距离倒数与边界相邻虚拟变量乘积(*near*3)三种方法度量企业和客户的区域集群度，得出的结论相同。

表8.5　不同区域集群下产权差异对商业信用谈判能力影响结果

被解释变量 *Yingshou*	省			市		
	(1)	(2)	(3)	(4)	(5)	(6)
	*near*1	*near*2	*near*3	*near*1	*near*2	*near*3
Δ*SOE*	0.125*** (0.000)	0.130*** (0.000)	0.118*** (0.000)	0.108*** (0.000)	0.112*** (0.000)	0.106*** (0.000)
Sheng_near	-0.067*** (0.000)	-0.068*** (0.000)	-0.203** (0.025)			
Δ*SOE*×*Sheng_near*	-0.049 (0.146)	-0.044 (0.205)	-0.078 (0.670)			
Shengsame_C	-0.057*** (0.000)	-0.066*** (0.000)	-0.051*** (0.000)			
Δ*SOE*×*Shengsame_C*	-0.060*** (0.010)	-0.065*** (0.010)	-0.054** (0.017)			

续表

被解释变量 Yingshou	省			市		
	(1)	(2)	(3)	(4)	(5)	(6)
	near1	near2	near3	near1	near2	near3
Shi_near				-0.094*** (0.000)	-0.111*** (0.000)	-1.209*** (0.000)
ΔSOE × Shi_near				-0.100** (0.030)	-0.100** (0.013)	-1.088* (0.053)
Shisame_C				-0.020 (0.264)	-0.026 (0.154)	-0.020 (0.276)
ΔSOE × Shisame_C				-0.016 (0.568)	-0.019 (0.507)	-0.014 (0.619)
Supplier	-0.157*** (0.000)	-0.157*** (0.000)	-0.158*** (0.000)	-0.163*** (0.000)	-0.161*** (0.000)	-0.165*** (0.000)
Customer	0.091*** (0.000)	0.089*** (0.000)	0.094*** (0.000)	0.087*** (0.000)	0.083*** (0.000)	0.086*** (0.000)
Size	-0.037*** (0.000)	-0.037*** (0.000)	-0.037*** (0.000)	-0.037*** (0.000)	-0.037*** (0.000)	-0.037*** (0.000)
Largest	-0.067** (0.036)	-0.067** (0.035)	-0.068** (0.035)	-0.053 (0.110)	-0.051 (0.123)	-0.053 (0.111)
ROA	-0.161** (0.022)	-0.162** (0.020)	-0.160** (0.022)	-0.128* (0.084)	-0.130* (0.079)	-0.129* (0.080)
ShortDebt	0.109*** (0.000)	0.108*** (0.000)	0.107*** (0.000)	0.103*** (0.000)	0.103*** (0.000)	0.102*** (0.000)
Firmage	-0.076*** (0.000)	-0.076*** (0.000)	-0.077*** (0.000)	-0.076*** (0.000)	-0.075*** (0.000)	-0.075*** (0.000)
Cash	0.009 (0.784)	0.009 (0.789)	0.011 (0.735)	0.003 (0.928)	0.002 (0.944)	0.004 (0.915)
Turnover	-0.000*** (0.000)	-0.000*** (0.000)	-0.000*** (0.000)	-0.000*** (0.000)	-0.000*** (0.000)	-0.000*** (0.000)

续表

被解释变量 *Yingshou*	省			市		
	(1)	(2)	(3)	(4)	(5)	(6)
	near1	*near2*	*near3*	*near1*	*near2*	*near3*
Growth	-0.004 (0.411)	-0.004 (0.428)	-0.004 (0.407)	-0.005 (0.418)	-0.004 (0.423)	-0.004 (0.444)
Year & Ind	Control	Control	Control	Control	Control	Control
Constant	1.296*** (0.000)	1.305*** (0.000)	1.283*** (0.000)	1.268*** (0.000)	1.274*** (0.000)	1.273*** (0.000)
样本数	5233	5233	5233	4614	4614	4614
调整后 R^2	0.353	0.353	0.350	0.341	0.344	0.340
F 值	19.551***	19.611***	19.548***	17.415***	17.737***	17.451***

注：*** 代表 $p<0.01$，** 代表 $p<0.05$，* 代表 $p<0.1$；标准误差经过公司层面 cluster 调整；( ) 内数据为 p 值。

该结果说明客户与企业之间地理距离对双方之间协同关系有影响，并且城市距离比省份距离发挥的作用更大。同区域的企业在信息、物资、知识技术等方面沟通更为方便，可以发挥规模经济作用、降低交易成本、提高知识溢出效应，更容易实现战略同盟，并且协同效应主要发挥在城市临近的企业之间。不同省份由于地理距离稍远，地理集聚发挥的作用相对较小，而同省份发挥的协同效果没有城市相邻发挥的效果明显，同城市企业之间要相互争夺资源，包括政府、市场等方面资源，相互之间会产生竞争作用，而城市相邻的企业实现的协同作用最大，这种协同效果可以减弱企业国有产权劣势对商业信用谈判能力带来的负向影响。

8.4.5 稳健性检验

（1）考虑到拥有国有客户的企业特征可能存在差异，本章采用 PSM 法进行匹配。按照企业前五名客户中是否拥有国有客户虚拟变量，将样本分为实验组和控制组，并确保两组之间在供应商集中度、客户集中度以及公司特征等方面基本保持一致，消除样本差异对结果带来的偏误，经过检验，结论不变，如表 8.6 所示。

表 8.6　稳健性检验 1 结果

变量	(1)	(2)	(3)	(4)	(5)
ΔSOE	0.094 *** (0.000)	0.147 *** (0.000)	0.121 *** (0.000)	0.117 *** (0.000)	0.111 *** (0.000)
Indlink_C		-0.045 *** (0.001)			
ΔSOE × *Indlink_C*		-0.147 *** (0.000)			
Indsame_C			-0.066 *** (0.000)		
ΔSOE × *Indsame_C*			-0.191 *** (0.000)		
Sheng_near				-0.163 (0.201)	
ΔSOE × *Sheng_near*				0.002 (0.992)	
Shengsame_C				-0.055 *** (0.000)	
ΔSOE × *Shengsame_C*				-0.074 *** (0.003)	
Shi_near					-1.170 *** (0.000)
ΔSOE × *Shi_near*					-1.089 ** (0.044)
Shisame_C					-0.025 (0.215)

续表

变量	(1)	(2)	(3)	(4)	(5)
ΔSOE × Shisame_C					-0.053 * (0.071)
Supplier	-0.110 *** (0.000)	-0.128 *** (0.000)	-0.134 *** (0.000)	-0.134 *** (0.000)	-0.134 *** (0.000)
Customer	0.105 *** (0.000)	0.101 *** (0.000)	0.114 *** (0.000)	0.103 *** (0.001)	0.092 *** (0.003)
Size	-0.025 *** (0.000)	-0.030 *** (0.000)	-0.029 *** (0.000)	-0.033 *** (0.000)	-0.033 *** (0.000)
Largest	-0.060 ** (0.047)	-0.078 *** (0.001)	-0.063 * (0.079)	-0.066 * (0.053)	-0.067 * (0.055)
ROA	-0.129 * (0.064)	-0.173 ** (0.014)	-0.164 ** (0.042)	-0.173 ** (0.024)	-0.145 * (0.071)
ShortDebt	0.101 *** (0.000)	0.096 *** (0.000)	0.099 *** (0.000)	0.111 *** (0.000)	0.104 *** (0.000)
Firmage	-0.041 ** (0.017)	-0.047 *** (0.000)	-0.047 ** (0.015)	-0.034 * (0.088)	-0.039 * (0.059)
Cash	-0.012 (0.696)	-0.022 (0.429)	-0.025 (0.509)	-0.014 (0.702)	-0.008 (0.829)
Turnover	-0.000 (0.180)	-0.000 (0.226)	-0.000 (0.185)	-0.000 (0.107)	-0.000 * (0.093)
Growth	-0.004 (0.470)	-0.006 (0.421)	-0.004 (0.605)	-0.004 (0.566)	-0.006 (0.409)
Year & Ind	Control	Control	Control	Control	Control
Constant	0.749 *** (0.000)	1.061 *** (0.000)	1.044 *** (0.000)	1.092 *** (0.000)	1.113 *** (0.000)
样本数	3641	2460	2535	3048	2686
调整后 R^2	0.354	0.367	0.373	0.365	0.360
F 值	17.198 ***	31.834 ***	14.352 ***	15.587 ***	14.608 ***

注：*** 代表 $p<0.01$，** 代表 $p<0.05$，* 代表 $p<0.1$；标准误差经过公司层面 cluster 调整；() 内数据为 p 值。

（2）考虑到并非所有公司均披露客户具体名称，参考古尔等（Gul et al.，2010）对于解释变量存在样本选择偏误的处理，本章采用 Heckman 两步法进行检验。首先定义企业是否披露客户具体名称（Namedum）；其次利用 Probit 模型估计出企业披露客户名称的概率，计算逆米尔斯比率(Mills)①；最后将逆米尔斯比率加入回归模型，经过检验，结论不变，如表 8.7 所示。

表 8.7　　稳健性检验 2 结果

变量	(1)	(2)	(3)	(4)	(5)
ΔSOE	0.142*** (0.000)	0.181*** (0.000)	0.174*** (0.000)	0.173*** (0.000)	0.159*** (0.000)
$Indlink\_C$		-0.019 (0.348)			
$\Delta SOE \times Indlink\_C$		-0.089** (0.015)			
$Indsame\_C$			-0.048*** (0.005)		
$\Delta SOE \times Indsame\_C$			-0.152*** (0.000)		
$Sheng\_near$				-0.062*** (0.000)	
$\Delta SOE \times Sheng\_near$				-0.048 (0.149)	
$Shengsame\_C$				-0.065*** (0.000)	
$\Delta SOE \times Shengsame\_C$				-0.059** (0.010)	

① 逆米尔斯比率 = 估计出的拟合值的标准正态密度/拟合值的累积标准正态分布

续表

变量	(1)	(2)	(3)	(4)	(5)
Shi_near					-0.093*** (0.000)
ΔSOE × Shi_near					-0.100** (0.030)
Shisame_C					-0.029* (0.096)
ΔSOE × Shisame_C					-0.017 (0.552)
Supplier	-0.220*** (0.000)	-0.300*** (0.000)	-0.310*** (0.000)	-0.250*** (0.000)	-0.262*** (0.000)
Customer	0.019 (0.475)	0.007 (0.815)	0.009 (0.783)	0.004 (0.879)	-0.006 (0.836)
Size	-0.012** (0.031)	-0.016** (0.027)	-0.015** (0.040)	-0.022*** (0.000)	-0.020*** (0.001)
Largest	-0.093*** (0.002)	-0.117*** (0.001)	-0.109*** (0.002)	-0.059* (0.060)	-0.044 (0.176)
ROA	-0.044 (0.508)	-0.011 (0.897)	0.005 (0.955)	-0.087 (0.218)	-0.047 (0.535)
ShortDebt	0.060*** (0.003)	0.049* (0.057)	0.056** (0.025)	0.060*** (0.008)	0.052** (0.022)
Firmage	-0.028 (0.161)	0.025 (0.398)	0.026 (0.369)	-0.001 (0.957)	0.003 (0.918)
Cash	-0.079** (0.025)	-0.031 (0.417)	-0.020 (0.592)	-0.046 (0.186)	-0.054 (0.134)
Turnover	-0.000*** (0.000)	-0.000*** (0.000)	-0.000*** (0.000)	-0.000*** (0.000)	-0.000*** (0.000)
Growth	-0.008 (0.112)	0.004 (0.536)	0.005 (0.451)	-0.004 (0.450)	-0.004 (0.431)

续表

变量	(1)	(2)	(3)	(4)	(5)
λ	-0.325*** (0.000)	-0.433*** (0.000)	-0.458*** (0.000)	-0.367*** (0.000)	-0.397*** (0.000)
Year & Ind	Control	Control	Control	Control	Control
Constant	0.999*** (0.000)	1.195*** (0.000)	1.200*** (0.000)	1.250*** (0.000)	1.221*** (0.000)
样本数	6062	3882	4046	5244	4614
调整后 R^2	0.344	0.355	0.359	0.361	0.350
F 值	22.319***	17.561***	17.691***	20.238***	18.139***

注：*** 代表 p<0.01，** 代表 p<0.05，* 代表 p<0.1；标准误差经过公司层面 cluster 调整；() 内数据为 p 值。

（3）考虑到内生性问题，本章采用工具变量法进行检验。对国有产权差异使用客户国有企业比例行业均值（去除掉该企业数据）、是否高于或低于行业中位数虚拟变量作为工具变量，对于交乘项中的客户同行业比例、客户与企业同市比例、客户与企业所在市地理距离，使用同年度同行业其他企业变量的行业平均数（去除掉该企业数据），以及该变量是否高于或低于行业中位数虚拟变量作为工具变量，与国有产权差异工具变量进行两两交乘，连续变量与连续变量交乘、虚拟变量与虚拟变量交乘。最后经过检验，结论不变，同时，对工具变量进行弱工具变量、识别不足和过度识别的检验，证明工具变量选择是合适的，如表 8.8 所示。

表 8.8　　稳健性检验 3 结果

变量	假设 1	假设 2	假设 3
ΔSOE	0.166*** (0.000)	0.228*** (0.000)	0.264*** (0.000)
Indsame_C		-0.037* (0.051)	

续表

变量	假设1	假设2	假设3
$\Delta SOE \times Indsame\_C$		-0.293** (0.025)	
Shi_near			-1.104** (0.040)
$\Delta SOE \times Shi\_near$			-4.724** (0.012)
$Shisame\_C$			-0.064 (0.226)
$\Delta SOE \times Shisame\_C$			-0.338 (0.305)
Supplier	-0.132*** (0.000)	-0.172*** (0.000)	-0.141*** (0.000)
Customer	0.155*** (0.000)	0.078*** (0.000)	0.129*** (0.000)
Size	-0.032*** (0.000)	-0.034*** (0.000)	-0.034*** (0.000)
Largest	-0.031 (0.408)	-0.023 (0.350)	-0.033 (0.324)
ROA	-0.127* (0.094)	-0.245*** (0.001)	-0.240*** (0.003)
ShortDebt	0.080*** (0.000)	0.090*** (0.000)	0.057*** (0.004)
Firmage	-0.091*** (0.000)	-0.075*** (0.000)	-0.106*** (0.000)
Cash	-0.057 (0.134)	0.001 (0.981)	-0.073** (0.012)
Turnover	-0.000 (0.227)	-0.000*** (0.000)	-0.000*** (0.007)

续表

变量	假设 1	假设 2	假设 3
Growth	-0.010 * (0.079)	-0.001 (0.850)	-0.010 (0.108)
Year & Ind	Control	Control	Control
Constant	1.066 *** (0.000)	1.196 *** (0.000)	1.233 *** (0.000)
样本数	6062	3968	4614
调整后 R^2	0.335	0.291	0.248
F 值	19.562 ***	41.016 ***	35.601 ***
Hasen 检验	0.195	5.373	4.166
Hasen - *P* 值	0.658	0.146	0.526

注：*** 代表 p<0.01，** 代表 p<0.05，* 代表 p<0.1；标准误差经过公司层面 cluster 调整；( ) 内数据为 p 值。

（4）本章增加应付账款净值、客户注册资本自然对数、企业行业竞争度、客户行业竞争度作为控制变量，经过检验结论不变，如表 8.9 所示。

表 8.9　　　　稳健性检验 4 结果

变量	(1)	(2)	(3)	(4)	(5)
ΔSOE	0.079 *** (0.000)	0.117 *** (0.000)	0.099 *** (0.000)	0.103 *** (0.000)	0.088 *** (0.000)
Indlink_C		-0.004 (0.876)			
$\Delta SOE \times$ *Indlink_C*		-0.113 *** (0.005)			
Indsame_C			-0.025 (0.194)		
$\Delta SOE \times$ *Indsame_C*			-0.159 *** (0.000)		

续表

变量	(1)	(2)	(3)	(4)	(5)
Sheng_near				-0.039* (0.065)	
Δ*SOE* × *Sheng_near*				-0.021 (0.564)	
Shengsame_C				-0.071*** (0.000)	
Δ*SOE* × *Shengsame_C*				-0.081*** (0.004)	
Shi_near					-0.058** (0.017)
Δ*SOE* × *Shi_near*					-0.093* (0.068)
Shisame_C					-0.056*** (0.004)
Δ*SOE* × *Shisame_C*					-0.052 (0.118)
Supplier	-0.116*** (0.000)	-0.113*** (0.000)	-0.120*** (0.000)	-0.111*** (0.000)	-0.115*** (0.000)
Customer	0.031 (0.248)	0.032 (0.249)	0.038 (0.179)	0.030 (0.271)	0.023 (0.405)
Size	-0.040*** (0.000)	-0.039*** (0.000)	-0.039*** (0.000)	-0.041*** (0.000)	-0.040*** (0.000)
Largest	-0.051 (0.142)	-0.062* (0.075)	-0.047 (0.177)	-0.050 (0.152)	-0.035 (0.327)
ROA	-0.148* (0.067)	-0.142* (0.075)	-0.141* (0.079)	-0.147* (0.066)	-0.146* (0.088)
ShortDebt	0.102*** (0.000)	0.095*** (0.000)	0.102*** (0.000)	0.106*** (0.000)	0.096*** (0.000)

续表

变量	(1)	(2)	(3)	(4)	(5)
Firmage	-0.072 *** (0.001)	-0.072 *** (0.001)	-0.073 *** (0.001)	-0.068 *** (0.002)	-0.068 *** (0.003)
Cash	0.043 (0.300)	0.034 (0.427)	0.042 (0.314)	0.038 (0.356)	0.039 (0.343)
Turnover	-0.000 *** (0.002)	-0.000 ** (0.021)	-0.000 *** (0.002)	-0.000 *** (0.002)	-0.000 *** (0.002)
Growth	0.002 (0.735)	0.002 (0.763)	0.003 (0.624)	-0.000 (0.942)	-0.003 (0.561)
Yingfu_Yufu	0.178 *** (0.000)	0.181 *** (0.000)	0.178 *** (0.000)	0.180 *** (0.000)	0.187 *** (0.000)
Capital_C	0.008 *** (0.000)	0.007 *** (0.000)	0.007 *** (0.000)	0.008 *** (0.000)	0.008 *** (0.000)
HHI	-0.424 * (0.079)	-0.560 ** (0.046)	-0.432 * (0.074)	-0.439 * (0.071)	-0.375 (0.147)
HHI_C	0.659 *** (0.001)	0.636 *** (0.001)	0.611 *** (0.002)	0.656 *** (0.001)	0.717 *** (0.000)
Year & Ind	Control	Control	Control	Control	Control
Constant	1.138 *** (0.000)	1.147 *** (0.000)	1.142 *** (0.000)	1.168 *** (0.000)	1.132 *** (0.000)
样本数	3280	3144	3280	3272	2894
调整后 R^2	0.386	0.394	0.393	0.396	0.391
F 值	17.185 ***	16.668 ***	17.104 ***	16.449 ***	15.258 ***

注：*** 代表 $p<0.01$，** 代表 $p<0.05$，* 代表 $p<0.1$；标准误差经过公司层面 cluster 调整；() 内数据为 p 值。

8.5 本章小结

本章利用上市公司披露的前五名客户名称，研究客户与企业之间国有产权差异对商业信用谈判能力的影响，以及行业关联、区域集群对提高企业谈判能力，缓解国有客户侵占企业商业信用的影响，得出以下研究结论：

（1）企业相对于客户国有产权劣势越大，企业商业信用谈判能力越弱。企业之间谈判能力受双方之间资源差异的影响，国有产权也是企业资源实力的一部分，可以获得政府和银行支持较多、破产的风险较小，双方的国有产权资源如果处于不平衡的地位，资源少的一方谈判能力越弱，向对方提供的商业信用越多。

（2）客户与企业行业关联程度越大，企业国有产权劣势对商业信用谈判能力的负向影响越小。当客户与企业行业关联程度较大或者处于同一行业比例较大时，知识和技术溢出程度更大，相互依赖程度更大，客户越容易与企业形成战略同盟，提高合作协同水平，共同发展提高供应链在行业中的竞争力，企业商业信用谈判能力增强。并且当企业市场竞争力较弱时，客户与企业的协同作用更大。

（3）客户与企业区域集群程度越大，企业国有产权劣势对商业信用谈判能力的负向影响越小。客户与企业区域集群使得双方信息沟通更为便利，交易效率提高，发挥规模经济，资源和知识共享程度更高，更容易实现协同目标。这种协同效果在企业和客户处于不同城市，且城市之间距离更近时效果更好。

第 3 编　资金链治理效果研究

第 9 章

供应商（客户）对企业在职消费资金治理效果研究

9.1 研究背景

企业资金管理的一项重要内容是对非生产性资金支出进行约束和治理。在职消费是指企业高管将资金用于非生产经营活动，如公款消费、豪华的办公环境、贪污资产等。在职消费具有双重属性，一方面，它是企业高管利用职务之便，将企业资金用于个人消费，这将会对企业生产效率产生重大影响，造成资金的浪费；另一方面，在职消费作为高管薪酬的一部分，当固定薪酬较低或股权激励不完善时，它可以作为一种激励措施，提高高管的工作努力程度（陈冬华等，2005）。对于我国企业，在职消费已经远超合理范围，甚至处于失控状态（Luo et al.，2011），同时会在集团内部传染（张修平、高鹏，2019），因此应对高管在职消费进行严格监督。以往的研究发现高质量的内部控制和公司治理水平、政府监管和媒体监督等内外部因素可以降低在职消费，但是供应商和客户作为企业的外部利益相关者，与企业之间存在经济利益关系，企业的在职消费将会影响供应商和客户的利益和经营风险，供应链治理也可以作为一项措施缓解供应链企业之间的代理成本和机会主义风险（李维安等，2016），实现对企业在职消费的监督和治理。

本章从企业在职消费角度出发，研究供应商和客户对企业的治理效果，发现供应商和客户集中度越大，对企业的在职消费治理效果越好，并且这种治理效果很大程度上受交易过程中产生的商业信用影响，应付账款、应收账款越多，治理效果越好，供应商通过降低企业流动性风险、客户通过减少高管可支配自由现金流量来发挥治理效果。同时，企业自身、供应商、客户的融资状况也会影响供应链治理的效果，企业和供应商融资约束越大，治理效果越好，而客户融资约束状况对治理效果没有显著影响。本章内容从理论上丰富了供应链治理研究，从实践上为企业加强在职消费监督提供一个新的思路，同时为供应商、客户如何更好地监督交易伙伴，更好地发挥供应链治理效果提供指导。

9.2 研究假设

9.2.1 供应链集中度对在职消费的影响

由于供应链关系的中断会对上下游企业带来影响，因此供应商和客户作为企业重要的利益相关者，有动机和能力对企业进行监督和约束。供应链交易双方会同时对关系专项资产进行投资，而一方一旦破产清算，关系专项资产也会失去价值，因此客户和供应商会对交易伙伴的财务健康情况紧密关注，产生监督的动机（Titman，1984）。约翰逊等（Johnson et al.，2010）认为大客户可以作为可信的认证机构，了解交易的实际情况和未来行业发展前景，在信息共享阶段可以获得更多的企业私有信息，伊茨科维茨（Itzkowitz，2015）也发现客户了解企业的实际情况，可以为企业增强信誉，担任认证代理的角色。菲尔森和莫拉莱斯（Filson & Morales，2006）发现客户对供应商持有的期权、长期采购协议，以及战略联盟都可以将客户与供应商紧密联系在一起，有利于它们之间信息的流通。康等（Kang et al.，2015）发现客户对企业有监督治理职能，并且当企业被客户收购后会有较高的非正常收益回报以及长期经营绩效。

供应商和客户作为企业重要的利益相关者，对企业有较强的监督动机和监督能力。当企业供应商或客户集中度越大时，这种监督作用越强，因为当企业采购或销售只局限于几家公司时，对大供应商和大客户的依赖就会比较强，供应商和客户可以通过停止交易的方式对企业的行为加以制约。并且此时企业的产品一般具有一定的特殊性，可能有较大的前期投资，该投资会随着关系的断裂而丧失价值，而供应商和客户寻找新的合作伙伴以及建立新的交易关系也需要较高的成本，因此，供应商和客户也具有与企业保持长期合作的动机，它们会密切关注企业的经营情况、管理情况以及风险水平，对企业发挥治理作用。供应商为了确保企业能够按时付款，客户为了确保企业能够按时发货并保证货物的质量，会对企业高管的行为进行监督，避免企业资金流失，减少企业高管过度的在职消费。当企业的供应商和客户集中度较高时，这种监督治理作用会更强。此外，企业为了保证与大供应商和大客户关系的稳定性，也会迎合供应商和客户的治理要求，从内部加强自身的监督管理，减少在职消费，保障供应商和客户的利益。因此，本章提出假设9-1。

假设9-1：供应商（客户）集中度越高，企业在职消费越少。

9.2.2　商业信用对供应链治理效果的影响

在企业与供应商和客户交易中，会产生商业信用，包括应付预付、应收预收账款，商业信用使得双方之间存在借贷关系，由此发挥治理作用。

在企业与供应商交易中，应付账款占商业信用的主要部分，而债务的存在可以发挥治理作用，有助于增强债权人对公司的监督和约束（Jensen，1986）。供应商被企业占用的资金越多，对企业的监督治理作用就越大。根据委托代理理论，债权人容易与企业之间产生信息不对称问题，债权人向企业提供贷款，关注的是企业是否能够及时还款，会对企业产生一定的还款压力，并且债权人为了确保能够及时收回贷款，会通过干预和监督的方式来保障自身的利益，从而产生治理作用，确保企业按照合同履行义务（李晓慧、杨子萱，2013）。例如银行作为债权人具有较强的信息优势、会签订详细的债务条款来对企业进行监督，应付账款作为负债类商业信用比银行负债具有更强的优势（杨勇等，2009）。一方面，供应链上企业比银行具有更强的信息优势；另一方面，由于企业要与供应商和客户有业务交易，所以供应链企业有更强的控制力，可以通过终止交易来实现对企业行为的制约。因此当企业应付账款较多时，供应商对企业在职消费治理动机和能力加强，应付账款将发挥调节作用，供应商为了确保企业能够按时还款，会对企业进行更严格的监督，采用更强势的催账方式。

在企业与客户交易时，应收账款占商业信用的主要部分，当企业应收账款较多时，客户对企业的治理能力会增加，应收账款将发挥调节作用。根据自由现金流理论，当企业自由现金流较多时，经理人喜欢利用留存现金进行过度投资、低效收购，以及随意性支出，而现金流减少可以降低高管可支配的资金，进而减少与生产活动无关的在职消费，客户可以在赊账期对产品质量进行评估，并且可能会随时退货（Ferris，1981）。同时应收账款可能产生坏账损失，企业为了规避未来潜在的经营风险会减少自身的在职消费，避免客户的退货活动或客户不按时付款导致企业资金流断裂，企业为了使得客户能够及时还款会更加迎合客户的要求，客户使企业治理能力加强。因此，本章提出假设 9 -2。

假设 9 -2：企业在交易中产生的净应付账款、净应收账款越多，供应商和客户对企业在职消费治理效果越好。

9.2.3 融资约束对供应链治理效果的影响

供应商和客户对企业发挥监督治理作用很大程度上是由于担心企业资金短缺风险会在供应链之间传递，当企业之间依赖性加深时，企业更容易受到供应链其他企业风险的影响（Swink & Zsidisin，2006）。各方企业要尽量减少供应中断造成的财务影响，如运输延误和产品短缺等风险（Cheng et al.，2012）。阿夸（Acquaah，2006）提出，供应链企业之间会通过获得资源和有价值的信息来克服商业环境中的不确定性，各方会采取措施来降低风险的传递。王贞洁、王竹泉（2017）发现企业面临融资约束时，供应商甚至会增加对企业的商业信用融资支持，帮助企业渡过困难期，避免供应链中断。

本书研究认为，当企业融资约束程度较高时，企业内部资金不充足，又难以获得外部融资。供应商和客户都会担心企业资金断裂对供应链整体经营活动产生影响，供应商担心企业不能按时向其付款，客户担心企业不能按时发货，如果高管在此情况下仍进行较高的在职消费，可能会威胁到供应链上下游企业的利益，因此，当企业融资约束程度较高时，供应商和客户会加强对企业资金使用的监督，确保资金未被高管浪费，在职消费减少，企业融资约束将发挥调节作用。因此，本章提出假设 9－3。

假设 9－3：企业融资约束越大，供应商（客户）对企业的治理效果越好。

此外，供应商和客户对企业的治理作用很大一部分要受双方资金流的影响。企业与供应商交易中，应付账款相对于预付账款占比更多，因此，供应商对企业监督治理的最终效果由应付账款主导，一旦企业未按时付款，会进一步影响供应商的资金流，供应商的资金状况将影响供应商对企业的监督动机，供应商融资渠道越少，融资越困难，对企业的监督动机就会越大。因此，本研究认为供应商融资约束程度越大，供应商对企业的治理效果越好，以此发挥调节作用。而企业与客户交易中，应收账款相对于预收账款占比更多，应收账款将发挥主导作用，同时企业向客户传递的是产品，并非资金，客户关注的是企业能否按时发货以及货物的质量，企业不是客户的资金来源，因此，客户融资渠道和融资状况并不能影响客户对企业治理的动机或能力。本章将用国有产权性质和上市情况度量供应商和客户融资约束程度，上市公司相对于非上市公司更容易获得融资，同时国有企业更容易融资，获得贷款的期限和数量都更多，民营企业通过正式途径获得的贷款相对较少（陆正飞等，2009）。本章提出假设 9－4。

假设9-4：供应商融资约束越大，供应商对企业的在职消费治理效果越好，而客户无显著影响。

9.3 研究设计

9.3.1 变量定义

1. 被解释变量

参考已有文献（Luo et al.，2011；王化成等，2019）的研究，本章利用模型（9.1）式来估计正常的消费，求出的残差即为在职消费（*UNPERK*），残差越大，代表在职消费越多。其中，*Perk* 为管理费用中扣除董事、监事和高管薪酬之后的金额；*Asset* 为总资产，$\Delta Sale$ 为销售收入的变化额，*PPE* 为固定资产净值，*INV* 为存货总额，*LnEmployee* 为企业员工总数的自然对数。

$$\frac{Perk_t}{Asset_{t-1}} = \beta_0 + \beta_1 \frac{1}{Asset_{t-1}} + \beta_2 \frac{\Delta Sale_t}{Asset_{t-1}} + \beta_3 \frac{PPE_t}{Asset_{t-1}} + \beta_4 \frac{INV_t}{Asset_{t-1}} + \beta_5 LnEmployee_t + \varepsilon_t \quad (9.1)$$

2. 解释变量

（1）供应商（客户）集中度。用前五名供应商采购金额占总采购金额的比重衡量供应商集中度（*Supplier*1），用前五名客户销售金额占总销售金额的比重衡量客户集中度（*Customer*1），同时为了减少行业因素对供应商、客户集中度的影响，本章同时对 *Supplier*1、*Customer*1 减去行业中位数进行调整。

（2）商业信用。将应付账款、预付账款除以营业成本进行标准化，将预收账款、应收账款除以营业收入进行标准化，同时计算供应商交易中和客户交易中商业信用净值，分别用（应付账款－预付账款）/营业成本、（预收账款－应收账款）/营业收入来衡量。

（3）企业融资约束。本章参考怀特和吴（Whited & Wu，2006）的研究方法，利用我国数据对WW指数进行重新估算。计算出WW指数 $= -0.4817161 \times Size + 0.1704194 \times Growth + 0.4970661 \times ISG + 1.208437 \times TLTD - 0.4306512 \times Current$，其中，*Size* 是总资产的自然对数；*Growth* 为企业销售收入增长率；*ISG* 是行业销售收入增长率；*TLTD* 为长期有息负债与账面资产的比率，*Current* 为流动资产比率，并且将重新计算的WW指数进行现金—现金流敏感度测试，发现WW指数越大，现金—现金流敏感度越高，证明了本章构建的WW指数用来度量融资约束程度是合理的。

（4）供应商（客户）融资约束状况。本章用供应商（客户）国有产权性质和上市情况衡量，国有产权和上市资质被认为融资约束程度更低。对于国有产权性质，搜索供应商（客户）的最终控制人，当最终控制人为国有企业、事业单位时①，设定供应商（客户）产权性质为1，当最终控制人为非国有企业、外资单位或自然人时，设定供应商（客户）产权性质为0，删除没有报告企业具体名称的样本。对于供应商（客户）上市情况，搜索供应商（客户）、子公司或其母公司是否在我国A股、B股、港股上市，上市取1，未上市取0，删除没有报告企业具体名称的样本。

最后计算供应商（客户）国有产权、上市情况加权平均数，权重为各供应商（客户）采购（销售）占前五名供应商（客户）的比重。由于外资企业涉及国家较多，无法确定是否上市，本章只计算非外资企业上市情况的加权平均数。

---

① 当供应商（客户）的最终控制人为国家、政府、国务院、国资委、财政部、研究院、海关，以及铁路局、供电局等国家单位时，设定供应商（客户）产权性质为1，代表该供应商（客户）为国有企业或事业单位。

3. 控制变量

参考褚剑、方军雄（2016）的研究，本章设定如下控制变量，包括高管薪酬、高管股权激励、公司规模、资本结构、产权性质、第一大股东持股比例、营业现金净流量、企业盈利能力、收入增长率、公司成立年限、董事会人数、独立董事比例、行业、年度。本章主要变量定义见表9.1。

表9.1 变量定义

属性	变量名称	符号	计算方法
被解释变量	在职消费	*UNPERK*	参照王化成等（2019）的模型，估计正常消费，用实际消费－正常消费即为在职消费，具体计算过程见正文
解释变量	供应商集中度（*Supplier*）	*Supplier*1	前五名供应商采购金额占总采购金额的比重
		*Supplier*2	用 *Supplier*1 减去行业年份中位数进行调整
	客户集中度（*Customer*）	*Customer*1	前五名客户销售金额占总销售金额的比重
		*Customer*2	用 *Customer*1 减去行业年份中位数进行调整
	商业信用	*Yingfu*	应付账款/营业成本
		Yufu	预付账款/营业成本
		Yingshou	应收账款/营业收入
		Yushou	预收账款/营业收入
		Supplier_TC	(应付账款－预付账款)/营业成本
		Customer_TC	(应收账款－预收账款)/营业收入
	企业融资约束	*FC*	利用 WW 指数进行衡量，具体计算过程见正文
	供应商国有产权性质	*Supplier_SOE*	前五名供应商国有产权性质的加权平均数
	客户国有产权性质	*Customer_SOE*	前五名客户国有产权性质的加权平均数
	供应商上市情况	*Supplier_List*	前五名供应商上市情况虚拟变量的加权平均数
	客户上市情况	*Customer_List*	前五名客户上市情况虚拟变量的加权平均数
控制变量	高管薪酬	*Paymng*	前三名高级管理人员薪酬总额对数
	高管股权激励	*MHOLD*	高管持股数/总股数

续表

属性	变量名称	符号	计算方法
控制变量	公司规模	*Size*	期末总资产的自然对数
	资本结构	*Lev*	总负债/总资产
	产权性质	*SOE*	国有企业取1，非国有企业取0
	第一大股东持股比例	*Largest*	第一大股东持股数/总股数
	营业现金净流量	*Cashflow*	(净利润+折旧)/企业总资产
	企业盈利能力	*ROA*	当期利润/年初和年末总资产的平均值
	收入增长率	*Growth*	销售收入增长率
	企业成立年限	*Firmage*	企业成立年限的自然对数
	董事会人数	*Board*	董事会人数的自然对数
	独立董事比例	*INDEP*	独立董事人数/董事会人数
	行业	*IND*	行业虚拟变量
	年度	*YEAR*	年度虚拟变量

9.3.2　研究模型

为检验假设9-1，本章设定模型（9.2）式，如果b_1、b_2系数显著为负，则假设9-1成立。

$$UNPERK = b_0 + b_1 Supplier + b_2 Customer + Controls + \varepsilon \tag{9.2}$$

为检验假设9-2，本章设定模型（9.3）式，如果b_3、b_6系数显著为负，则假设9-2成立。

$$\begin{aligned} UNPERK = {} & b_0 + b_1 Supplier + b_2 Supplier\_TC + b_3 Supplier \times Supplier\_TC + b_4 Customer \\ & + b_5 Customer\_TC + b_6 Customer \times Customer\_TC + Controls + \varepsilon \end{aligned} \tag{9.3}$$

为了检验假设9-3，本章设定模型（9.4）式，如果b_3、b_5系数显著为负，则假设9-3成立。

$$\begin{aligned} UNPERK = {} & b_0 + b_1 FC + b_2 Supplier + b_3 Supplier \times FC \\ & + b_4 Customer + b_5 Customer \times FC + Controls + \varepsilon \end{aligned} \tag{9.4}$$

为了检验假设9-4，本章设定模型（9.5）式、（9.6）式，如果 b_3 系数显著为正，b_6 系数不显著，则假设9-4成立。

$$UNPERK = b_0 + b_1 Supplier + b_2 Supplier\_SOE + b_3 Supplier \times Supplier\_SOE + b_4 Customer + b_5 Customer\_SOE + b_6 Customer \times Customer\_SOE + Controls + \varepsilon \quad (9.5)$$

$$UNPERK = b_0 + b_1 Supplier + b_2 Supplier\_List + b_3 Supplier \times Supplier\_List + b_4 Customer + b_5 Customer\_List + b_6 Customer \times Customer\_List + Controls + \varepsilon \quad (9.6)$$

9.3.3 样本来源

本章以我国A股上市公司2007~2018年数据为样本，财务和治理数据来自CSMAR数据库，而供应商（客户）产权情况和上市情况数据采用手工搜集方式，基于上市公司年报中披露的前五名供应商和客户名称，从国家企业信用信息公示系统、天眼查等网站搜索获得，参考以往文献的做法，对样本进行如下处理：（1）由于金融行业会计处理方法与其他行业不同，剔除金融行业数据；（2）由于ST公司可能会对结果带来一些偏误，剔除ST公司；（3）剔除主要回归变量有缺失的样本，并对所有变量进行了1%~99%的Winsor处理，以减少离群值给研究结果带来的偏误，剩余17773个样本。由于供应商和客户名称披露不全，因此供应商（客户）产权性质和上市情况有较多缺失值，会在与其相关的假设检验时将缺失值删掉。

9.4 实证结果

9.4.1 描述性统计

表9.2是变量描述性统计，可以看出，在职消费均值和中位数为0，最

小值为-0.06，最大值为0.10，过度在职消费大约占样本数的一半，与模型预期值一致。前五名供应商采购金额占总采购金额比重均值为35%，前五名客户销售金额占总销售金额比重大约在30%，较为适中。企业与供应商交易中应付账款占采购交易额比重为26%，而预付账款占8%，企业净商业信用流入为正。企业与客户交易中应收账款占销售交易额比重为24%，预收账款为9%，企业净商业信用流出为正。供应商产权性质均值为0.30，客户产权性质均值为0.39，表明企业的前五名供应商和客户的采购和销售活动分别有30%和39%都是与国有企业或事业单位进行的。供应商上市情况均值为0.22，客户上市情况均值为0.28，表明企业与前五名供应商和客户的采购和销售活动分别有22%和28%是与上市公司进行的。

表9.2　　　　描述性统计

变量	样本量	均值	标准差	最小值	中位数	最大值
UNPERK	17773	0.00	0.03	-0.06	0.00	0.10
Supplier1	17773	0.35	0.21	0.04	0.31	0.96
Customer1	17773	0.30	0.22	0.01	0.25	0.99
Supplier2	17773	0.04	0.20	-0.30	0.00	0.63
Customer2	17773	0.04	0.20	-0.32	-0.01	0.68
Supplier_TC	17773	0.18	0.23	-0.60	0.15	1.20
Customer_TC	17773	0.15	0.29	-1.06	0.13	0.99
Yingfu	17773	0.26	0.23	0.01	0.21	1.61
Yufu	17773	0.08	0.15	0.00	0.04	1.11
Yingshou	17773	0.24	0.23	0.00	0.17	1.12
Yushou	17773	0.09	0.18	0.00	0.03	1.21
Paymng	17773	14.17	0.72	12.10	14.16	16.29
MHOLD	17773	0.06	0.13	0.00	0.00	0.61
Size	17773	22.03	1.29	18.96	21.86	26.92
Lev	17773	0.44	0.22	0.05	0.43	1.12
SOE	17773	0.39	0.49	0.00	0.00	1.00

续表

变量	样本量	均值	标准差	最小值	中位数	最大值
Largest	17773	0. 35	0. 15	0. 08	0. 33	0. 75
Cashflow	17773	0. 04	0. 06	-0. 31	0. 04	0. 21
ROA	17773	0. 04	0. 06	-0. 26	0. 04	0. 24
Growth	17773	0. 22	0. 56	-0. 65	0. 12	4. 45
Firmage	17773	2. 82	0. 31	1. 95	2. 83	3. 53
Board	17773	2. 15	0. 20	1. 61	2. 20	2. 71
INDEP	17773	0. 37	0. 05	0. 30	0. 33	0. 57
FC	17649	-10. 57	0. 61	-12. 37	-10. 51	-9. 19
Supplier_SOE	4544	0. 30	0. 33	0. 00	0. 18	1. 00
Customer_SOE	8401	0. 39	0. 37	0. 00	0. 30	1. 00
Supplier_List	4489	0. 22	0. 27	0. 00	0. 12	0. 98
Customer_List	8107	0. 28	0. 31	0. 00	0. 18	1. 00

9. 4. 2 供应链集中度对在职消费影响实证结果

为了检验假设 9 - 1，本章对（9. 2）式进行检验，结果如表 9. 3 所示，其中，对供应商和客户集中度采用实际值和经行业调整后的集中度进行回归，第（1）、第（2）列为当期集中度，第（3）、第（4）列为滞后一期集中度。可以看出，供应商、客户集中度越大，企业在职消费越小，说明大供应商和大客户能够对企业治理起到监督作用。

表 9. 3　　　　供应链关系对在职消费影响实证结果

变量	(1)	(2)	(3)	(4)
	Supplier1 *Customer1*	*Supplier2* *Customer2*	*L. Supplier1* *L. Customer1*	*L. Supplier2* *L. Customer2*
Supplier	-0. 013 *** (0. 000)	-0. 014 *** (0. 000)	-0. 013 *** (0. 000)	-0. 013 *** (0. 000)

续表

变量	(1) Supplier1 Customer1	(2) Supplier2 Customer2	(3) L. Supplier1 L. Customer1	(4) L. Supplier2 L. Customer2
Customer	-0.008 *** (0.000)	-0.008 *** (0.000)	-0.006 *** (0.001)	-0.006 *** (0.001)
Paymng	0.010 *** (0.000)	0.010 *** (0.000)	0.010 *** (0.000)	0.010 *** (0.000)
MHOLD	-0.001 (0.731)	-0.001 (0.733)	-0.001 (0.865)	-0.001 (0.863)
Size	-0.007 *** (0.000)	-0.007 *** (0.000)	-0.007 *** (0.000)	-0.007 *** (0.000)
Lev	0.001 (0.523)	0.001 (0.525)	0.001 (0.724)	0.001 (0.717)
SOE	0.004 *** (0.000)	0.004 *** (0.000)	0.004 *** (0.000)	0.004 *** (0.000)
Largest	0.001 (0.751)	0.001 (0.755)	0.001 (0.698)	0.001 (0.707)
Cashflow	-0.285 *** (0.000)	-0.285 *** (0.000)	-0.258 *** (0.000)	-0.258 *** (0.000)
ROA	0.304 *** (0.000)	0.304 *** (0.000)	0.277 *** (0.000)	0.277 *** (0.000)
Growth	-0.000 (0.469)	-0.000 (0.460)	-0.000 (0.832)	-0.000 (0.823)
Firmage	0.000 (0.908)	0.000 (0.911)	-0.001 (0.647)	-0.001 (0.645)
Board	-0.003 (0.255)	-0.003 (0.254)	-0.003 (0.322)	-0.003 (0.320)
INDEP	-0.009 (0.211)	-0.009 (0.212)	-0.009 (0.273)	-0.009 (0.273)

续表

变量	(1) *Supplier1* *Customer1*	(2) *Supplier2* *Customer2*	(3) *L. Supplier1* *L. Customer1*	(4) *L. Supplier2* *L. Customer2*
固定效应	Control	Control	Control	Control
年份	Control	Control	Control	Control
Constant	0. 024 ** (0. 041)	0. 019 (0. 106)	0. 027 ** (0. 029)	0. 022 * (0. 069)
样本数	18979	18979	17204	17204
调整 R^2	0. 106	0. 106	0. 107	0. 107
F 值	14. 903 ***	14. 909 ***	14. 183 ***	14. 195 ***

注：*** 代表 $p < 0.01$，** 代表 $p < 0.05$，* 代表 $p < 0.1$；标准误差经过公司层面 cluster 调整；( ) 内数据为 p 值。

9.4.3 商业信用对供应链治理效果影响结果

为了检验假设 9 - 2，对（9.3）式进行回归，结果如表 9.4 所示。第（1）、第（2）列为供应商和客户净商业信用对供应链治理效果的影响。可以看出应付账款净值、应收账款净值越大，供应商和客户对企业的在职消费治理效果更好。第（3）、第（4）列为不同应收应付、预收预付情况下，供应商、客户对企业在职消费的治理效果，可以看出，当企业应付账款比例较高时，供应商担心企业不能及时付款损害其利益，会加强对企业在职消费的治理效果，而预付账款则会减弱供应商治理效果。企业在与客户交易过程中，当应收账款较多时，企业为了使客户能够及时还款，会更加迎合客户的要求，客户对企业的治理能力起到加强作用，同时企业高管可支配的资金减少，在职消费会减少，而预收账款的治理效果不明显。

表9.4　　商业信用对供应链治理效果影响结果

变量	(1) Supplier1 Customer1	(2) L. Supplier2 L. Customer2	变量	(3) Supplier1 Customer1	(4) L. Supplier2 L. Customer2
Supplier	−0.011*** (0.000)	−0.011*** (0.000)	*Supplier*	−0.013*** (0.000)	−0.012*** (0.000)
Supplier_TC	0.011*** (0.000)	0.005*** (0.001)	*Yingfu*	0.012*** (0.000)	0.007*** (0.001)
Supplier × *Supplier_TC*	−0.010** (0.040)	−0.011** (0.030)	*Supplier* × *Yingfu*	−0.009* (0.098)	−0.013** (0.028)
Customer	−0.005** (0.021)	−0.004* (0.077)	*Yufu*	−0.012*** (0.002)	−0.008*** (0.001)
Customer_TC	0.003 (0.182)	−0.001 (0.453)	*Supplier* × *Yufu*	0.019*** (0.009)	0.013* (0.069)
Customer × *Customer_TC*	−0.017*** (0.000)	−0.013*** (0.006)	*Customer*	−0.003 (0.347)	−0.002 (0.585)
			Yingshou	0.000 (0.936)	−0.007*** (0.001)
			Customer × *Yingshou*	−0.020*** (0.001)	−0.017** (0.012)
			Yushou	−0.005* (0.059)	−0.009*** (0.000)
			Customer × *Yushou*	−0.003 (0.605)	−0.002 (0.810)
Controls & Constant	YES	YES	*Controls & Constant*	YES	YES
年份和行业	YES	YES	年份和行业	YES	YES
样本数	17773	16062	样本数	17773	16062
调整 R^2	0.115	0.113	调整 R^2	0.117	0.119
F 值	15.075***	13.905***	*F* 值	14.168***	13.788***

注：*** 代表 $p<0.01$，** 代表 $p<0.05$，* 代表 $p<0.1$；标准误差经过公司层面 cluster 调整；( ) 内数据为 p 值。

9.4.4 企业融资约束对供应链治理效果影响结果

为了检验假设9-3，对（9.4）式进行回归，结果如表9.5所示。可以看出，企业融资约束越大，供应商集中度、客户集中度对在职消费的负向影响越大，说明大供应商和大客户会在企业融资约束时对企业的在职消费进行更严格的监督控制，避免企业在资金短缺的情况下还有较高的在职消费，损害供应商和客户的利益，确保企业能够及时向供应商付清货款，及时向客户安排发货和保障货物的质量，减少企业资金问题向供应链上下游传递的风险。

表9.5　　融资约束对供应链治理效果影响结果

变量	(1)	(2)	(3)	(4)
	*Supplier*1	*Customer*1	*Supplier*1 *Customer*1	*Supplier*2 *Customer*2
FC	0.007*** (0.010)	0.004* (0.098)	0.008*** (0.003)	0.003 (0.174)
Supplier	-0.155*** (0.000)		-0.115*** (0.002)	-0.114*** (0.002)
Supplier × *FC*	-0.013*** (0.000)		-0.010*** (0.005)	-0.010*** (0.006)
Customer		-0.154*** (0.000)	-0.095*** (0.007)	-0.097** (0.012)
Customer × *FC*		-0.014*** (0.000)	-0.008** (0.011)	-0.009** (0.017)
Controls & Constant	YES	YES	YES	YES
年份和行业	YES	YES	YES	YES
样本数	12972	14723	12805	12805
调整 R^2	0.113	0.105	0.119	0.119
F 值	12.91***	12.54***	12.76***	12.73***

注：*** 代表 $p<0.01$，** 代表 $p<0.05$，* 代表 $p<0.1$；标准误差经过公司层面 cluster 调整；( ) 内数据为 p 值。

9.4.5 供应商（客户）融资约束情况对供应链治理效果影响结果

为了检验假设9-4，对（9.5）式、（9.6）式进行检验，结果如表9.6所示。本章对供应商和客户的融资约束用国有产权性质和上市情况进行衡量，国有和上市公司面临融资约束相对较低，第（1）、第（2）列为供应商（客户）国有产权性质，第（3）、第（4）列为供应商（客户）上市情况，结论相同，可以看出国有供应商、上市供应商比例越大，供应商对企业在职消费治理效果越差，而客户没有明细差异。这是因为供应商对企业在职消费的治理动机主要是担心企业不能按时付款影响供应商的资金流状况，如果供应商融资约束越高，企业的拖延付款对供应商持续经营影响越大，供应商会对企业进行更加严格的监督，减少企业的在职消费。对于客户来说，应收账款占主导，企业向客户转移的是物资，而不是资金，客户更关注的是企业能否按时发货以及货物的质量，企业不是客户的资金来源，企业在职消费多少不会影响到客户的资金流入状况，因此，即使客户融资约束程度较高，客户只能通过其他途径获得资金，客户融资约束对企业在职消费的治理效果无显著影响。

表9.6 供应商（客户）产权性质、上市情况对供应链治理效果影响结果

变量	(1)	(2)	变量	(3)	(4)
	*Supplier*1 *Customer*1	*L. Supplier*1 *L. Customer*1		*Supplier*1 *Customer*1	*L. Supplier*1 *L. Customer*1
Supplier	-0.016*** (0.001)	-0.019*** (0.000)	*Supplier*	-0.013*** (0.001)	-0.014*** (0.000)
Supplier_SOE	-0.009** (0.024)	-0.011*** (0.008)	*Supplier_List*	-0.003 (0.528)	-0.004 (0.391)
Supplier × *Supplier_SOE*	0.021*** (0.009)	0.025*** (0.001)	*Supplier* × *Supplier_List*	0.018** (0.043)	0.018** (0.029)

续表

变量	(1) *Supplier1* *Customer1*	(2) *L. Supplier1* *L. Customer1*	变量	(3) *Supplier1* *Customer1*	(4) *L. Supplier1* *L. Customer1*
Customer	-0.011** (0.030)	-0.004 (0.433)	*Customer*	-0.006 (0.129)	-0.005 (0.251)
Customer_SOE	-0.001 (0.863)	0.000 (0.914)	*Customer_Lis*	0.008** (0.033)	0.007* (0.074)
Customer × *Customer_SOE*	0.006 (0.433)	-0.002 (0.821)	*Customer* × *Customer_List*	-0.010 (0.132)	-0.006 (0.434)
Controls & Constant	YES	YES	*Controls & Constant*	YES	YES
年份和行业	YES	YES	年份和行业	YES	YES
样本数	3188	3098	样本数	3067	2980
调整 R^2	0.0991	0.107	调整 R^2	0.101	0.107
F 值	4.099***	5.005***	F 值	4.180***	4.805***

注：*** 代表 p<0.01，** 代表 p<0.05，* 代表 p<0.1；标准误差经过公司层面 cluster 调整；() 内数据为 p 值。

9.4.6 进一步检验：供应商和客户对企业在职消费治理机制

供应商对企业在职消费治理的目的是确保企业按时偿还应付账款，降低企业还款风险，企业需要保持充足的资金流动性来保障供应商利益，否则供应商可能会停止对企业提供赊销或终止交易。本章利用“流动资产/应付账款”（*Liquidity*）来衡量企业流动性水平，该指标越大，意味着企业拥有更多的流动资产来偿还应付账款，还款风险越低。企业高管需要保留更多的流动资产，可以用于在职消费的资金减少。表 9.7 中 Panel A 为供应商治理机制检验结果，通过结构方程进行检验，可以看出集中度较高的供应商可以提高企业的流动性水平，高流动性又进一步抑制企业在职消费，经过 *Sobel* 检验也验证了中介作用的存在。

表9.7　　供应商和客户治理机制中介效应结果

Panel A：供应商治理机制

变量	(1)	(2)	(3)	(4)
	Liquidity	*UNPERK*	*UNPERK*	*UNPERK*
Supplier	21.231*** (0.000)		−0.013*** (0.000)	−0.012*** (0.000)
Liquidity		−0.000*** (0.000)		−0.000*** (0.004)
Controls & Constant	YES	YES	YES	YES
年份和行业	YES	YES	YES	YES
样本数	17861	17861	17861	17861
调整 R^2	0.133	0.105	0.110	0.112
F 值	11.957***	14.710***	15.649***	15.511***
Sobel 检验	−3.482***			

Panel B：客户治理机制

变量	(1)	(2)	(3)	(4)
	Freecash	*UNPERK*	*UNPERK*	*UNPERK*
Customer	−0.019*** (0.000)		−0.008*** (0.001)	−0.007*** (0.001)
Freecash		0.028*** (0.000)		0.027*** (0.000)
Controls & Constant	YES	YES	YES	YES
年份和行业	YES	YES	YES	YES
样本数	12284	12313	12313	12313
调整 R^2	0.192	0.104	0.102	0.106

续表

Panel B：客户治理机制				
变量	(1)	(2)	(3)	(4)
	Freecash	*UNPERK*	*UNPERK*	*UNPERK*
F 值	36.043***	13.219***	12.351***	12.900***
Sobel 检验	-3.513***			

注：***代表 $p<0.01$，**代表 $p<0.05$，*代表 $p<0.1$；标准误差经过公司层面 cluster 调整；( ) 内数据为 p 值。

另外，客户治理作用的发挥主要因为应收账款的存在使得高管可支配自由现金流减少，企业向客户提供的赊销使得企业资金被占用，高管为了维持企业经营，避免资金流中断，没有额外的资金进行在职消费，在职消费减少。本章利用"（经营现金流量 - 折旧摊销 - 预期投资）/总资产"（*Freecash*）来衡量自由现金流量，表 9.7 中 Panel B 为客户治理机制检验结果，利用结构方程进行检验，可以看出集中度较高的客户减少了企业自由现金流量，进而减少企业高管在职消费，同时通过 *Sobel* 检验证明中介作用的存在。

9.4.7 稳健性检验

(1) 因为有很多供应商、客户没有披露具体名称，为了降低假设 9-4 中存在的样本自选择问题，采用 Heckman 两步法进行检验，结论不变，如表 9.8 所示。

表 9.8　　　　稳健性检验 1 结果

变量	(1)	变量	(2)
	UNPERK		*UNPERK*
Supplier	-0.015*** (0.001)	*Supplier*	-0.013*** (0.001)
Customer	-0.011** (0.027)	*Customer*	-0.006 (0.117)

续表

变量	(1)	变量	(2)
	UNPERK		*UNPERK*
Supplier_SOE	-0.009** (0.033)	*Supplier_List*	-0.002 (0.639)
Supplier × Supplier_SOE	0.021** (0.010)	*Supplier × Supplier_List*	0.017* (0.056)
Customer_SOE	-0.001 (0.819)	*Customer_Lis*	0.008** (0.040)
Customer × Customer_SOE	0.006 (0.442)	*Customer × Customer_List*	-0.011 (0.120)
Controls & Constant	YES	*Controls & Constant*	YES
样本数	3135	样本数	3016
调整 R^2	0.099	调整 R^2	0.101
F 值	3.997***	*F* 值	4.112***

注：***代表 $p<0.01$，**代表 $p<0.05$，*代表 $p<0.1$；标准误差经过公司层面 cluster 调整；( ) 内数据为 p 值。

（2）利用 *SA* 指数（Hadlock & Pierce，2010）对融资约束指标进行重新度量，经过检验结论不变，如表 9.9 所示。

表 9.9　　稳健性检验 2 结果

变量	(1)	(2)	(3)	(4)
	Supplier1	*Customer1*	*Supplier1* *Customer1*	*Supplier2* *Customer2*
SA	-0.001** (0.034)	-0.001*** (0.002)	-0.000 (0.412)	-0.001*** (0.000)
Supplier	-0.089*** (0.000)		-0.083*** (0.000)	-0.077*** (0.000)

续表

变量	(1)	(2)	(3)	(4)
	*Supplier*1	*Customer*1	*Supplier*1 *Customer*1	*Supplier*2 *Customer*2
Supplier × SA	-0.002*** (0.000)		-0.002*** (0.000)	-0.002*** (0.001)
Customer		-0.073*** (0.000)	-0.045*** (0.009)	-0.045** (0.013)
Customer × SA		-0.002*** (0.000)	-0.001** (0.028)	-0.001** (0.036)
Controls & Constant	YES	YES	YES	YES
年份和行业	YES	YES	YES	YES
样本数	19188	21063	18979	18979
调整 R^2	0.111	0.105	0.117	0.116
F 值	16.079***	14.954***	15.916***	15.883***

注：*** 代表 $p<0.01$，** 代表 $p<0.05$，* 代表 $p<0.1$；标准误差经过公司层面 cluster 调整；() 内数据为 p 值。

(3) 针对于内生性问题，本章采用二阶段最小二乘法对上述假设进行稳健性检验，利用滞后一期供应商、客户集中度行业中位数，滞后一期行业调整后的供应商、客户集中度作为工具变量，经过检验，结论不变。

(4) 对在职消费重新度量，参考翟胜宝等（2015）的做法，在估计正常消费时加入参会人数和会议数量作为控制变量，其中参会人数为 ln(1 + 股东代表大会和临时股东代表大会参会人数)，会议数量为 ln(1 + 股东大会数量 + 董事会议数量 + 监事会议数量)，经过检验，结论不变。

9.5 本章小结

本章基于我国 A 股上市公司 2007 ~ 2018 年数据进行检验，研究供应链关系对企业在职消费治理的影响及优化对策，得出以下结论：

（1）供应商集中度、客户集中度越大，企业在职消费越小，供应链治理效果越好。企业向供应商赊购，占用供应商的资金，与供应商之间存在代理成本，企业向客户提供商品，企业能否及时发货以及商品的质量不确定，与客户之间存在代理成本。为了降低代理成本，供应商和客户有动机对企业进行监督治理，而供应商和客户集中度越大，监督的能力越强，企业在职消费越少，供应商通过降低企业流动性风险发挥治理作用，客户通过减少高管可支配自由现金流发挥治理作用。

（2）供应商和客户对企业在职消费治理受到交易中产生的商业信用的影响。企业与供应商交易中，应付账款比例越高，供应商治理效果越好，供应商因为担心企业不能按时向其还款而产生对企业治理的动机。企业与客户交易中，应收账款比例越高，客户治理效果越好，企业为了让客户按时付款会对客户的要求更加迎合，同时应收账款占用企业资金可以减少高管可支配资金，对企业高管行为有更强的约束作用。

（3）供应商和客户对企业在职消费治理受各方融资情况的影响。企业融资约束越大，供应商和客户担心企业资金断裂对上下游产生的传递作用，会对企业的治理监督效果加强。同时供应商为国有企业或上市公司比例较高时，供应商对企业在职消费治理效果减弱，因为供应商融资渠道越多、融资越容易，企业超时付款对供应商持续经营的影响越小，因此供应商对企业在职消费的关注程度越弱。而企业与客户交易时客户主要关注企业向其提供产品的速度和质量，未有资金从企业流向客户，因此客户融资约束程度对客户治理没有显著影响。

第 10 章

供应链资金治理对企业价值影响研究

10.1 研究背景

企业从供应商、客户交易中获取商业信用融资，作为银行借款、股权融资的替代，商业信用融资的使用将影响企业价值。商业信用融资对企业价值有正向的影响，它可以为企业补充现金流，降低企业的融资约束，可以使企业有充足的现金进行投资、经营活动，提升企业价值。此外，供应链关系会通过商业信用融资影响企业价值，企业的供应商或客户集中度单独较高时，企业商业信用融资较少，企业价值降低，但是，当企业供应商集中度和客户集中度同时较高时，企业形成了与供应商、客户之间的三元关系，第三元关系的加入可以减少二元的竞争关系，使得企业商业信用融资增加，进而提升企业价值。

本章从融资理论出发，研究商业信用融资如何影响企业价值，以及供应链关系如何通过商业信用融资影响企业价值。本章的结构安排如下：首先，结合相关理论，推导出研究假设；其次，介绍本章的研究设计，包括数据来源与样本选择、变量定义、计量模型；再次，进行实证分析，分别对样本进行描述性统计分析和回归分析，证明研究假设，并且采取变量替换、二阶段最小二乘法等方法进行稳健性检验，证明研究结论的稳健性；最后，对本章的主要结论进行总结。

10.2 研究假设

10.2.1 商业信用融资对企业价值影响

商业信用融资对企业价值具有正向作用，它对企业来说是银行借款的替代融资方式，企业在与供应商和客户交易中获取商业信用融资，可以降低企业的融资约束，补充企业的现金流，使企业有充足的资金进行固定资产、研发支出等方面的投资，提升企业的竞争力，进而提升企业价值。

企业的商业信用融资相当于供应商、客户为企业提供的短期借款，商业信用融资可以降低企业的融资约束。石晓军、张顺明（2010）发现商业信用融资的使用可以降低企业的融资约束，提高规模效率，并且在资源配置优势上比银行存款更大。孙浦阳等（2014）验证了企业获得的商业信用融资可以成为企业有效的融资渠道，在考虑了中国信贷市场存在的差别化信贷政策等问题后，他发现中国企业能够将商业信用作为融资渠道，并且对于小企业、私营企业以及外部金融环境较差的企业，商业信用对其融资帮助更大。商业信用具有风险小、门槛低的特点，企业在面临融资约束时，买卖双方都会选择商业信用来替代其他融资方式（Biais & Gollie，1997；Petersen & Rajan，1997）。

企业商业信用融资越多，可利用的资金就越多，从而可以增加投资，进而提升企业价值。俞鸿琳（2013）认为商业信用融资提升企业价值的主要原因是延期付款可以降低企业当期还款压力，缓解企业的融资约束，企业会增加存货、固定资产和研发等方面的投资，扩大企业规模，提高未来发展潜力，最终实现企业的成长。梅尔泽（Meltzer，1960）认为商业信用融资提供一个缓冲，那就是资金充裕的企业为资金不足的企业提供了一个保证，确保它们能够抵御资金紧缺的后果。费里斯（Ferris，1981）还指出商业信用融资可以减少企业预防性资金持有和交易费用的支出，使企业可以更好地管理现金和存货，增加营业利润，并且通过利润的增长可以使企业更好地进行投资，推动企业成长。菲斯曼和拉沃（Fisman & Love，2003）发现，在金融中介发展较弱的地区，对于商业信用融资依赖性更强的行业会显示出更高的成长率。企业可以利用商业信用融资缓解融资约束，更好地进行研发、生产、投资活动，提升企业的价值。菲斯曼和拉沃（2003）研究发现在发展较差的资本市场，企业更多的是依赖商业信用融资来进行投资，促进企业成长。当企业融资约束降低后，企业有资金投资于收益率更高的投资项目，在现金流一定的情况下，企业融资约束的降低可以使企业不用保留过多的预防性现金，加大对固定资产、存货、无形资产、科研技术等方面的投资。李林红（2014）研究发现商业信用融资的增加可以促进企业对固定资产、无形资产和在建工程等方面投资的增加，并且这一现象在民营企业中更为明显。应千伟（2013）发现商业信用融资对企业成长有显著的正面影响，尤其是对受融资约束的企业和民营企业而言，商业信用融资对企业成长的促进作用更加明显。

本书研究认为，商业信用融资可以降低企业的融资约束，当企业无法从银行等金融机构获得贷款时，企业可以通过商业信用融资来获得短期借款，补充企业的流动资金，企业有充足的资金进行存货、无形资产、固定资产、研发或其他方面的投资，提高企业的竞争优势，进而提升企业价值。此外，商业信用融资可以通过为企业提供保障使企业减少预防性资金的持有，以及交易费用的支出，使企业可以更好地管理存货和现金，提升企业价值。因此，本章提出假设 10 - 1。

假设 10 - 1：商业信用融资对企业价值有提升作用。

10.2.2 供应链关系、商业信用融资与企业价值

供应链关系对企业价值的影响有不同的渠道，包括通过降低交易费用

（Chen & Paulraj，2004）、形成战略联盟（Bowersox et al.，1992）、共同研发、降低风险水平、降低信息不对称程度（Chen et al.，2000）等。但是，由于企业与供应商和客户交易中物流和资金流的不匹配，产生了商业信用融资，而不同企业处于不同的供应链关系中，竞争与合作程度不同，使得不同企业的商业信用融资不同，商业信用融资可以补充企业的现金流，使企业有资金进行投资，扩大经营规模，由此提升企业价值。因此，供应链关系会通过商业信用融资影响企业价值，商业信用融资是供应链关系对企业价值的一个重要影响途径。

供应商、客户与企业最直接的联系就是买卖交易，在物资传递中发生着资金流的传递，企业向供应商采购货物，资金从企业流向供应商，企业向客户销售货物，资金从客户流向企业，企业从买卖活动中赚取利润，并利用资金进行进一步地采购、固定资产投资、无形资产投资活动，企业能否正常运营依托于与供应商、客户业务的连续性，企业与供应商、客户的关系将极大地影响企业价值。但是资金流与物流不是同步的，当企业向供应商采购货物时，企业可能延期付款或提前付款，当企业向客户销售货物时，客户可能预先支付货款或延期支付货款，由此形成了商业信用融资。供应链中的竞争与合作关系将影响企业商业信用融资，当供应商、客户为了缓解企业融资约束（Cunat，2007）、增大供应商自身的销售额（Summers & Wilson，2003）、降低双方之间的交易成本（Petersen & Rajan，1997）、降低信息不对称（Ferris，1981）时，供应商、客户会为企业提供商业信用融资支持，企业商业信用融资增加。但是，由于商业信用融资作为短期借款，可以补充现金流，提高流动性，企业与供应商、客户之间会针对商业信用融资相互竞争，并且竞争的结果取决于双方之间的谈判能力。当企业通过与供应商、客户之间的交易获取商业信用融资，缓解了企业的融资约束时（Ge & Qiu，2007），企业就有充足的资金进行存货、固定资产、无形资产的投资（Guariglia & Mateut，2006），进而提高了企业的竞争力，提升了企业的价值。

本书研究认为，供应链关系将影响企业的商业信用融资，进而影响企业价值，商业信用融资是供应链关系影响企业价值的一个重要途径。具体而言，企业与主要供应商、客户之间的竞争关系将降低企业商业信用融资，进而降低企业价值，企业与主要供应商、客户之间的合作关系将提升企业商业信用融资，进而提升企业价值，当企业供应商或客户集中度较高时，企业的谈判能力相对较低，双方之间竞争关系较大，企业商业信用融资减少，企业没有充足的资金进行投资活动，企业价值会降低，但是当供应商和客户集中度同时较高时，供应商和客户会预期到企业的商业信用融资可能会受到对方侵占，因此会同时对企业提供商业信用融资支持，企业商业信用融资增加，企业可以扩大生产，增加投资，提升企业价值。由此，本章提出假设 10－2。

假设 10－2：供应链关系将通过影响商业信用融资进而影响企业价值。

10.3 研究设计

10.3.1 数据来源与样本选择

本章以 2007～2021 年我国 A 股上市公司为样本，财务数据来自 CSMAR 数据库和 Wind 数据库，参考以往文献的做法，对样本进行如下处理：（1）由于金融行业会计处理方法与其他行业不同，剔除金融行业数据；（2）由于 ST 公司可能会对结果带来一些偏误，剔除 ST 公司；（3）剔除变量有缺失的样本，并对所有变量进行了 1%～99% 的 Winsor 处理，以减少离群值给研究结果带来的偏误，最终剩余 22644 个样本。

1. 被解释变量

本章被解释变量为企业价值，参考以往文献度量企业价值的方法（池国华，2013；黄之骏、王华，2006），用 *TobinQ*、*MBOOK* 来衡量企业价值，*TobinQ* 计算方法为（股票市值 + 负债账面价值）/期末总资产账面价值，*MBOOK* 计算方法为股票市值/期末股权账面价值。

2. 解释变量

（1）企业商业信用融资，用总商业信用融资来衡量，商业信用融资作为中介变量，用（应付账款 + 预收账款 - 预付账款 - 应收账款）/总资产进行度量。

（2）供应商集中度与客户集中度，利用前五名供应商采购金额占全部采购金额的比重衡量供应商集中度，利用前五名客户销售金额占全部销售金额的比重衡量客户集中度。

3. 控制变量

本章参考陆正飞、杨德明（2011）的研究选取影响公司价值的一些控制变量，具体如下。

（1）企业规模，用企业期末总资产的自然对数来衡量，经验证据显示企业规模与企业价值的关系有正向关系、负向关系以及无关系，兰格和斯图尔茨（Lang & Stulz，1994）发现企业规模与企业价值是负向关系，伯杰和奥菲克（Berger & Ofek，1995）、陆正飞、杨德明（2011）发现企业规模与企业价值是正向关系，马丁内斯等（Martinez et al.，2013）发现企业规模与企业价值无关系。（2）企业盈利情况，用 ROA 来衡量，计算方式为当期利润/年末总资产与年初总资产的均值，企业盈利情况越好，企业价值越大。（3）第一大股东持股比例，用第一大股东持股股数/企业总股数衡量，控制公司治理水平对企业价值的影响，公司治理越好，企业价值越大（陆正飞、杨德明，2011）。（4）增长率，用销售收入增长率衡量，企业增长率越大，市场对企业的评估值越高，因此企业价值越大（Maury & Pajuste，2005）。（5）有形资产比例，用（固定资产 + 存货）/总资产进行计算，衡量企业可抵押资产的大小，莫里和帕尤斯特（Maury & Pajuste，2005）认为公司有形资产越少，意味着人力资本等无形资产越多，而无形资产可以为公司创造更多的价值，有形资产与公司价值负相关。（6）企业成立年限，用企业成立年限的自然对数衡量，企业成立年限越长，积累的资产越多，企业价值越大

(Eisenberg & Sundgren，1998)。(7) 市场份额，用企业营业收入占行业营业收入总额比重衡量，比重越大，企业在行业中市场地位越高，经营越好，企业价值越大。(8) 银行借款比重，用银行借款金额除以企业总资产进行衡量，度量企业从银行融资的能力，银行借款越多，企业价值越大。(9) 股权性质，国有企业取 1，非国有企业取 0，国有企业获得政府补助更多，企业价值更大（陆正飞、杨德明，2011)。(10) 供应商、客户交易中关联交易额，用供应商、客户交易中的关联交易额除以营业成本（收入）进行标准化度量，关联交易占比越多，企业价值越大。(11) 融资约束，参考哈德洛克和皮尔斯（Hadlock & Pierce，2010）的研究方法，用 SA 指数度量融资约束，融资约束会对企业价值产生影响。此外，本章还设置了年度、行业虚拟变量控制年度、行业对企业价值的影响。

本章主要变量定义如表 10.1 所示。

表 10.1　　主要变量定义

属性	变量名称	符号	计算方式
被解释变量	企业价值	*TobinQ*	(股票市值 + 负债账面价值)/期末总资产账面价值
		MBOOK	市值账面比，股票市值/期末股权账面价值
解释变量	商业信用融资	*TC*	(应付账款 + 预收账款 - 预付账款 - 应收账款)/总资产
	供应商集中度	*Supplier*	前五名供应商采购金额占全部采购金额的比重
		Supplier_a	行业中位数调整后的供应商集中度
	客户集中度	*Customer*	前五名客户销售金额占全部销售金额的比重
		Customer_a	行业中位数调整后的客户集中度
控制变量	企业规模	*SIZE*	期末总资产的自然对数
	企业盈利情况	*ROA*	当期利润/年初和年末总资产的平均值
	第一大股东持股比例	*Diyigudong*	第一大股东持股数/总股数
	增长率	*Salerate*	销售收入增长率
	有形资产比重	*Tangible*	(固定资产 + 存货)/总资产
	企业成立年限	*Firmage*	企业成立年限的自然对数

续表

属性	变量名称	符号	计算方式
控制变量	市场份额	*Psale*	企业营业收入占行业总营业收入的比重
	银行借款比重	*Debt*	银行借款/企业总资产
	股权性质	*State*	国有企业取 1，非国有企业取 0
	供应商交易中关联交易额	*RT_S*	与供应商进行商品交易、资产交易类、提供或接受劳务的关联交易总额，将缺失值替换成 0，并除以营业成本进行标准化
	客户交易中关联交易额	*RT_C*	与客户进行商品交易、资产交易类、提供或接受劳务的关联交易总额，将缺失值替换成 0，并除以营业收入进行标准化
	融资约束	*SA*	$SA = -0.737 \times Size + 0.043 \times Size^2 - 0.04 \times Listage$，*Size* 为总资产的自然对数（百万元），*Listage* 为上市年龄的自然对数
	行业	*IND*	行业虚拟变量
	年度	*YEAR*	年度虚拟变量

10.3.2　计量模型

为了验证假设 10 - 1，本章设立模型（10.1）式，若 α_1 系数显著为正，则假设 10 - 1 成立。

$$Value = \alpha_0 + \alpha_1 TC + Controls + IND + YEAR + \varepsilon \tag{10.1}$$

为了验证假设 10 - 2，本章设立结构方程（10.2）式 ~（10.5）式，如果通过结构方程检验，则证明假设 10 - 2 成立。设立结构方程的目的是验证商业信用融资在供应链关系对企业价值影响中发挥中介作用，首先要检验供应链关系对企业价值有影响，如（10.2）式所示，预期 a_3 系数显著；其次要检验供应链关系对商业信用融资有影响，如（10.3）式所示，预期 b_3 系数显著；再次需要检验商业信用融资对企业价值有影响，如（10.4）式所示，预期 c_1 系数显著为正；最后需要检验商业信用融资是否发挥中介作用，将供应链关系、商业信用融资同时放入模型，预期 r_4 系数显著，并且供应

链关系的系数 r_1、r_2、r_3 相对于（10.2）式显著降低。

$$\begin{cases} Value_t = a_0 + a_1 Supplier_{t-1} + a_2 Customer_{t-1} + a_3 Supplier_{t-1} \\ \qquad \times Customer_{t-1} + Controls + IND + YEAR + \varepsilon & (10.2) \\ TC_t = b_0 + b_1 Supplier_{t-1} + b_2 Customer_{t-1} + b_3 Supplier_{t-1} \\ \qquad \times Customer_{t-1} + Controls + IND + YEAR + \varepsilon & (10.3) \\ Value_t = c_0 + c_1 TC_t + Controls + IND + YEAR + \varepsilon & (10.4) \\ Value_t = r_0 + r_1 Supplier_{t-1} + r_2 Customer_{t-1} + r_3 Supplier_{t-1} \\ \qquad \times Customer_{t-1} + r_4 TC_t + Controls + IND + YEAR + \varepsilon & (10.5) \end{cases}$$

10.4 实证分析

10.4.1 描述性统计分析

表 10.2 是对本章主要变量的描述性统计，其中 *TobinQ* 均值、中位数分别是 2.01 和 1.64，*MBOOK* 均值、中位数分别是 2.92 和 2.25，商业信用融资均值、中位数均是 -0.01，商业信用融资正向和负向基本平衡，说明企业获得的商业信用融资与提供的商业信用基本相等。企业规模用总资产的对数来衡量，均值与中位数基本保持一致，分别为 22.26 和 22.08，第一股东比例均值、中位数分别为 35% 和 33%，说明我国第一大股东持股比例还是很大的，销售收入增长率均值、中位数分别是 18% 和 11%，说明我国企业成长较快，有形资产比重均值、中位数分别为 39% 和 38%，说明企业中实物资产占比还是很高的，这更有利于企业获得融资。企业成立年限均值、中位数分别为 2.85 和 2.89，说明我国企业成立时间短，市场份额均值 1%，最大值是 13%，说明我国市场竞争比较激烈，没有出现过度垄断的情况，银行借款占总资产比重均值、中位数分别为 17% 和 16%，说明我国企业从银

行借款较为困难，产权性质均值为 0.44、中位数分别为 0.00，说明我国国有企业和非国有企业数量基本持平，非国有企业更多一些。

表 10.2　　变量描述性统计

变量	样本数	均值	标准差	最小值	中位数	最大值
TobinQ	22644	2.01	1.20	0.87	1.64	8.47
MBOOK	22644	2.92	2.29	0.65	2.25	17.00
TC	22644	-0.01	0.13	-0.36	-0.01	0.39
SIZE	22644	22.26	1.34	19.37	22.08	26.08
ROA	22644	0.04	0.06	-0.26	0.03	0.23
Diyigudong	22644	0.35	0.15	0.09	0.33	0.75
Salerate	22644	0.18	0.43	-0.61	0.11	2.84
Tangible	22644	0.39	0.18	0.01	0.38	0.80
Firmage	22644	2.85	0.32	1.95	2.89	3.58
Psale	22644	0.01	0.02	0.00	0.00	0.13
Debt	22644	0.17	0.14	0.00	0.16	0.57
State	22644	0.44	0.50	0.00	0.00	1.00
RT_S	22644	0.04	0.12	0.00	0.00	0.89
RT_C	22644	0.01	0.07	0.00	0.00	0.93
SA	22644	-3.17	0.11	-3.28	-3.20	-2.69

10.4.2　多元回归分析

（1）商业信用融资对企业价值影响作用的实证研究。

为了检验假设 10-1，对（10.1）式分别利用最小二乘法、固定效应模型、随机效应模型进行回归，回归结果如表 10.3 所示，检验商业信用融资与企业价值的关系。从结果中可以看出，商业信用融资与企业价值显著正相关，证明了假设 10-1。说明随着商业信用融资的增加，企业价值也增加，商业信用融资可以降低企业的融资约束，使企业更好地投资，购进存货，提高资金周转，并增加固定资产、无形资产、研发投资，提升企业核心竞争力，扩大企业经营规模，进而提升企业价值。

表 10.3　　商业信用融资对企业价值影响的实证结果

变量	(1)	(2)	(3)	(4)	(5)	(6)
	TobinQ			*MBOOK*		
	OLS	固定效应模型	随机效应模型	OLS	固定效应模型	随机效应模型
TC	0.265 ** (0.014)	0.194 (0.105)	0.309 *** (0.002)	1.853 *** (0.000)	2.038 *** (0.000)	2.149 *** (0.000)
SIZE	-0.425 *** (0.000)	-0.599 *** (0.000)	-0.508 *** (0.000)	-0.768 *** (0.000)	-1.127 *** (0.000)	-0.928 *** (0.000)
ROA	2.772 *** (0.000)	2.066 *** (0.000)	1.983 *** (0.000)	0.542 (0.361)	0.166 (0.758)	-0.159 (0.755)
Diyigudong	-0.373 *** (0.000)	-0.911 *** (0.000)	-0.711 *** (0.000)	-0.471 *** (0.005)	-1.935 *** (0.000)	-1.350 *** (0.000)
Salerate	-0.056 *** (0.001)	-0.050 *** (0.001)	-0.054 *** (0.000)	0.009 (0.800)	-0.021 (0.524)	-0.024 (0.439)
Tangible	-0.472 *** (0.000)	0.061 (0.482)	-0.127 * (0.090)	-1.334 *** (0.000)	-0.352 (0.103)	-0.670 *** (0.000)
Firmage	0.285 *** (0.000)	1.001 *** (0.000)	0.421 *** (0.000)	0.656 *** (0.000)	1.756 *** (0.000)	0.838 *** (0.000)
PSale	1.358 (0.117)	4.912 *** (0.000)	4.419 *** (0.000)	6.167 *** (0.000)	11.986 *** (0.000)	11.036 *** (0.000)
Debt	-0.284 *** (0.002)	0.177 * (0.087)	0.016 (0.861)	2.655 *** (0.000)	3.271 *** (0.000)	3.049 *** (0.000)
State	0.059 ** (0.038)	-0.144 ** (0.038)	0.029 (0.422)	0.106 * (0.091)	-0.230 (0.130)	0.082 (0.285)
RT_S	0.219 ** (0.013)	0.042 (0.535)	0.118 * (0.066)	0.194 (0.218)	0.146 (0.273)	0.232 * (0.064)

续表

变量	(1)	(2)	(3)	(4)	(5)	(6)
	TobinQ			*MBOOK*		
	OLS	固定效应模型	随机效应模型	OLS	固定效应模型	随机效应模型
RT_C	0.805*** (0.000)	0.384*** (0.004)	0.491*** (0.000)	1.548*** (0.000)	0.722** (0.012)	0.923*** (0.001)
SA	1.776*** (0.000)	0.200 (0.309)	0.802*** (0.000)	2.014*** (0.000)	-0.804** (0.042)	0.367 (0.249)
Constant	16.225*** (0.000)	13.302*** (0.000)	14.643*** (0.000)	24.137*** (0.000)	20.724*** (0.000)	22.609*** (0.000)
年份	Control	Control	Control	Control	Control	Control
固定效应	Control	Control	Control	Control	Control	Control
样本数	22644	22644	22644	22644	22644	22644
R^2	0.372	0.285	0.279	0.250	0.223	0.219
F 值	100.5***	124.0***		74.28***	111.1***	
Chi^2			4033.15***			3304.61***

注：*** 代表 p<0.01，** 代表 p<0.05，* 代表 p<0.1；标准误差经过公司层面 cluster 调整；( ) 内数据为 p 值。

（2）供应链关系、商业信用融资与企业价值回归。

为了检验假设 10-2，对（10.2）式~（10.5）式进行回归，回归结果如表 10.4、表 10.5 所示，其中企业价值分别利用 *TobinQ*、*MBOOK* 进行度量。第（1）列为供应商集中度、客户集中度对企业价值的影响，以及供应商、客户对企业价值影响的交互作用，可以看出，交乘项系数为正，说明当供应商、客户集中度同时较大时，供应商、客户之间会形成交互作用，相互制约，企业与供应商、客户的三元合作关系加强，供应商、客户会同时对企业提供支持，企业价值提升。第（2）列为供应商、客户集中度对商业信用融资的影响，以及供应商、客户对企业商业信用融资的交互作用，可以看出，当供应商集中度或客户集中度单独较大时，企业与供应商、客户之间针对商业信用融资有较强的竞争关系，供应商会要求企业及时付款，客户会要求企业给予更多的赊账，企业商业信用融资减少。但是当供应商、客户集中度同时较大时，供应商、客户之间会形成交互作用，企业与供应商、客户的三元合作关系加强，供应商、客户预期到企业商业信用融资可能会受到供应链其他企业侵占，会同时对企业提供商业信用融资支持，企业商业信用融资提升。第（3）列为商业信用融资对企业价值的影响结果，可以看出，商业信用融资越大，企业可以进行更充分的投资经营活动，企业价值越大，商业信用融资对企业价值具有提升作用。第（4）列为中介效应检验，将商业信用融资与供应商集中度、客户集中度、供应商客户交互项同时加入方程，可以看出交互作用对企业价值的影响减小，而商业信用融资系数显著为正，说明商业信用融资发挥中介作用，供应链关系通过商业信用融资影响企业价值。使用 *TobinQ* 和 *MBOOK* 度量企业价值，得出的结论相同，并且针对中介效应进一步进行了 Sobel 检验，可以看出本章的研究结果通过了 Sobel 中介效应检验。

表 10.4　　商业信用融资中介效应检验结果（*TobinQ*）

变量	(1)	(2)	(3)	(4)
	TobinQ	*TC*	*TobinQ*	*TobinQ*
TC			0.266** (0.013)	0.335*** (0.002)
Supplier	0.089 (0.170)	-0.020** (0.019)		0.107 (0.114)
Customer	0.143** (0.014)	-0.047*** (0.000)		0.129** (0.039)
Supplier × *Customer*	0.791*** (0.008)	0.082** (0.012)		0.752** (0.016)
SIZE	-0.394*** (0.000)	0.025*** (0.000)	-0.425*** (0.000)	-0.418*** (0.000)

续表

变量	(1)	(2)	(3)	(4)
	TobinQ	*TC*	*TobinQ*	*TobinQ*
ROA	2.994*** (0.000)	-0.142*** (0.000)	2.780*** (0.000)	2.938*** (0.000)
Diyigudong	-0.301*** (0.000)	0.041*** (0.000)	-0.372*** (0.000)	-0.267*** (0.002)
Salerate	-0.054*** (0.002)	0.000 (0.985)	-0.056*** (0.001)	-0.076*** (0.000)
Tangible	-0.387*** (0.000)	0.254*** (0.000)	-0.473*** (0.000)	-0.507*** (0.000)
Firmage	0.260*** (0.000)	0.031*** (0.000)	0.285*** (0.000)	0.292*** (0.000)
PSale	1.299 (0.170)	-0.551*** (0.001)	1.354 (0.122)	1.594* (0.087)
Debt	-0.459*** (0.000)	-0.259*** (0.000)	-0.283*** (0.002)	-0.335*** (0.001)
State	0.043 (0.128)	0.021*** (0.000)	0.059** (0.038)	0.056* (0.062)
RT_S	0.219** (0.025)	0.075*** (0.000)	0.217** (0.014)	0.199* (0.051)
RT_C	0.854*** (0.000)	0.033** (0.029)	0.810*** (0.000)	0.885*** (0.000)
SA	1.723*** (0.000)	-0.082*** (0.000)	1.775*** (0.000)	1.782*** (0.000)
Constant	15.853*** (0.000)	-1.000*** (0.000)	16.614*** (0.000)	16.451*** (0.000)
年份	Control	Control	Control	Control
固定效应	Control	Control	Control	Control
样本数	20857	18700	22622	18696

续表

变量	(1)	(2)	(3)	(4)
	TobinQ	*TC*	*TobinQ*	*TobinQ*
调整 R^2	0.368	0.331	0.372	0.379
F 值	98.22***	44.65***	102.7***	90.46***
Sobel 检验	Sobel 值		P - Sobel	
Supplier	-1.71*		(0.088)	
Customer	-2.26**		(0.024)	
Supplier × *Customer*	1.76*		(0.078)	

注：*** 代表 p<0.01，** 代表 p<0.05，* 代表 p<0.1；标准误差经过公司层面 cluster 调整；() 内数据为 p 值。

表 10.5　　商业信用融资中介效应检验结果（*MBOOK*）

变量	(1)	(2)	(3)	(4)
	MBOOK	*TC*	*MBOOK*	*MBOOK*
TC			1.856*** (0.000)	1.972*** (0.000)
Supplier	-0.105 (0.459)	-0.020** (0.019)		-0.050 (0.732)
Customer	0.243** (0.044)	-0.047*** (0.000)		0.270** (0.035)
Supplier × *Customer*	1.434** (0.017)	0.082** (0.012)		1.173* (0.060)
SIZE	-0.666*** (0.000)	0.025*** (0.000)	-0.768*** (0.000)	-0.745*** (0.000)
ROA	0.942* (0.092)	-0.142*** (0.000)	0.568 (0.339)	0.878 (0.146)
Diyigudong	-0.293* (0.082)	0.041*** (0.000)	-0.465*** (0.005)	-0.285 (0.103)

续表

变量	(1)	(2)	(3)	(4)
	MBOOK	*TC*	*MBOOK*	*MBOOK*
Salerate	0. 023 (0. 563)	0. 000 (0. 985)	0. 009 (0. 811)	-0. 020 (0. 634)
Tangible	-0. 901 *** (0. 000)	0. 254 *** (0. 000)	-1. 337 *** (0. 000)	-1. 488 *** (0. 000)
Firmage	0. 637 *** (0. 000)	0. 031 *** (0. 000)	0. 657 *** (0. 000)	0. 671 *** (0. 000)
PSale	5. 378 *** (0. 007)	-0. 551 *** (0. 001)	6. 186 *** (0. 000)	6. 597 *** (0. 001)
Debt	2. 114 *** (0. 000)	-0. 259 *** (0. 000)	2. 650 *** (0. 000)	2. 720 *** (0. 000)
State	0. 079 (0. 213)	0. 021 *** (0. 000)	0. 105 * (0. 092)	0. 074 (0. 264)
RT_S	0. 333 * (0. 073)	0. 075 *** (0. 000)	0. 193 (0. 219)	0. 188 (0. 318)
RT_C	1. 530 *** (0. 000)	0. 033 ** (0. 029)	1. 575 *** (0. 000)	1. 527 *** (0. 000)
SA	1. 728 *** (0. 000)	-0. 082 *** (0. 000)	2. 010 *** (0. 000)	1. 855 *** (0. 000)
Constant	21. 541 *** (0. 000)	-1. 000 *** (0. 000)	24. 655 *** (0. 000)	23. 634 *** (0. 000)
年份	Control	Control	Control	Control
固定效应	Control	Control	Control	Control
样本数	20857	18700	22622	18696
调整 R^2	0. 231	0. 331	0. 251	0. 250
F 值	71. 86 ***	44. 65 ***	75. 88 ***	67. 31 ***
Sobel 检验	Sobel 值		P - Sobel	
Supplier	-2. 25 **		(0. 025)	

续表

变量	(1)	(2)	(3)	(4)
	MBOOK	*TC*	*MBOOK*	*MBOOK*
Customer	-4.46***		(0.000)	
Supplier × Customer	2.39**		(0.017)	

注：*** 代表 $p<0.01$，** 代表 $p<0.05$，* 代表 $p<0.1$；标准误差经过公司层面 cluster 调整；( ) 内数据为 p 值。

10.4.3 稳健性检验

(1) 替代变量。

考虑到在某些行业中商业信用融资较高，在某些行业中较低，因此将商业信用融资减去行业中位数以减少行业的影响，结论不变。

(2) 内生性问题。

考虑到商业信用融资可能与企业价值存在内生性问题，采用二阶段最小二乘法（2SLS）进行稳健性检验，本章选取商业信用融资行业均值（*TC_mean*）、商业信用融资大小虚拟变量（*TC_dum*）作为工具变量，各工具变量定义方法如表 10.6 所示。在二阶段最小二乘法中，第一阶段首先用各工具变量以及其他控制变量对供应商集中度、客户集中度进行回归，求出供应商集中度、客户集中度的拟合值，第二阶段用计算出的供应商集中度、客户集中度拟合值以及其他控制变量对商业信用融资进行回归，具体回归结果如表 10.7 所示。可以看出，采用二阶段最小二乘法进行回归，结论不变，证明了本章结论的稳健性。

表 10.6 工具变量定义

变量	计算方法
TC_mean	商业信用融资行业均值，其中行业代码选择前两位
TC_dum	当商业信用融资大于行业中位数，取 1；当商业信用融资小于行业中位数，取 0

表 10.7　　二阶段最小二乘法检验

变量	(1)	(2)	(4)
	第二阶段检验		第一阶段检验
	TobinQ	*MBOOK*	*TC*
TC	0.157 (0.270)	1.316*** (0.000)	
TC_mean			0.421*** (0.000)
TC_dum			0.152*** (0.000)
SIZE	-0.451*** (0.000)	-0.799*** (0.000)	0.010*** (0.000)
ROA	3.270*** (0.000)	1.151* (0.051)	-0.015 (0.285)
Diyigudong	-0.174** (0.035)	-0.081 (0.639)	0.012* (0.099)
Salerate	-0.082*** (0.000)	-0.032 (0.377)	0.003* (0.083)
Tangible	-0.536*** (0.000)	-1.421*** (0.000)	0.105*** (0.000)
Firmage	0.213*** (0.000)	0.518*** (0.000)	0.015*** (0.001)
PSale	0.862 (0.347)	5.900*** (0.001)	-0.321*** (0.001)
Debt	-0.307*** (0.001)	2.504*** (0.000)	-0.137*** (0.000)
State	0.023 (0.409)	0.036 (0.563)	0.005** (0.046)
RT_S	0.226** (0.013)	0.206 (0.202)	0.012 (0.166)
RT_C	0.789*** (0.000)	1.622*** (0.000)	0.006 (0.555)

续表

变量	(1)	(2)	(4)
	第二阶段检验		第一阶段检验
	TobinQ	*MBOOK*	*TC*
SA	2.110*** (0.000)	2.486*** (0.000)	-0.036*** (0.001)
Constant	18.144*** (0.000)	25.872*** (0.000)	-0.451*** (0.000)
年份	Control	Control	Control
固定效应	Control	Control	Control
样本数	20616	20616	20616
调整 R^2	0.406	0.273	
F 值	98.23***	73.97***	

注：*** 代表 p<0.01，** 代表 p<0.05，* 代表 p<0.1；标准误差经过公司层面 cluster 调整；() 内数据为 p 值。

10.5 本章小结

商业信用融资是供应商、客户给予企业的短期借款，企业可以利用商业信用融资缓解融资约束，进行更好地投资、经营活动，提升企业价值，本章主要研究商业信用融资如何影响企业价值，以及商业信用融资在供应链关系对企业价值影响中发挥什么作用，供应链关系如何通过商业信用融资影响企业价值。

本章利用我国 A 股上市公司数据，研究商业信用融资与企业价值的关系，以及供应链关系对企业价值影响的作用机理，本章的研究结论有以下几点：

(1) 商业信用融资可以提升企业价值。商业信用融资可以降低企业的融资约束，增加企业的现金流，使企业有资金进行更好的存货、研发、固定资产等投资活动，提高企业的竞争力，进而提升企业价值。

（2）供应链关系通过影响企业商业信用融资进而影响企业价值，商业信用融资发挥中介作用。供应链中的竞争与合作关系将影响企业商业信用融资的取得，当企业与主要供应商、主要客户之间竞争关系发挥主要作用时，企业谈判能力相对较弱，企业商业信用融资较少，甚至企业的流动资金可能会被供应商、客户侵占，企业自由现金流不足，不能扩大投资，增大存货采购，企业价值降低。但是当企业供应商、客户集中度同时较高时，三元合作关系增强，企业的供应商与客户会预期到企业的商业信用融资可能会受到对方侵占，从而可能会影响到自身的利益，因此，供应商、客户会同时对企业提供商业信用融资支持，企业有充足的资金安排生产投资活动，企业价值提升。

第 4 编　数智化技术在资金链治理中的应用

第 11 章

区块链在企业财务管理中的应用

11.1 区块链技术发展背景

在我国，区块链成为国家发展的重要战略，2016 年 12 月《“十三五”国家信息化规划》首次将“区块链”写入国家层面发展规划，多省市均出台文件将区块链纳入发展规划，并针对区块链提出政策扶持，国家主席习近平将区块链与人工智能并列视为新一代信息技术的代表。很多金融机构开展区块链业务，例如中国招商银行开展区块链跨境直联清算业务；邮储银行开展区块链信用证业务和资产托管业务，通过区块链的分布式共享账本技术和共识机制，实现了交易信息和流程事件的多方实时共享，免去了重复信用校验的过程，银行能够通过区块链的智能合约驱动交易流程，实现跨机构的业务信任流转。中国银行与腾讯金融科技集团在云计算、大数据、区块链和人工智能等方面开展深度合作，部署数字钱包、贸易融资、房屋租赁、公益扶贫、跨境支付和数字票据等应用场景；浙商银行等利用区块链开发了应收账款平台；深交所利用区块链实现了区域性股权市场中介机构信息的共享。在政府政务方面，广东佛山市将区块链技术运用到政务服务中，加速政府处理事项的服务速度；中国人民银行已经发行数字货币；北京已开出区块链电子发票、停车票、公园门票；雄安新区针对财政建设资金建立区块链平台。此外，还有税务管理、供应链金融、物联网等领域均有区块链的实际应用，区块链技术在5G、人工智能、物联网等技术的配合使用下，具有广阔的前景。在企业层面，百度、阿里巴巴、腾讯、京东、华为等已经开始进行区块链的开发和应用，例如阿里巴巴在2019年福布斯全球区块链排行榜中排名第四，它建立了蚂蚁区块链，可以实现跨链数据连接、分布式身份、可信计算、应用速搭平台等服务，可以为其他企业提供金融、行业、政府以及其他综合类解决方案，包括产品溯源、融资租赁、风险管理、营销、医疗健康、票据流转、可信数据服务平台、知识产权保护、鉴证、经济共享等服务；华为也建立了区块链云平台，为企业提供供应链金融、供应链溯源、数字资产、众筹公证等区块链技术支持的服务。

区块链在世界范围内也被高度重视，各国在区块链技术方面均有一定的发展和政策扶持。在金融领域，美国纳斯达克宣布推出基于区块链的股权交易平台纳斯达克林克（Nasdaq Linq），已批准公司可以基于区块链技术进行股票交易，并且一些州已对区块链技术立法，该平台通过区块链技术，支持企业向投资者私募发行“数字化”的股权。摩根大通、花旗银行申请了基于区块链的银行间支付专利，使用区块链可以使银行能够实时处理跨境支付交易，避免延迟。欧洲央行积极探索区块链，拟发行数字货币。德意志联邦银行和德国证券交易所宣布将合作创建一个区块链系统，实现证券结算功能。韩国央行宣布韩国唯一的证券交易所将开发基于区块链的交易平台，加拿大皇家银行开始部署测试区块链跨境支付系统。澳大利亚邮政将区块链技术应用于身份识别，迪拜建立全球区块链委员会。在企业应用层面，IBM作为最大的区块链服务提供商之一，在食品业、跨境支付、金融、全球贸易、身份保护等方面均为客户提供解决方案，例如克罗格（Kroger）利用IBM区块链技术实现了食物从农场到餐桌的可追溯性，全球最大的航运公司马士基（MAERSK）联合IBM建立区块链全球供应链运输系统平台“贸易透镜”（TradeLens），将各方聚集在一起以支持信息共享和透明，并促进行业范围内的创新，该平台目前已经记录超过1.54亿次航运事件，包括船只到达时间、集装箱接口、海关放行、商业发票和提单等全部文件信息，努阿尔卡（NuArca）利用区块链彻底改变了代理投票状况，保留了 OBO 匿名性，同时确保了投票过程的透明度和可审计性。布特林（Buterin）提出以太坊区块链平台，构建了智能合约框架，首次将智能合约应用到区块链当中。优比特（Ubitquity）为金融机构、所有权与抵押公司提供平台，将不动产区块链用于记录、追踪土地产权、财产契据与留置权的移转，有助于确保文件准确与可验，同时提高交易透明度、降低交易成本。维萨（Visa）与文档签名（DocuSign）应用区块链技术简化汽车租赁，客户选择欲承租的汽车，记录在区块链的公共账本上，之后在驾驶座上签署租赁协议与保单，并同步更新区块链信息。商船三井、日本邮船以及川崎汽船等 14 家日本企业也成立了基于区块链技术的贸易数据共享平台企业联盟。

区块链技术可以增加社会信任，各个领域均在研究区块链技术如何促进行业发展。区块链可以极大促进金融发展、协调产业活动、促进绿色经济、缓解电商欺诈行为、促进保理业务的发展、实现商业模式创新。比特币是区块链技术应用的最初产品，但是比特币由于价格波动巨大，无法监管，完全去中心化，不利于国家宏观经济调节以及货币主权确立，可能会带来金融风险，因此我国限制比特币转让和变现。但是区块链技术自身无罪，可以在其他领域发挥更好的作用，区块链技术由“币”向“链”进行转变。在我国，经过统计，已经有 308 家上市公司在实践中应用区块链技术，主要集中在信息技术服务业、金融业以及商务服务业，为提升运营效率、降低成本发挥重大的作用。

11.2　区块链技术如何在财务管理活动中运用

（1）区块链技术降低信息不对称问题，降低纠纷处理成本，降低中介管理成本。

目前社会发展的主要问题是信息不对称，例如淘宝、京东等第三方机构是为了解决双方买卖的不信任问题，银行和政府机关用其公信力作为背书，解决投资方与受资方，以及各方主体之间的信息不对称。企业内部存在股东与管理者、大股东与小股东等各类代理问题，企业之间存在与供应商、客户、债务人、税务机关等信息不对称问题，财务管理人员针对不同的信息不对称问题提出各种解决措施，目的是降低代理成本，实现企业价值最大化。区块链技术利用分布式账本和加密技术，各个企业将交易数据写入公共账本中进行共享，并通过加密使得只有经过授权的企业才能查看交易链条的全部信息，在区块链技术下，各方之间无须信任，利用技术就能够实现信息和服务的直接交易，降低了中介成本，使得企业有更多的资金进行生产经营活动。

（2）区块链技术使得财务管理人员拥有更多的数据进行分析和预测。

大数据时代数据是企业实现价值增值的基础，财务管理人员需要走在业务前端，收集大量数据进行整合和分析，进而指导业务活动。区块链技术可以使企业获得全流程的信息和数据，有助于企业进行更深层次地分析。例如企业以往只能获得与其进行直接交易的供应商和客户的信息，而通过区块链的溯源功能，企业可以了解产品的各层级供应商和客户，从而可以进行更好地规划和风险预警。此外，随着客户对数据隐私的意识越来越强，企业获取数据难度增大，区块链技术实现了对客户数据隐私的保护，客户为了获得更好的产品和服务，会愿意主动向指定公司分享数据。

（3）区块链技术将财务会计人员从烦琐的对账核算中解放出来，提高工作效率。

会计人员的一项重要工作就是核算和对账，确保财务信息真实可靠是会计人员的重要职能，由此占用了大量时间与供应商、客户、税务机关、银行等机构进行对账，确保企业记录的信息和其他主体的信息一致。而在区块链技术下，企业在区块链中进行交易确认和记录，每当企业写入新交易时其他主体的账本自动更新。例如企业的业务处理会在税务机关系统中自动更新，税务部门不需要和企业对账就能获取企业的交易数据，减少了对账的流程。此外，区块链交易中用时间戳记录发生时点，当企业交易中出现纠纷时，可以使得证据链条有据可循，减少了纠纷处理的时间和成本，IBM 公司在使用区块链技术之前每年因为交易存在争议而导致资金冻结金额超过 1 亿美元，解决争议问题平均占用 44 天，而利用区块链技术之后的争议解决时间降为 10 天，大大降低了资金占用成本，提高了营运效率。

11.3 企业区块链在使用中存在的问题和应对措施

（1）企业区块链应使用私有链或联盟链来确保链上企业信息。

比特币面向的对象是全世界，是一个完全去中心化系统，但是比特币需要采用工作量证明（POW）机制来实现共识，花费时间较长，并且将产生电力和计算力的资源浪费。企业区块链与此不同，应以私有链或联盟链为主，加入链上的企业需要验证身份，避免有资信不良的企业加入。同时，企业区块链可以使用股权证明（POS）或股权代表证明（DPOS）机制来减少资源浪费，并缩短共识验证的时间，使得交易能够被更快地确认。虽然私有链或联盟链会损失一部分去中心化特性，但是会使得交易更安全和高效。

（2）应有政府参与链中进行监管。

区块链技术只能解决信任问题，但无法解决信息伪造问题。利用共享账本使得各个用户上传的数据呈链条形式进行串联，利用时间戳来记录数据传递时间，信息只能追加，无法篡改，可以规避个体为了避税或者隐瞒交易而将原始数据进行篡改。但是如果用户在一开始就传递了虚假的信息，例如在生产过程中用假商品代替真商品，即使用商品溯源系统也只能了解产品生产经过了哪些地方，无法证实产品是真实的。区块链技术只能用全流程公开透明的方式增加信任，但是在某些环节还是需要监管机构加入进行监管，避免信任被滥用。

（3）区块链前期投入成本较高，可以利用现有的技术平台来加速区块链技术推进。

很多企业没有资金和团队开发区块链技术，企业可以利用 IBM、蚂蚁金融科技等公司开发的区块链平台加快区块链建设进程。通过统计发现上市公司在使用区块链后绩效都有一定程度的下降，主要是由于区块链前期投入过多，并且区块链技术目前处于一个探索阶段，在商用化过程需要和众多企业进行融合，会面临一定的挫折和失败，区块链的价值提升是一个渐进的过程，并不能立刻见到成效，企业可以充分利用市场现有的系统，加快区块链技术的推进过程。

11.4 企业区块链技术未来发展方向

（1）为数字化经济提供支撑。

国家提出要建设数字化经济，要将资产进行数字化，将经济活动数字化，而数字化交易与传统交易的区别在于数字化资产可以无限复制、无限拆分，如何避免产权重复交易或者虚假交易，需要利用区块链技术中的智能合约。业务条款和逻辑被嵌入交易数据中，只有达到合同约定要求时，合同才能触发，交易自动执行，当一家企业向另一家企业销售数字化资产时，将会向全网进行广播，并写在共享账本之中，同时交易具有可追溯、不可篡改特性，如果未来产权出现纠纷，就可以很快地查找产权归属。企业也可以利用数字化资产向银行申请贷款，银行通过加入区块链中可以随时监控质押的数字化资产状态，确保不被企业重复质押或转移。

（2）促进物联网、人工智能发展。

物联网通过传感器实现万物互联，但是也可能伴随着个人信息的泄露，信息会被不法分子利用，由此带来威胁，这也是物联网发展受限制的重要原因。而区块链技术在共享数据的基础上有强大的不对称加密技术，只有被授权的个体才能获得数据，而其他人员难以反向解码，从而有效地保障了用户信息安全。同样，人工智能需要大量数据进行机器学习，而高价值和高私密性的个人数据较难获得，区块链技术可以获得交易链条上的全部数据，并且能够保障数据不被无关主体获得，消费者更愿意主动提供数据，企业能够利用数据进行更精准地分析和预测，进而提升服务和产品的质量。

（3）为传统垄断行业提供竞争压力。

中心化的好处是效率较高，例如银行、政府、京东、淘宝网络平台等都可以快速地为各方提供资金、交易平台等服务，但是这些中心化的第三方机构需要的维护成本较高，如果中心化系统被攻击，带来的结果将会是灾难性的。过度垄断会造成行业壁垒，由于缺少竞争对手，会对客户群体提出不合理要求，导致市场效率降低，各个集中化机构各自为政，也不容易实现信息整合。区块链技术的使用在前期虽然可能会面临一定的失败和较高的投资成本，但它是社会未来发展的方向，同时也为中心化的企业和机构提供竞争，使它们存在危机意识，快速地进行提升和转型，提高服务质量。

（4）在贸易战背景下，利用区块链技术可以绕过美元的国际垄断地位。

如今美国为了谋取自身在世界的垄断地位，对我国行业领先企业进行打压，例如美国拟通过斯威夫特（SWIFT）系统对华为进行打压，该系统是跨国银行之间沟通的主要工具，世界跨境金融业务高度依赖斯威夫特系统来进行结算、发送消息，如果企业被加入黑名单，就无法利用美元采购和销售货物，大大约束了企业的发展。而区块链技术可以绕过斯威夫特结算，直接实现以物易物，利用人民币进行交易，绕过了美国的限制，同时也有利于加速提升人民币在国际市场中的竞争地位。

第 12 章

企业财务数智化转型案例分析——以 IBM 集团为例

随着大数据、云计算、物联网、区块链、人工智能等新兴技术的发展，以及社交网络、智能终端的使用，企业内部外部充斥着各种各样的数据。在企业外部，客户和潜在客户在社交网络和评论网站中不断生成新数据，在线新闻项目、气象数据、竞争对手网站内容，甚至数据市场如今都已经成为可供企业使用的候选数据源；在企业内部，随着客户转变为以在线渠道作为开展商业交易的首选方法，网络日志也在不断增加，为监测和优化业务运营而部署的传感器网络和机器生成的数据也迅速增加。这些海量数据为企业实时数据分析创造了机会，企业能够通过分析越来越多的数据，从而获得业务洞察力，并将这些洞察转变为实时决策和行动。此时要求企业有更快的反应速度、更灵活的运营模式和架构，并且要求企业能够迅速发现市场机会和风险，并及时采取行动。而财务分析软件智能化水平也大大提升，使得财务人员可以从会计核算、业务分析等工作中解脱出来，财务组织职能发生着巨大改变，从对业务的核算、分析转变为对未来企业运营以及市场情况的预测，财务组织目标从价值创造目标转变为价值洞察目标。

财务人员一直是信息的分析者，财务人员可以对各种类型的数据进行分析，包括结构化、非结构化、流动化等数据，从而可以更加准确地预测未来，判断未来发展趋势，以及企业可能存在的机会和威胁。为了适应智能化时代的发展，企业要向更灵活、更具有洞察力的组织进行变革，财务组织是企业整体变革的主要推动者，通过财务组织的信息整合以及预测分析可以使企业各个业务、职能部门实现整合，确保企业整体向着相同的方向进行变革。因此，在智能化时代，企业首先要对财务组织进行变革，以价值洞察为目标进行财务流程和财务组织结构的变革，并由财务组织推动整个组织的变革。

本章基于组织变革理论和价值管理理论，通过对 IBM 在应对智能化时代的组织变革进行深入剖析和纵向分析，提出智能化时代下基于价值洞察目标的财务组织变革方向，为其他企业在智能化时代如何通过财务组织变革应对复杂多变的环境提供指导。

12.1 背景介绍

12.1.1 新技术发展趋势

在智能化时代快速发展的新技术包括大数据、云计算、物联网、区块链、人工智能，这五类新技术的引入对财务活动将产生重大影响，企业如何在新技术背景下进行财务数智化转型呢？大数据分析技术可以使财务人员有能力对更多的结构化和非结构化数据进行分析，提高财务人员信息处理的敏捷性和洞察力。云计算技术使得财务人员有能力进行大数据存储和分析。物联网技术的引入可以使财务人员获得更多业务方面的数据，实现对业务数据更全面的分析，从而指导业务活动。区块链可以促进组织间信任，在订单处理、票据核验、合同签订等方面发挥优势。人工智能技术通过文本分析、机器学习等方法模拟人的行为，提高财务决策的自动化。这些新技术的引入将改变传统财务会计工作的内容。

12.1.2 财务数智化转型的大势所趋

企业实现数智化乃大势所趋。财务部门将是帮助企业充分把握这种数字化环境所带来效益的关键所在。通过提供洞察、预测和远见，帮助企业作出战略性决策，例如当企业考虑新业务时，CFO 应能预计发生的财务影响以及不确定的商业市场中的运营变化。财务组织需要更快速地接触和权衡新商机，主动帮助管理业务增长和风险，分析有益的业务合作关系，通过对整合的企业与环境数据的管理和分析，提高企业的响应能力。成功的财务组织应当采用新兴技术，创建业务洞察、提升效率、开拓机遇、促进创新，需要以数字化、智能化方式重塑组织。区块链、人工智能技术的使用也为实现财务活动数智化提供了可能，区块链促进了企业与企业之间信任的实现，人工智能技术通过机器学习等方法实现了自动化决策。

为了适应数智化时代，企业要向更灵活、更具有洞察力的组织进行变革，财务组织是企业整体变革的主要推动者，通过财务组织的信息整合以及预测分析可以使企业各个业务、职能部门实现整合，确保企业整体向着相同的方向进行变革。因此，在数智化时代，企业首先要对财务组织进行变革，以价值洞察为目标进行财务流程和财务组织结构的变革，并由财务组织推动整个组织的变革。同时，财务流程与业务流程的关系也要由财务业务一体化转为财务引导业务，通过对结构化和非结构化的大数据进行智能分析，为业务未来发展提供预测职能。

12.2 IBM 集团概况

在 20 世纪 60 ~ 80 年代，IBM 一直是计算机世界不可动摇的王者，但随着市场竞争的加剧、竞争对手的崛起，以及 IBM 庞大的组织结构、较低的效率，其利润逐年下降，甚至为负数，由此 IBM 进行了多次组织变革，最终成功转型，将自己定位为全球信息技术和业务解决方案公司。IBM 在 2007 年就提出“智慧地球”的理念，对数智化时代的发展具有重大推动作用，IBM 的行动对所有企业具有指引作用，因为其很大程度上代表着市场未来的发展方向。IBM 一直以创新为目标，不断进行“全球整合型组织”变革，实现企业效率、洞察力的大大提升，具有成功的组织变革经验。IBM 具有很强的价值洞察能力，财务管理在 IBM 的企业管理中占据重要位置，财务组织具有强大的分析能力和预测能力，指引企业发展方向，因此，IBM 的财务组织变革值得其他企业进行学习和借鉴。

12.3 IBM 集团财务数智化转型过程

在区块链、人工智能等技术下，IBM 财务部门将很多环节都交由机器自动化处理，利用区块链、人工智能、物联网等技术可以将常规财务工作自动化，而财务人员将精力集中放在对信息数据的分析和处理当中。表 12.1 为 IBM 财务流程自动化程度，可以看出 IBM 已经将大部分常规工作交由机器自动化处理，而只在规划、预算、审核以及重大兼并收购等活动中采用人工分析和处理。智能机器正在改变人类与科技的互动方式，还改变了业务运营模式。它们帮助企业创造全新的个性化产品和服务，改善运营，降低成本，提高效率。当与更加强大的物联网生态系统相结合时，机器可以从其他互联设备中学习，定期改进自己的行动。IBM 的自适应机器人能够处理物联网数据和其他数据以进行学习并自主作出决策，机器学习系统可以借助软件，无须明确指令即可不断学习、持续改进，自然语言处理能够理解人类说的话，借助统计算法和机器学习预测性分析，并且模拟人类智能过程。

表 12.1　　IBM 财务流程自动化程度

	财务运营	会计结账与合并	外部财务报告	业绩管理	规划、预算和预测
指导	财务程序和业务规则［中］	会计政策和程序［中］ 密切协调与计划安排［低］	财务信息披露要求［中］ 投资者关系管理［低］	报告程序和规则［中］ 报告框架［低］ KPI 定义［低］	预算程序和准则［低］ 战略规划和目标设定［低］ 运营规划［低］ 资本规划［低］

续表

	财务运营	会计结账与合并	外部财务报告	业绩管理	规划、预算和预测
控制	运营协调［高］ 财务政策监控［中］ 权限与限制授权［低］	财务对账［高］ 日记账分录审核与批准［高］	报告合规监控［中］ 检测式自我审计［中］ 财务报表审批［低］	KPI 监控［高］ 业绩审核/影响评估［中］ 奖金薪酬整合［低］	预算/预测模型设计［中］ 预算政策监控［中］ 计划审批［中］
执行	薪资核算［高］ 税务和支出处理［高］ 争议/扣款核算［高］ 固定资产核算［高］ 项目核算［高］ 应付账款/应收账款处理［高］ 采购［高］	结账前执行［高］ 合并报表［高］ 公司内部/转移定价［高］ 税务会计［中］ 定期结账绩效［中］	财务报表准备［高］ 董事会报告准备［中］ 法规报告编制［中］ 法规查询处理［中］ 投资人关系支持［低］	管理报告［高］ 业务分析和建模［高］ 成本核算管理［高］ 记分板/仪表板创建［高］ 业务用例准备［中］	预算准备［高］ 预测准备［高］

	风险与合规管理	财政与投资	税务管理	专业服务	财务管理
指导	内部控制框架［低］ 企业风险框架［低］	流动资产规划［中］ 财务程序和规则［中］ 投资组合规划［中］ 投资程序和规则［中］	税务合规政策和程序［中］ 税务策略与规划［低］	外部财务审计要求［低］ 审计目标与规划［低］ 并购战略［低］ 财务业务战略/企业组织架构［低］	财务政策和程序［中］ 财务系统架构规划［低］ 自我规划［低］ 数据监管策略和规则［低］ 财务服务交付模式［低］
控制	运营协调［高］ 财务政策监控［高］ 风险与合规监控［中］	银行对账［高］ 外汇风险敞口管理［中］ 投资组合绩效监控［中］	税务合规监控［中］	审计建议监控［中］ 并购董事会批准［低］ 并购协同监控［低］	政策监控［高］ 主数据管理［高］ 系统架构合规［中］ 服务提供商监控［中］ 员工绩效与考评［低］

续表

	风险与合规管理	财政与投资	税务管理	专业服务	财务管理
执行	风险报告［高］ 风险评分和评估［中］ 合规与控制报告［中］	外汇交易执行［高］ 贸易和结算［高］ 现金预测［中］ 现金管理运营［中］ 投资组合管理［中］ 投资建模［中］ 股本/负债管理［中］ 资本收购和证券化［低］	纳税申报单准备［中］ 税务研究［中］ 税务查询处理［中］ 基于交易的税务咨询［中］	内部审计执行［中］ 审计结果报告［中］ 并购候选方确定［中］ 并购尽职调查［中］ 并购交易执行［低］ 特殊项目/内部咨询［低］	主数据维护［高］ 财务系统维护［中］ 员工培养和保留［中］ 服务提供商管理［中］

注：括号内“高”“中”“低”代表自动化程度。

利用自动化软件可以提高财务人员的效率。利用人工智能的强大能力，可以自动分析市场和企业的历史数据，据此预测未来。机器学习可以处理数据中的异常情况，指出偏见，并进行自我纠正。此外，随着模型从过去的迭代中不断“学习”，它们所生成预测的准确性会不断提高。由此消除了预测工作所需的大量人力劳动，因此员工不必将大量时间花费在电子表格上。通过自动化预测还可以计算更多的数据，比人类的管理速度要快得多，同时可以提供更为动态的未来视图，而不是粗略的静态展现。同样，机器人流程自动化（RPA）让员工获得了“解放”，能够去从事更多增值活动。虽然机器人无法执行依赖于复杂决策或具有多条路径的复杂任务，但是它们可用于自动执行不需要人工判断的日常重复性工作，例如发票处理和对账，这有助于降低成本，提高准确度。

12.4 IBM 财务组织结构变革

12.4.1 企业战略：发现潜在价值机会的差异化战略——“智慧地球”

IBM 将目标设定为致力于使人类的生活变得更美好，并自愿承担起“为人民服务”的责任，提出“智慧地球”的理念，要通过物联网技术获取多样化的信息，利用大数据和云计算提高分析能力，通过预测未来发展趋势向顾客提供差异化的产品和服务。智慧地球是使用先进信息技术改善商业运作和公共服务，并以此来构建新的世界运行模型的一个愿景，智慧地球的核心是以一种“更智慧”的方法来改进政府、企业和人们交互的方式，以便提高交互的明确性、效率、灵活性和响应速度。IBM 智慧地球的主要内容是把新一代 IT 技术充分运用在各行各业之中，把感应器嵌入全球每个角落的电网、铁路、桥梁、隧道、公路、建筑、供水系统、大坝、油气管道等各种物体中，并且被相互连接，形成“物联网”，通过超级计算机和云计算技术将“物联网”整合起来，实现人类社会与物理系统的整合。在此基础上，人类可以以更加精细和动态的方式管理生产和生活，从而达到“智慧”状态，智慧地球进一步拓展了客观世界的信息化范围。

总体而言，IBM 将企业的总体目标放在实现利益相关者价值最大化上，通过更好地与利益相关者进行联系、沟通和大数据分析，了解利益相关者的潜在需求，通过满足利益相关者需求来确定企业的业务，进而实现企业的发展。

12.4.2 企业整体结构：网络型——全球整合企业

为了更好地实现企业智能化、自动化，使得管理人员能将精力关注于战

略转型、管理决策，企业首先要提高业务效率，减少多余的流程和环节，最大程度上实现企业的精简。IBM 提出“全球整合企业”的理念，并开始将全球各个业务部门职能分拆，整合到全球各个共享服务中心。IBM 将原来矩阵式的组织结构变为网络型组织结构。全球整合组织结构是将实现业务的各个模块，如采购、制造、研发、销售等根据成本最低和重要性的原则迁移至不同国家和地区，并将不重要的业务进行合并，IBM 根据不同国家和地区的特点和优势，将全球采购中心从 300 个整合为 3 个，并将全球采购总部迁至中国深圳，全球人力资源管理设在菲律宾，全球财务中心设在马来西亚，并同时将原来散布在各个层级、部门的供应链、采购、财务、人事等职能和人员整合到新的统一管理架构中，根据客户需要建立项目团队，按照项目需要从各个共享中心选择适合的人员参与项目，项目成员之间通过强大的通信手段进行有效协同合作。

12.4.3　财务组织目标：提升财务组织的“洞察力”

IBM 对财务组织提出“洞察力”目标，财务要引导业务活动，财务部门要根据企业交易数据、供应商、客户等网站公开信息、社交网络上的舆论趋势进行大数据分析，对未来发展作出判断，对业务活动进行干预，引导业务部门进行价值增值的业务活动，并规避潜在的可能风险，财务人员在进行预算时不仅要保持和业务部门的沟通，以业务部门的销售预测来进行预算决策，还要将大数据预测的结果作为重要参考。IBM 要求财务部门能够快速运行，结合业务计划的优先顺序来建设数据平台，在所有流程中嵌入分析，并将重复发生的分析流程进行自动化，对所收集到信息的分析速度越快，作出决策的速度就会越快。此外，财务部门还要通过合并增值整合财务和运营数据，从而更深入地理解复杂问题，例如服务一个客户的真实成本是多少，哪些客户能带来最大利润，还能为它们提供什么来获得持续的利润增长，最后财务人员还要使用先进的分析技术来预测未来的趋势，并制定最佳行动方案，尽管准确知悉未来是不可能的，但是通过分析所有变量可以使未来的各种可能性以及所能拥有的选择变得更加清晰。CFO 要借助更多样的数据，与先进的大数据分析相结合，引领变革，发现机遇，规避风险，并从中创造巨大价值。

12.4.4 财务流程：财务的预测引导业务

IBM 的财务流程包括核心财务流程、业务财务流程和会计流程。核心财务流程要对企业的整体发展状况进行预测，业务财务流程要通过数据分析帮助业务部门进行更好地安排，指引业务部门发展，会计流程通过统一的平台、统一的会计处理方法，为企业提供敏捷、准确的信息。

核心财务流程是由 CFO 和各部门财务总经理共同作出，IBM 的财务体系集权、关注全局，确保整个企业都在 IBM 总部的核心领导下，按照相同的价值最大化目标运行。核心财务流程从对财务的分析转移到更大程度上对企业整体的分析，IBM 的 CFO 职能已经从首席财务官发展为首席未来官。过去，IBM 的 CFO 们通过对预算、时间和目标的管控，帮助企业良性运转；如今，IBM 的 CFO 从高效性目标向敏捷性目标发展，通过努力消除信息孤岛，整合流程，帮助企业比以往更快速地响应市场、适应客户和规则的变化。IBM 的 CFO 在数据分析中从传统的财务数据转变为通过整合多种数据，并应用预测分析技术，对即将面临的客户和市场趋势有一个更清晰的洞察，及时作出智慧决策，为企业锁定未来利润，CFO 把工作重心转向洞察和行动，利用大数据和预测分析技术预测客户需求，实时评估一系列新业务模式的风险状况和潜在利润，洞察业务的健康状况以及潜在的兼并机会，进而通过智慧的收购和投资使企业得以快速成长。

业务财务流程由财务对业务的事后分析转向利用财务的事前分析对业务进行指导，IBM 根据业务计划的优先顺序来构建数据平台，并在所有的流程中嵌入分析软件，将重复发生的分析流程进行自动化，减少财务人员价值不增值的流程，使其能对收集到的信息进行快速分析，快速地进行决策，并且 IBM 将财务数据和运营数据进一步规范和整合，使财务人员可以对业务更加深入地进行分析。IBM 在分析时使用整合的财务和运营数据来挖掘新的价值来源，包括社交媒体、物联网中传感器等来源的数据，以识别新的收入来源和业务模式创新机会。财务人员通过建立模型分析各种机会的战略和财务意义，选择最佳方案并制定路线图，配备相应的资金和资源，并在必要时寻求合作伙伴的帮助。其中，分析模型可以通过机器学习等方法进行不断改进，使模型能够更精准地实现预测和评估。

会计流程负责整个企业的所有基础会计核算、报告工作，全球各地的业务人员在业务发生时通过互联网将电子发票传递给财务中心，由财务中心集中处理。为了使核心财务可以对公司进行整体把控、对企业整体进行更好地预测，IBM 采用全球化的组织结构来提高会计流程效率、降低成本，根据成本最小化原则在全球选择财务中心，通过共同的会计流程、共同的会计核算方法、共同的业务指标来实现企业的整合，帮助财务组织更好地运用整体信息来进行大数据分析和预测，财务为业务活动进行引导。同时，在票据核验、合同签订等过程中，IBM 使用区块链技术提高组织之间的信任，提高会计人员鉴定真伪的效率。

12.4.5　财务组织结构：网络型——整合的财务组织

与此同时，财务组织的设计与企业整体组织相适应，采用网络型的财务组织。之前 IBM 的财务组织分散在各个国家或地区，只为该国家或地区的业务提供支持，而在新型的财务组织结构下，财务人员聚集在全球各个财务共享中心，为全球的业务提供支持，如全球会计中心设在马来西亚，负责全球的会计核算、报告等职能；全球支付中心设在中国上海，负责全球的银行业务往来、报销、支付款项等职能；全球财务后端支持中心位于巴西，负责全球的财务分析、业务支持等。在财务共享中心，不同的部门承担不同的职责，其中包括基础的会计处理工作、业务流程管理、提供战略发展支持等。基础的交易处理工作包括财务处理、应付账款、应收账款、现金及银行处理、开具发票、固定资产、成本核算、存货核算、内部交易处理和总账编制等；业务流程管理中的财务人员要通过大数据分析等工具，发现业务潜在的机会和风险，对业务活动进行引导，并通过信用管理、行业会计分析、预算、现金管理、薪酬分析等管理手段协助业务部门抓住潜在的机会、规避可能的风险。此外，财务人员还要根据项目的需要加入全球各个项目团队，为业务提供支持；战略发展支持部门要对企业整体战略发展方向提供支持和引导，通过场景模拟、大数据分析等分析工具，对未来潜在的风险进行评估，判断未来发展方向，帮助公司总部确定战略方向。

IBM 是全球性大型企业，每天发生的业务量都很大，如果按照传统方式组织财务工作，会造成财务机构的臃肿庞大、效率低下。但是通过信息技术的发展，IBM 利用各种新兴的技术手段，搭建财务共享服务平台，将易于标准化的财务业务进行流程再造与标准化，并将不同地域实体的会计业务放入一个共享服务中心来处理，不仅保证了会计记录和报告的规范、结构的统一，而且由于不需要在每个子公司设立会计部门，节省了系统和人工成本，达到了降低成本、提升客户满意度、改进服务质量、提升业务处理效率的目的。

12.5 IBM 财务数智化变革经验

12.5.1 财务目标：价值创造目标向价值洞察目标发展

财务组织价值管理的目标是实现企业价值最大化，价值实现的过程包括价值洞察、价值创造以及价值评估，由于企业在不同阶段有不同的目标，从股东价值最大化、企业价值最大化到利益相关者价值最大化，因此，财务组织价值管理目标有不同的侧重点，包括价值评估目标、价值创造目标以及价值洞察目标。目前大部分企业的财务组织目标主要是实现价值创造目标，通过预算管理、平衡计分卡等管理方法实现财务与业务的协调合作，使得财务能够更好地了解业务情况，业务部门在进行决策时也能通过财务部门的分析进行优化。但是在财务数智化转型中，企业的预判性更为重要，海量的数据为企业更准确地预测分析提供可能，而财务组织作为信息处理者，其重要性大大增加，财务组织目标应定位于价值洞察目标，通过从企业内外部进行数据收集、整合、分析，判断未来的发展机会和威胁，为企业整体战略发展提供指导。

12.5.2　财务职能：分析职能向预测职能发展

目前企业财务人员大多是以企业历史财务数据为依据进行数据分析，考虑未来可能的业务情况进行战略制定，主观判断所占比例较高，公司战略制定得是否正确与财务人员自身经验、能力高度相关，企业成功与否面临较大的不确定性。而在人工智能时代，智能化分析软件日益成熟、可获取数据来源越来越广泛、数据收集能力越来越强，通过软件的帮助，可以使财务人员决策过程越来越定量化、即时化、智能化，财务人员可以通过数据的分析更清楚地了解企业目前的状况、竞争者和市场状况，更好地预测未来发展态势，通过数据的模拟可以更好地了解各种决策的可能后果，从而制定更准确的战略。

12.5.3　财务组织结构：扁平结构向网络化结构发展

当前大部分企业采取的财务组织结构为事业部制组织结构或矩阵式组织结构，事业部型组织结构有利于明确分工，各部门各司其职，但不利于横向沟通交流，有一些企业采用矩阵式组织结构解决了部门间沟通问题，但也面临着组织体系庞大、效率低的问题，有一部分先进企业采用财务共享中心，但财务共享中心只局限于企业内部业务，与上下游企业的协同合作较少。新技术下要求决策迅速化、资源的共享整合，网络化财务组织结构恰好符合这一要求。网络化财务组织结构不仅局限于财务共享中心的建立，而且企业的财务组织要与供应商、客户等合作伙伴有紧密的联系，通过区块链技术实现组织间信任，相互分享信息，加快决策制定。物联网技术可以将业务中的各类数据都纳入分析范围，人工智能技术可以帮助企业分析结构化和非结构化数据，有助于财务决策的自动化。

12.5.4 财务流程：业务财务一体化向财务引导业务方向发展

目前财务组织流程大多是为业务流程提供分析和指导，财务根据对业务的事后分析，帮助业务活动进行决策，通过制定预算、绩效管理、平衡计分卡等活动对业务进行控制和风险规避，业务部门也利用财务的支持使其更了解业务情况。而人工智能时代更强调对未来的预测，财务流程要先于业务流程，通过对企业内部财务和非财务数据、物联网数据，以及宏观经济数据等综合信息进行收集、整合，并进行整体分析，得出更为精准的预测结果，使企业更具有前瞻性，能够及时抓住潜在的机会，规避风险，实现财务对业务进行引导。

12.5.5 财务职能：核算分析工作向价值洞察角色转变

在财务数智化转型过程中，企业财务职能也发生重大变化，从传统的记账员、操作员、分析员向价值洞察者、价值整合者转变，要更大程度上参与企业战略的制定、并将财务部门与业务部门、人力资源部门等企业各个部门更好地整合到一起，实现企业的战略目标。传统的重复性财务业务逐渐被计算机所替代，财务人员不但要实现整合价值、配置资源的职能，还要成为价值洞察者，发现未来价值增值的机会，规避潜在的风险，进行商业模式创新。

12.6 本章小结

在严峻的国际化趋势和技术的迅猛发展下，市场变得更加复杂和多变，企业的更迭速度加快，只有不断变革，才能在市场中保持竞争优势，因此，我国企业加快变革进程已经越来越紧迫和重要。财务组织是企业信息的整合者，通过财务的预算、绩效考核等管理手段，可以使企业的整体运行处在共同的战略目标下。因此，财务组织是整个企业变革的推动者，对于企业的整体变革，首先要进行财务组织变革。而在智能化时代下，财务组织的数据分析、预测能力越发重要，财务组织需要以价值洞察为目标，使企业能够发现潜在的机会，识别可能的风险，及时采取措施，确保企业的竞争地位。本章提出了智能化时代下价值洞察导向的财务组织变革方向，可以指导企业在人工智能的快速发展下如何进行财务组织的变革，进而应对市场变化。

第 5 编　数智化技术对企业资金链治理效果研究

第 13 章

区块链对企业营运效率影响研究

13.1 研究背景

随着信息技术的发展，区块链技术逐渐被人们所重视，并将它视为“互联网以来最重要的发明”，以及十大战略技术趋势之一。我国也将区块链技术放在重要战略地位，2016 年 12 月《“十三五”国家信息化规划》首次提出重视区块链技术，2019 年 10 月 24 日中共中央政治局集体学习再次强调了要加大对区块链技术研发的投入力度，利用区块链技术促进新的技术革命，打通创新链、应用链、价值链，推进经济高质量发展，实现国家治理现代化。22 个省市均将区块链写入政府工作报告中，作为推进未来发展的重大布局方向。在企业层面，一部分企业已经率先针对区块链技术进行研发或实际应用，A 股市场中区块链概念股数量也翻倍增长，中国人民银行正在计划发行数字货币，区块链技术在 5G、人工智能、物联网等技术的搭配使用下，具有广阔的前景。在实际运用中，北京已开出区块链电子发票、停车票、公园门票，雄安新区针对财政建设资金、广东市针对医疗保险等区块链管理平台均已上线，此外，还有税务管理、供应链金融、物联网等领域均有区块链的实际应用。但是，有些企业在区块链应用上还处于炒作概念的阶段，期望通过加上区块链概念吸引投资者，区块链是否比传统的集中式管理系统具有更大的优势还没有明确的结论。

区块链是未来社会变革的重要技术之一，越来越多的企业开始引入区块链技术，期望增加信息透明度、提高企业之间信任、促进协同。但是，区块链的应用还处于初级阶段，关于区块链给社会发展带来的影响，学者们存在正向和负向的观点，他们主要采用的是理论分析等方法，很少运用实际数据进行检验。本章将基于我国上市公司数据进行实证分析，针对区块链对营运效率的影响进行检验，并且探索在何种情况下，区块链的效果发挥得更大，从理论和实践对区块链的发展和使用提供借鉴。

目前，区块链的应用处于探索阶段，学术研究主要是理论分析和模式构建，对于区块链实际应用的效果并没有充分的研究，区块链技术的使用是否比传统的信息系统更有优势并没有经过实证证明。本章利用我国上市公司年报判断该企业是否进行区块链战略布局，利用 DID + PSM 方法检验发现区块链应用确实可以提升企业营运效率，并且对于流动性风险、经营风险、财务风险更高的企业，区块链对营运效率的提升效果更好。此外，对于盈余质量较差、外部法治安全环境薄弱的企业，区块链的优势更明显。本章内容的创新点有：第一，以往的研究主要通过理论分析、案例分析、博弈分析方法对区块链进行研究，本章利用实证数据证实了区块链技术的使用可以提升企业营运效率，从理论上丰富了区块链研究。第二，对于风险较高的企业，供应链企业之间信任程度较低，而区块链技术可以缓解信任问题，对营运效率的提升发挥更大的作用，间接证明了区块链技术确实可以提升企业间信任水平。第三，从实践中为企业使用区块链提供建议，风险高、盈余质量差、外部法治安全环境薄弱的企业，区块链发挥的作用更为明显，这类企业可以利用区块链技术来改善企业之间的信任问题。

13.2 研究假设

13.2.1 区块链技术对营运效率的影响

供应链中每个合作伙伴的运营和状况都可能带来许多负面后果，例如生产危机和中断、不道德和非法行为、环境污染、压榨劳动力等恶劣行为，这些事件会使供应链网络面临潜在风险，因此，需要跟踪与供应链相关的一些操作和条件，了解供应链上下游企业信息（Fahimnia et al. ，2018）。企业以往通常采用与供应商和客户建立合作关系，分享数据和信息，来提高营运效率。例如各方之间建立信息系统分享存货订单情况，当客户下订单，上游供应商可以及时生产发货，当交易完成后，客户基于长期协作的目标在规定时间内付款，保障供应链资金流的顺畅。但是，传统供应链信任关系的建立是通过长期的买卖行为，该信任很难建立，并随时会被破坏。权力的不对称性和依赖性导致很多供应商的资金被客户侵占，有些客户付款期较长，或者对采购合同违约导致供应商存货积压，这将严重损害供应商流动性，甚至导致供应商破产（Schleper et al. ，2017），有些强势的供应商要求客户预先支付货款，但不按期发货，损害客户利益，而建立保障机制将会产生巨大的治理成本。此外，大多数企业只能获取与自己直接交易的企业信息，很少了解二级和三级供应商（Dou et al. ，2018）。而区块链技术将通过分布式账本实现数据共通，供应链各方都会了解彼此的交易信息和付款状态，这将提高交易各方信任水平，增加信息透明度，有助于提升营运效率。

首先，区块链技术能够促进各方企业之间的信任，区块链相对于传统信息系统有以下优势：第一，保存的数据具有永久性，数据一旦被记录，只能追加，不可更改；第二，即使各方企业互相不信任，区块链技术也可以通过技术手段使各方达成共识；第三，区块链的每一个参与者都可以查看访问以前的事项。由此，区块链技术可以降低机会主义行为，尤其在参与方较多，并且相互之间不信任情况下效果更好。基于区块链永久追踪和不可篡改的特性，所有交易参与者的行为都会被永久记录，随时可以被区块链成员调阅和追踪，区块链成员由此会约束自身的行为，否则，它的违约行为会损害自身声誉，通过集体监管可以防止更多盗窃、欺诈或操纵行为。此外，企业还可以使用智能合约，将合同内容写入系统中，例如供应商产品发出后客户在规定时间自动支付货款，各方发生违约按照合同约定自动支付违约金，减少纠纷处理的时间和成本。因此，使用区块链技术可以减少企业违约行为，促使资金按时支付、存货按时发货，提高营运资产的周转效率。

其次，区块链的使用可以增加企业之间信息透明度，原有的供应商、企业、客户之间信息传递过程较为困难，各个企业为独立的个体，为了避免自身信息泄露，会各自为政，不愿通过建立信息系统分享数据，因为信息和数据可能会被核心企业垄断。而区块链通过分布式账本，每一个企业都可以查阅信息，同时利用加密技术，使得只有授权的个体可以看到完整信息，其余企业只能看到匿名信息，一定程度上保护了企业隐私，可以使得数据共享更为便利，产品交易和流通过程更加透明、可追溯，供应链中的每个企业将能够看到货物在供应链中的流动过程，可以实时查看物流的价格、日期、位置、质量、认证、海关文件、提货单和其他类型的数据（O'Leary，2017）。这将有利于供应链中货物流动和文件的协调和规划，避免在供应链中不同个体因为信息不对称执行重复的操作，促进营运效率的提高（Nowinski & Kozma，2017）。追踪产品信息可以让消费者更加相信产品质量，增加购买产品的意愿，对供应企业带来正向的影响（Cole et al.，2019）。同时，当货物或资金在交易过程中存在问题，不需要与上下游企业进行信息确认，可以直接通过区块链信息系统进行查看，降低了沟通和纠纷处理成本。此外，区块链技术减少人工录入数据，减少人为错误和操纵行为，降低不确定性和灰色市场交易带来的潜在损失。因此，本章提出假设 13－1。

假设 13－1：企业使用区块链可以提升营运效率。

13. 2. 2　不同风险情况下区块链对营运效率的影响

企业风险越大，对供应链整体营运效率的不利影响越大，在传统方式下共享数据很困难。供应链中的每一个参与者都需要及时准确地预测其他企业的状况，以便制订生产计划、采购原材料，更好地管理库存，提升资金、存货等流动资产周转的效率（Tsanos & Zografos，2016）。预测的不确定性将会在供应链中向上游企业传递，为了避免库存短缺，供应链企业会逐级放大订货数量，最终导致产量远远大于需求量，产生“牛鞭效应”，安全库存过剩，储存成本和物流成本上升，流动资金利用效率低下，最终危及整个供应链的效率和利润（Prajogo & Olhager，2012），为了提高效率，数据的准确性至关重要，有联盟关系的供应链会通过数据分享和风险分担方式来降低风险（Li et al.，2015）。然而，在信任度低的情况下，企业往往不愿意向其他供应链企业提供信息，因为它们担心共享的信息可能会被散布到外界导致企业商业机密泄露，即使是信任较高的联盟企业之间共享信息也需要明确的激励和约束机制。建立信任是一个缓慢的过程，只有双方长期共享准确信息，才能逐步形成信任，这是一个长期动态博弈的结果（Ebrahimkhanjari et al.，2012）。即使企业可以访问供应链合作伙伴的数据，信任问题仍然存在，企业可能会故意或不自觉地用不准确、错误或伪造的信息来误导供应链合作伙伴，因此，在利用传统信息和通信技术的供应链中建立信任是一个昂贵和漫长的过程，双方的信任关系会随时瓦解（Longo et al.，2019）。

企业风险越大，供应链企业之间信任程度越低，企业需要牺牲自身效率来达成信任关系。根据风险传递理论，风险会在供应链上下游进行传递，例如下游客户出现资金、财务方面的风险，就不能按时向上游供应商支付资金，损害整个供应链的资金流，同理，上游供应商出现风险，就不能及时向下游客户发货，而客户寻找新的供应商需要支付时间和成本，会影响供应链的持续经营。因此，由于供应链中存在信息不对称和信任问题，供应链中强势的一方会要求另一方采取降低风险的措施来提升双方之间的信任，即使该措施会降低另一方企业的盈利能力。班纳吉等（Banerjee et al.，2008）发现当供应商、客户集中度越高时，企业对其依赖程度越大，为了提高供应商和客户对其信任程度，企业会降低资本结构来向其承诺不会出现财务风险。伊茨科维茨（Itzkowitz，2013）也发现供应商和客户集中度较大的企业会保持较多的现金持有量、同时减少股利支付（Wang，2012），保障有充足的现金流来消除供应商和客户对企业流动性风险的疑虑。企业也可能需要向客户提供更长的产品试用期来证明产品的质量（Smith，1987）、向供应商预支货款证明自己具有支付能力、储存更多的存货向客户证明自己有充足的供货能力。

区块链技术可以通过技术的手段提升企业之间的信任。本章从流动性风险、经营风险、财务风险角度出发，研究在风险高的企业中利用区块链是否可以更好地提升营运效率。流动性风险高的企业会面临一定资金短缺，经营风险高的企业收益有一定的不确定性，财务风险高的企业会面临较高的偿债压力，这些都可能会对供应链上下游企业产生不利影响。对于风险较高、供应链信任程度差的企业，使用区块链技术可以更好地发挥作用。第一，它使用共识机制实时分发点对点的信息来降低信息不对称，可以减少信息垄断企业的寻租行为，所有参与者平等分享交易信息，区块链内部企业之间的交易情况可以充分可见，企业可以及时了解其他企业的经营状况，促进货物和服务、财务和信息的有效流动，结合大数据、机器学习、智能合约等方法，企业可以自动处理订单数量、价格等参数，提高企业预测和计划能力，减少“牛鞭效应”，由此可以减少现金、存货等流动资金的过度储备，提升企业流动资产的管理效率（Schmidt & Wagner，2019）。第二，智能合约可以自动设置合同支付或终止程序，企业之间不需要信任就可以自动完成交易，因此，企业不需要再通过降低自身资本结构、储存更多的现金、向客户提供更多的赊销等手段向供应商和客户证明自身的持续经营能力，不需要通过牺牲自身效率来建立信任，可以把精力和资源投入到其他经营活动，提高营运效率。因此，本章提出假设 13－2。

假设 13－2：企业风险越高，区块链应用对营运效率的提升效果更好。

13.3 研究设计

13.3.1 变量定义

1. 被解释变量

营运效率，用流动资产周转率进行衡量。

2. 解释变量

（1）是否使用区块链虚拟变量。本章对上市公司年报信息进行文本检索，如果在样本全部期间出现“区块链”字段，取 1，否则取 0。

（2）时间虚拟变量。公司采用区块链技术之后的时期取 1，否则取 0。

（3）风险。本章分别从流动性风险、经营风险、财务风险角度进行研究，其中，流动性风险用现金持有量进行衡量，现金持有量越多，流动性风险越小；经营风险用营业收入的“标准差/均值”衡量，该指标越大，代表收入波动越大，经营风险越大；财务风险用市场价值资本结构进行衡量，该指标越大，代表企业持有的负债比例越大，财务风险越高。

3. 控制变量

本章采用公司规模、资本结构、产权性质、第一大股东持股比例、企业盈利能力、公司成立年限、收入增长率、市场份额、自由现金流、年度作为控制变量。

本章主要变量定义如表 13.1 所示。

表 13.1　　　　变量定义

属性	变量名称	符号	计算方式
被解释变量	营运效率	*Turnover*	用流动资产周转率进行衡量，等于营业收入/流动资产年初和年末的平均值
解释变量	是否使用区块链虚拟变量	*Blockchain*	企业在样本期间使用了区块链技术为1，否则为0
	时间虚拟变量	*Time*	企业采用区块链技术之后的时期取1，否则取0
	流动性风险	*Cash*	参考伊茨科维茨（Itzkowitz，2013），用（现金+交易性金融资产）/（总资产－现金－交易性金融资产）衡量现金持有量
	经营风险	*Incomestd*	最近三年营业收入标准差/均值
	财务风险	*Financial*	市场价值资本结构，用负债总额/（负债总额+股票年平均股价×总股数）衡量
控制变量	企业规模	*Size*	期末总资产的自然对数
	资本结构	*Lev*	负债总额/资产总额
	产权性质	*State*	国有企业取1，非国有企业取0
	第一大股东持股比例	*Largest*	第一大股东持股数/总股数
	企业盈利能力	*ROA*	净利润/总资产
	企业成立年限	*Firmage*	企业成立年限的自然对数
	收入增长率	*Growth*	销售收入增长率
	市场份额	*MS*	企业营业收入占同行业总收入比例
	自由现金流	*Freecash*	自由现金流/总资产
	年度	*Year*	年度虚拟变量

13.3.2　研究模型

本章采用 DID+PSM 模型进行检验，设立模型如（13.1）式所示，由于各企业实施区块链年份不一致，本章参考刘晔等（2016）采用通用的 DID 模型。其中企业在 2012～2018 年实施了区块链技术，*Blockchain* 取 1，否则取 0，定义时间虚拟变量 *Time*，使用区块链技术之后的时期取 1，之前的时期取 0。*Year* 为年份虚拟变量，u_i 为个体效应。当 *Blockchain* × *Time* 为正，说明区块链技术的使用可以提升企业营运效率。同时，本章逐年按照企业是否使用区块链技术进行 PSM1 ：1 配对，筛选出实验组和控制组公司，并把它们扩展成为面板数据。

为了检验假设 13 - 1，设定（13.1）式，如果 a_1 显著为正，则假设 13 - 1 成立。

$$Turnover_{it} = a_0 + a_1 Blockchain_i \times Time_{it} + Controls_{it} + u_i + Year_t + \varepsilon_{it} \quad (13.1)$$

为了检验假设 13 - 2，设定（13.2）~（13.4）式，如果 b_3 系数显著为负，c_3、d_3 系数显著为正，则假设 13 - 2 成立。

$$Turnover_{it} = b_0 + b_1 Blockchain_i \times Time_{it} + b_2 Cash_{it} + b_3 Blockchain_i \times Time_{it} \times Cash_{it} + Controls_{it} + u_i + Year_t + \varepsilon_{it} \quad (13.2)$$

$$Turnover_{it} = c_0 + c_1 Blockchain_i \times Time_{it} + c_2 Incomestd_{it} + c_3 Blockchain_i \times Time_{it} \times Incomestd_{it} + Controls_{it} + u_i + Year_t + \varepsilon_{it} \quad (13.3)$$

$$Turnover_{it} = d_0 + d_1 Blockchain_i \times Time_{it} + d_2 Financial_{it} + d_3 Blockchain_i \times Time_{it} \times Financial_{it} + Controls_{it} + u_i + Year_t + \varepsilon_{it} \quad (13.4)$$

13.3.3　样本来源

本章的数据来源于 2012 ~2018 年我国 A 股上市公司，财务数据和治理数据来源于 CSMAR 数据库，企业是否使用区块链技术来源于上市公司年报。参考已有文献的做法，对数据做如下处理：（1）删除金融行业企业数据；（2）删除 ST 公司样本；（3）删除主要回归变量中的缺失值，并对所有变量进行了 1% ~99% 的 Winsor 处理，来减少离群值给研究结果带来的偏误，采用 PSM 方法进行匹配，匹配后的剩余样本数为 8896 个。

13.4　实证结果

13.4.1　描述性统计

本章逐年对 PSM 匹配效果进行平衡性检验，以国家推动区块链政策的重要节点 2016 年为例，检验结果如表 13.2 所示，可以看出匹配前实验组和控制组样本特征有较大差异，而匹配后两组样本没有显著差异，证明匹配过程是合适的，图 13.1 也直观地显示了匹配效果较好。对使用区块链技术的样本分年度和行业进行描述性统计，结果如表 13.3 和表 13.4 所示，可以看出在 2015 年就有 6 家上市公司开始对区块链进行研发和使用，2016 年 12 月国家颁布《“十三五”国家信息化规划》，大力推进区块链发展政策后，使用区块链技术的公司越来越多，截至 2018 年 12 月，已有 308 家上市公司使用区块链技术。同时，在各行业中，信息技术行业开发和使用区块链公司比例最多，其次是金融业、租赁和商务服务业，制造业中虽然使用区块链的公司数量较多，但是在整体行业中运用的比例还是稍低。

表 13.2　　2016 年 PSM 匹配平衡性检验结果

变量		处理组	对照组	标准偏差（%）	标准偏差减少（%）	t 统计量	t 检验 p > t
Size	匹配前	22.279	22.304	-2.0	-364.6	-0.28	0.777
	匹配后	22.279	22.397	-9.3		-1.03	0.304
Lev	匹配前	0.377	0.429	-25.0	80.9	-3.57***	0.000
	匹配后	0.377	0.387	-4.8		-0.51	0.610
State	匹配前	0.217	0.365	-33.0	85.3	-4.51***	0.000
	匹配后	0.217	0.239	-4.8		-0.55	0.580
Largest	匹配前	0.288	0.336	-35.3	87.3	-4.94***	0.000
	匹配后	0.288	0.294	-4.5		-0.49	0.626
ROA	匹配前	0.042	0.035	12.3	69.2	1.82*	0.068
	匹配后	0.042	0.044	-3.8		-0.4	0.689
Firmage	匹配前	2.901	2.947	-17.4	93.5	-2.55**	0.011
	匹配后	2.901	2.904	-1.1		-0.12	0.903
Growth	匹配前	0.008	0.006	7.7	-151.1	1.14	0.254
	匹配后	0.008	0.011	-19.4		-1.56	0.119

续表

变量		处理组	对照组	标准偏差（%）	标准偏差减少（%）	t 统计量	t 检验 p>t
MS	匹配前	0.484	0.246	29.9	88.1	5.11***	0.000
	匹配后	0.484	0.455	3.6		0.32	0.746
Freecash	匹配前	0.043	0.036	11.9	80.6	1.75*	0.080
	匹配后	0.043	0.044	-2.3		-0.24	0.809

注：*** 代表 $p<0.01$，** 代表 $p<0.05$。

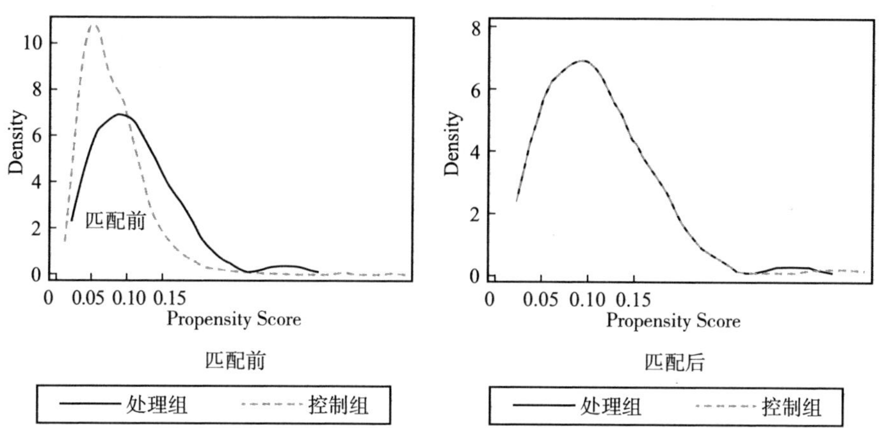

图 13.1　概率密度函数图

表 13.3　使用区块链技术的企业数量统计　单位：家

项目	2012 年	2013 年	2014 年	2015 年	2016 年	2017 年	2018 年
数量	0	0	0	6	46	186	308

表 13.4　使用区块链技术的企业行业统计

行业名称	企业数量（家）	占行业比例（%）	行业名称	公司数量（家）	占行业比例（%）
农、林、牧、渔业	3	6.98	房地产业	4	2.96
采矿业	1	1.30	租赁和商务服务业	16	28.57

续表

行业名称	企业数量（家）	占行业比例（%）	行业名称	公司数量（家）	占行业比例（%）
制造业	79	3.44	科学研究和技术服务业	4	7.69
电力、热力、燃气及水生产和供应业	5	4.50	水利、环境和公共设施管理业	0	0.00
建筑业	3	3.13	居民服务、修理和其他服务业	0	0.00
批发和零售业	20	11.49	教育	1	12.50
交通运输、仓储和邮政业	10	9.17	卫生和社会工作	2	16.67
住宿和餐饮业	0	0.00	文化、体育和娱乐业	6	10.34
信息传输、软件和信息技术服务业	120	44.28	综合	0	0.00
金融业	34	33.66			

表 13.5 为 PSM 匹配后样本的描述性统计，可以看出流动资产周转率均值为 60%，周转速度稍低，使用区块链的公司比例为 17%，具体而言，实验组样本数为 1536 个，控制组样本数为 7360 个，主要是因为逐年进行 PSM1：1 匹配，再进一步扩展为面板数据，因此实验组和控制组样本数有较大差异。现金持有比例均值为 29%，营业收入波动率均值为 24%，市场价值资本结构均值为 27%，平均来看，企业的流动性风险、营业风险、财务风险都处于恰当的水平。

表 13.5　　PSM 匹配后样本描述性统计

变量	均值	标准差	最小值	中位数	最大值
Turnover	0.60	0.49	0.04	0.47	2.96
Blockchain	0.17	0.38	0.00	0.00	1.00

续表

变量	均值	标准差	最小值	中位数	最大值
Cash	0.29	0.36	0.01	0.18	2.66
Incomestd	0.24	0.21	0.01	0.17	1.18
Financial	0.27	0.21	0.01	0.21	0.92
Size	22.06	1.33	18.96	21.89	26.92
Lev	0.42	0.22	0.05	0.40	1.12
State	0.29	0.45	0.00	0.00	1.00
Largest	0.32	0.14	0.08	0.29	0.75
ROA	0.03	0.07	-0.29	0.03	0.22
Firmage	2.87	0.29	1.95	2.89	3.53
Growth	0.22	0.61	-0.65	0.11	4.45
MS	0.01	0.02	0.00	0.00	0.13
Freecash	0.03	0.07	-0.31	0.04	0.21
样本数	8896				

13.4.2 区块链技术对企业营运效率影响结果

为了检验假设13-1，对模型（13.1）进行回归，结果如表13.6中第（1）、第（2）列所示，分别利用PSM配对样本和全样本进行检验，可以看出，使用区块链技术的企业营运效率更高，区块链确实可以给企业营运活动带来正向的影响。因为使用区块链可以增加供应链各方企业的信任、减少机会主义行为，并增加企业之间信息透明度，能够实时看到整个供应链的物流、价格、质量情况，有助于企业更合理地进行生产计划安排，减少由于不信任带来的过多的现金、存货等保险储备，提高流动资产的使用效率。同时，加入时间虚拟变量交乘项进行平衡趋势检验，如（3）列至第（6）列所示，可以看出，从2016年开始，使用区块链技术的企业营运效率开始提升，而2015年及以前，各个企业并无显著差异，该结果与宏观政策相符。国家在2016年第一次提出政策大力发展区块链技术，鼓励企业区块链创新，因此，从 2016 年开始逐步有企业进行区块链战略布局，并对企业营运效率表现出较好的提升效果。

表 13.6　　区块链对营运效率的影响结果

变量	(1)	(2)	(3)	(4)	(5)	(6)
	PSM	全样本	PSM		全样本	
Blockchain × *Time*	0.043** (0.038)	0.053*** (0.007)				
Blockchain × *Year*2012				0.015 (0.308)		0.009 (0.505)
Blockchain × *Year*2013				0.004 (0.859)		-0.003 (0.865)
Blockchain × *Year*2014				-0.012 (0.648)		-0.010 (0.693)
Blockchain × *Year*2015				0.030 (0.310)		0.038 (0.165)
Blockchain × *Year*2016			0.063*** (0.000)	0.070** (0.022)	0.076*** (0.000)	0.080*** (0.005)
Blockchain × *Year*2017			0.069*** (0.001)	0.076** (0.022)	0.081*** (0.000)	0.084*** (0.007)
Blockchain × *Year*2018			0.064*** (0.010)	0.070** (0.048)	0.080*** (0.001)	0.083** (0.012)
Size	-0.091*** (0.000)	-0.096*** (0.000)	-0.098*** (0.000)	-0.089*** (0.000)	-0.104*** (0.000)	-0.092*** (0.000)
Lev	0.190*** (0.000)	0.212*** (0.000)	0.209*** (0.000)	0.245*** (0.000)	0.233*** (0.000)	0.248*** (0.000)
State	-0.016 (0.629)	-0.021 (0.456)	-0.013 (0.704)	0.001 (0.971)	-0.016 (0.576)	0.004 (0.888)
Largest	-0.006 (0.942)	-0.099 (0.168)	0.002 (0.980)	-0.014 (0.867)	-0.096 (0.180)	-0.115* (0.098)

续表

变量	(1)	(2)	(3)	(4)	(5)	(6)
	PSM	全样本	PSM		全样本	
ROA	-1.440** (0.031)	-2.007*** (0.001)	-1.448** (0.030)	-1.615** (0.013)	-2.014*** (0.001)	-2.398*** (0.000)
Firmage	0.440*** (0.002)	0.414*** (0.000)	0.184*** (0.002)	0.431*** (0.000)	0.109*** (0.010)	0.411*** (0.000)
Growth	0.124*** (0.000)	0.118*** (0.000)	0.124*** (0.000)	0.119*** (0.000)	0.118*** (0.000)	0.116*** (0.000)
MS	6.068*** (0.000)	7.433*** (0.000)	6.173*** (0.000)	6.165*** (0.000)	7.522*** (0.000)	7.464*** (0.000)
Freecash	1.714*** (0.010)	2.401*** (0.000)	1.737*** (0.009)	1.968*** (0.002)	2.428*** (0.000)	2.839*** (0.000)
Constant	1.157** (0.018)	1.384*** (0.000)	2.066*** (0.000)	1.233*** (0.003)	2.457*** (0.000)	1.410*** (0.000)
年份	Control	Control	Control	Control	Control	Control
固定效应	Control	Control	Control	Control	Control	Control
样本数	8896	18656	8896	9875	18656	20679
R^2	0.187	0.189	0.187	0.186	0.186	0.190
F 值	19.438***	44.005***	20.446***	16.128***	45.225***	35.803***

注：*** 代表 $p<0.01$，** 代表 $p<0.05$，* 代表 $p<0.1$；标准误差经过公司层面 cluster 调整；( ) 内数据为 p 值。

13.4.3　不同风险状况下区块链对营运效率的影响研究

区块链技术的使用可以降低企业之间的信息不对称，提高信任，因此，当企业之间信任程度较低时，区块链对营运效率的提升效果更好。当企业风险程度较大时，企业与供应链其他企业信任程度较低，区块链是否可以作为一种信任机制在风险较高的企业中发挥更好的作用呢？本章利用（13.2）~（13.4）式对假设 13-2 进行检验，结果如表 13.7 所示，分别从流动性风险、经营风险、财务风险三个角度进行检验，采用PSM配对样本和全样本进行回归。可以看出，企业现金持有越少、收入波动程度越高、负债比率越高时，区块链对营运效率的提升效果越好，其中现金持有水平代表企业流动性风险，收入波动代表企业经营风险，负债比率代表企业财务风险。该结果说明对于风险更高的企业，区块链发挥的作用更明显，区块链可以作为一种较好的信息技术缓解供应链企业之间的信息不对称问题，增强各方信任程度。

表13.7　　不同风险程度下区块链对营运效率的影响结果

变量	(1)	(2)	(3)	(4)	(5)	(6)
	PSM			全样本		
Blockchain × Time	0.243** (0.013)	−0.049 (0.147)	−0.037 (0.240)	0.235** (0.014)	−0.039 (0.235)	−0.021 (0.489)
Blockchain × Time × Cash	−0.098** (0.050)			−0.092* (0.071)		
Blockchain × Time × Incomestd		0.357** (0.016)			0.358** (0.013)	
Blockchain × Time × Financial			0.285** (0.042)			0.259* (0.061)
Cash	−0.143*** (0.000)			−0.160*** (0.000)		
Incomestd		0.080** (0.017)			0.061*** (0.008)	
Financial			−0.215*** (0.000)			−0.196*** (0.000)
年份	Control	Control	Control	Control	Control	Control
固定效应	Control	Control	Control	Control	Control	Control
Constant & Controls	Control	Control	Control	Control	Control	Control
样本数	8896	8896	8879	18656	18656	18630

续表

变量	(1)	(2)	(3)	(4)	(5)	(6)
	PSM			全样本		
R^2	0.213	0.195	0.197	0.214	0.193	0.195
F 值	22.144 ***	17.568 ***	18.321 ***	45.729 ***	39.484 ***	40.588 ***

注：*** 代表 p<0.01，** 代表 p<0.05，* 代表 p<0.1；标准误差经过公司层面 cluster 调整；() 内数据为 p 值。

13.4.4　进一步检验

进一步地，本章检验在不同程度的企业盈余质量、法治安全环境下，区块链技术应用对营运效率的影响是否不同，证实回归结果的可靠性。

(1) 盈余质量。

企业的供应商和客户对企业的财务健康状况较为关注，这将决定它们是否愿意与企业持续经营合作，而盈余信息是双方签订契约的基础，企业有可能为了迎合供应商和客户对其的预期，进行正向的盈余管理，粉饰财务业绩（方红星、张勇，2016），而这将导致其他企业作出错误的判断。殷枫、贾竞岳（2017）发现客户正向盈余管理会导致供应商对客户的预期提升，过度投资增加，客户负向盈余管理会导致供应商预期降低，投资不足增加。因此，盈余质量差的企业会使得利益相关者决策失误，客户和供应商会进行不合理的订货和销售，导致企业无法按照预期目标完成生产、及时付款，造成供应链物流、资金流周转不畅，营运效率降低。而区块链加大信息透明程度，供应商和客户可以及时看到整条供应链的物资周转、付款情况，减少因为盈余信息不透明带来的决策失误，提升企业与企业之间的信任水平，因此区块链在盈余质量低的企业发挥的效果更好。本章按照 Jones 模型度量盈余管理水平，并按照绝对值分为盈余质量低和盈余质量高两组进行检验，结果如表 13.8 中第（1）、第（2）列所示，可以看出在盈余质量低的公司，区块链对营运效率的提升效果更好。此外，分别对正向盈余管理和负向盈余管理进行分组检验，结果如表 13.8 中第（3）、第（4）列所示，可以看出在正向盈余管理企业，区块链发挥的效果更好，说明企业向上操纵利润对利益相关者产生的损害更大，而区块链可以抑制这一不利影响。

表 13.8　　盈余质量、区块链应用与营运效率

变量	(1)	(2)	(3)	(4)
	盈余质量低	盈余质量高	正向盈余管理	负向盈余管理
Blockchain × *Time*	0.070** (0.034)	0.030 (0.200)	0.055** (0.022)	0.024 (0.422)
年份、固定效应	Control	Control	Control	Control
Constant & *Controls*	Control	Control	Control	Control
样本数	4683	4213	4850	4046
R^2	0.190	0.221	0.193	0.186
F 值	11.918***	11.617***	11.483***	12.320***

注：*** 代表 $p<0.01$，** 代表 $p<0.05$，* 代表 $p<0.1$；标准误差经过公司层面 cluster 调整；( ) 内数据为 p 值。

（2）法治安全环境。

当外部法治安全环境较为薄弱时，企业和经理人的利益得不到保障，企业与企业之间将会采用一些措施来保障自身利益，例如客户会为了确保企业产品的质量而要求一定的试用期，供应商为了避免企业毁约或不按时付款而要求企业预付货款，企业将占用大量的资金用于应收账款、预付账款，影响资金周转效率。并且在产品交易过程中，经常会发生一些意外事件，比如在运输过程中产品破损，或者产品质量责任不明确，处理这些纠纷也会占用企业的资金和时间，法治安全环境越薄弱，纠纷处理速度越慢，这些都会损害企业的营运效率。区块链技术可以促进企业之间信任，通过即时的信息共享，各方可以对供应链的整体情况有更好的了解。此外，企业之间可以通过智能合约达成交易，即使各方企业完全没有信任基础，也会通过计算机程序得以实现，双方将责任义务事先写入程序中，当实现合同约定的条件时，交易自动达成，避免因为一方违约或不服从法规而需要较长时间的纠纷处理。

本章利用《中国分省企业经营环境指数报告》中“企业经营的法治环境——经营者财产和人身安全指标”衡量法治安全环境，按照法治安全环境高低进行分组检验，结果如表 13.9 所示，可以看出，在法治安全指数更低的情况下，区块链对营运效率的提升效果更好。

表 13.9　　法治安全环境、区块链应用与营运效率

变量	(1)	(2)	(3)	(4)
	PSM		全样本	
	安全指数高	安全指数低	安全指数高	安全指数低
Blockchain × Time	0.036 (0.312)	0.051 ** (0.046)	0.043 (0.218)	0.063 *** (0.009)
年份、固定效应	Control	Control	Control	Control
Constant & Controls	Control	Control	Control	Control
样本数	3976	4920	8505	10151
R^2	0.226	0.191	0.212	0.198
F 值	14.608 ***	13.122 ***	27.223 ***	24.697 ***

注：*** 代表 $p<0.01$，** 代表 $p<0.05$，* 代表 $p<0.1$；标准误差经过公司层面 cluster 调整；( ) 内数据为 p 值。

13.4.5 稳健性检验

（1）有一些企业在年报中披露区块链可能只是作为炒作的一种方式，并没有实际的研发和使用行为，这类企业的营运效率应该与普通企业无差异。本章针对“区块链”出现次数较少的样本进行检验，如表 13.10 所示，同样采用 PSM1∶1 配对方式，发现当年报中“区块链”出现次数为 1 次或者 2 次以内时，披露区块链名词对营运效率没有显著影响，这类企业在年报中针对区块链一般一略而过，并没有有效的信息。而区块链名词出现次数在 3 次及以上时，这类企业对区块链的实际应用有较详细的描述，区块链对营运效率的提升作用开始显现出来。因此，投资者可以通过阅读企业年报中区块链描述的详细程度来判断哪些企业有效地使用区块链，哪些企业只是炒作的一种方式。

表 13.10　　　　年报中区块链披露次数对结果的影响

变量	(1)	(2)	(3)
	披露次数为 1 次	披露次数 2 次以内	披露次数 3 次以内
Blockchain × *Time*	0.019 (0.432)	0.028 (0.183)	0.044** (0.023)
年份、固定效应	Control	Control	Control
Constant & Controls	Control	Control	Control
样本数	5942	7177	7672
R^2	0.179	0.181	0.203
F 值	13.320***	16.178***	23.540***

注：*** 代表 p<0.01，** 代表 p<0.05，* 代表 p<0.1；标准误差经过公司层面 cluster 调整；() 内数据为 p 值。

（2）更改 PSM 匹配方式。本章更改 PSM 匹配方式，采用 PSM1∶2 和 PSM1∶3 的比例进行配对，结果如表 13.11 中第（1）、第（2）列所示，可以看出结论不变。

表 13.11　　　　稳健性检验 2 和 3 的结果

变量	(1)	(2)	(3)	(4)
	更改 PSM 匹配方式		样本区间为 2013~2018 年	
	PSM 1∶2	PSM 1∶3	PSM	全样本
Blockchain × *Time*	0.046** (0.023)	0.049** (0.014)	0.039** (0.045)	0.050*** (0.008)
年份、固定效应	Control	Control	Control	Control
Constant & Controls	Control	Control	Control	Control
样本数	12164	14314	7268	16393

续表

变量	(1)	(2)	(3)	(4)
	更改 PSM 匹配方式		样本区间为 2013 ~ 2018 年	
	PSM 1 : 2	PSM 1 : 3	PSM	全样本
R^2	0.182	0.180	0.195	0.191
F 值	28.733 ***	32.955 ***	17.385 ***	45.521 ***

注：*** 代表 $p<0.01$，** 代表 $p<0.05$，* 代表 $p<0.1$；标准误差经过公司层面 cluster 调整；( ) 内数据为 p 值。

(3) 更改事件窗口期。本章更改窗口期为 2013 ~ 2018 年，结果如表 13.11 中第 (3)、第 (4) 列所示，可以看出，结论不变。

13.5 本章小结

本章利用上市公司数据，研究区块链技术在实际应用中对营运效率的影响，通过检验，得出以下结论：

(1) 区块链技术的使用可以提升企业营运效率。区块链的应用使得交易数据可以追溯且不可更改，联盟链中的企业可以随时查看单价、物流、产品状态信息，促进各方之间的信任，并且集体监督可以约束机会主义行为，智能合约也会避免违约问题，此外，由于区块链可以增加供应链信息共享，提高透明度，供应链上的各个企业采购生产计划可以更为准确，避免企业货款、存货被拖欠和积压问题，促进流动资产周转效率提升。

(2) 对于风险越高的企业，区块链应用对营运效率的提升效果越好。本章对流动性风险、经营风险、财务风险分别进行检验，得出的结论相同。一方面，由于牛鞭效应，风险会使供应链各企业放大需求计划，产量超过实际需求，造成过多的存货积压，降低营运效率；另一方面，传统情况下供应商和客户不愿意与风险较高的企业进行长期交易，因此企业需要保持充分的流动性、现金和库存来向供应商和客户展现其持续经营能力，但这将损害企业部分营运效率。而区块链技术可以使得供应链各企业的交易数据充分可见，避免信息不对称产生的过量产能和仓储，并且企业无须牺牲自身效率来实现信任，可以充分地利用资金进行采购生产销售活动，因此风险较高的企业，区块链对其营运效率的提升效果更好。

（3）对于盈余质量较差和外部法治安全环境较弱的企业，区块链对营运效率的提升效果更好。企业盈余质量差将会损害供应链各方信息透明度，导致供应商和客户对企业产生预期偏差，带来决策失误，这将影响整个供应链的资金和物流安排，出现流动资产周转不利。而外部法治安全环境如果处于较弱的情况，企业之间的信任程度较弱，企业会通过一些损害营运效率的方式来保障自身利益，发生纠纷时也将花费大量时间和资金。区块链技术可以促进各方信任，提高信息透明度，在这类企业中发挥的效果更好。

根据研究结论，本章提出以下政策建议：

（1）企业可以考虑在供应链中使用区块链技术进行布局，提高整体供应链的营运效率。供应链中的企业各自独立，它们之间的信息联通和共享一直是实践中的难题，传统的供应链系统往往由一家企业建立，容易造成信息的垄断，而区块链技术采用分布式账本，可以使每一个企业都能看到即时信息，并且涵盖范围包含整条供应链，对于重要数据可以采用非对称加密技术对公司名称加密，只有被授权的对方能看到完整信息，实现公开和保密的结合。同时供应链成员可能会随时发生变更，区块链平台可以很方便地加入和剔除群成员，实现动态调整。

（2）对于风险偏好型、盈余质量较差、外部法治安全环境较弱的企业，如果想获得供应链其他成员企业的信任，可以自己建立或加入区块链平台，区块链平台建立可以选择现有平台服务商，例如蚂蚁金服、IBM 等公司，以减少企业研发成本。传统企业引入区块链技术不仅是技术的引用，也需要转变业务模式，将交易数据放到区块链上面进行保存和流转。同时，区块链不是万能的，它只是一种共识机制，并不能保证输入的数据完全真实可靠，如果相关企业故意从源头上传递虚假信息，区块链无法识别，因此，对于链下交易传入链上时，还需要引入相关监管部门进行鉴证，避免虚假信息的传递。

第 14 章

区块链对企业绩效影响研究

14.1 研究背景

互联网极大地改变了我们的社会和生活，然而，数字化变革并没有停止，互联网虽然实现了数据的互通互联，但是数据的真实可靠性并不能保证。区块链作为新的科技技术，利用分布式账本技术，可以提高企业间的信任程度，降低信息不对称，提高效率、降低成本。我国强调将区块链作为国家重大战略发展方向，将区块链作为核心技术自主创新的重要突破口，加快推动区块链技术和产业创新发展。各省市也出台相关政策来促进区块链的发展，由此孕育出一批先进的区块链应用企业，区块链的发展可以极大促进人类活动效率的提升。

以往的研究通过理论分析、模型构建等方法发现区块链可以降低企业之间的信息不对称，减少信息摩擦，降低交易成本，提高效率（Shahab & Allam，2020），提高会计预测准确性，具有支持价值创造和实现可持续发展目标的潜力（Al – Htaybat et al.，2019），应该可以提升企业绩效（Kamble et al.，2020）。但是，利用中国的数据进行检验发现采用区块链技术的企业绩效相对较低，在应用区块链技术后绩效并没有得到提升，没有达到区块链预期实现的效果。因此，本章将研究区块链与企业绩效的负相关关系，并深入挖掘产生的原因，发现是逆向选择原因导致的绩效更低的企业更倾向于利用区块链作为一种噱头，使用区块链的企业并没有增加研发支出、投资支出，提升专利技术，它们仅仅利用区块链这个宣传吸引投资者的注意，使其获得短期的股票超额盈利、提高股票换手率。由于没有充分地发挥区块链的作用，导致企业经营中存在的问题并没有被解决，逆向选择给企业带来的利益只是短暂的，从长期看，企业的市净率、政府补贴、营业收入增长率仍然下降，融资约束程度没有得到缓解，企业绩效将持续下降。此外，本章利用异质性检验发现从企业内部治理环境角度，大股东持股比例低、盈余质量差的企业和非国有企业利用区块链进行逆向选择程度更高，从外部环境角度，市场化程度和法治环境越薄弱地区所在的企业利用区块链进行逆向选择程度更高。

本章的创新点有：第一，以往的研究主要采用案例分析、理论分析、模型构建等方法研究区块链的应用前景、策略和优势，但是利用实际数据进行研究相对较少，本章基于我国上市公司数据进行研究，这样研究的优势在于中国政府推出政策大力发展区块链技术，有一部分企业逐步开始使用区块链技术，有充足的数据进行实证检验，有助于探索区块链在实际应用中的状况和问题。第二，以往的研究主要从区块链降低企业信息不对称、提高信任水平等方面探索区块链应用的优势，而区块链在实际应用中是否能够达到预期目标，是否有相关问题并不清楚，本书研究发现区块链与企业绩效之间存在负相关关系，主要是由于逆向选择导致的，并从公司治理、盈余质量、产权性质、所处地区的市场化程度和法治环境等角度探索如何促使区块链发挥更好效果。

本章采用中国作为研究对象，主要原因如下：第一，中国作为目前世界经济发展较为迅速的国家，有 5G、云平台等基础设施的支撑，有能力实现区块链技术的大范围使用；第二，中国政府大力发展鼓励企业和政府运用区块链技术，有较多的区块链应用企业作为研究对象，因此可以采用大样本的实证研究方法进行检验；第三，中国城市较多，每个城市经济发展水平、法律环境水平不同，有不同的地方政府政策，有助于对结果的异质性检验。

14.2 研究假设

关于区块链技术实施对企业绩效的影响，本书研究认为有正反两方面的结论。

首先，区块链的实施可以提升企业运行的效率。区块链可以增加企业之间的信任，促进供应链适应性、敏捷性、一致性等性能的提升（Dhagarra et al.，2019）。区块链还可以在实施中促进流程效率的提升，减少员工处理操作的频率，缩短系统中订单处理的平均时间，减少工作量，使得订单可追溯，提高订单在各个供应链参与者中的可视性。区块链利用分布式系统记录和追溯交易信息，每一个参与者都能查阅信息，可以实时查看物流的价格、日期、位置、质量、认证、海关文件、提货单和其他类型的数据（O'Leary，2017），可以实现对货物和交易的实时追踪，促进物资和信息的协调和规划，避免出现重复操作带来的效率损失，区块链上的交易数据可以永久追溯，可以减少纠纷处理所花费的时间和成本。此外，区块链技术减少人工录入数据，可以降低人为错误和操纵行为，降低不确定性和灰色市场交易带来的潜在损失。

其次，区块链的实施可以降低交易成本和治理成本。根据交易成本理论，企业为了维护与利益相关者之间的关系，需要花费大量的治理成本，传统交易中各方需要进行大量的投资来建立信任，维持长期关系的稳定，减少机会主义行为，但是这种信任关系也很容易被权力较高的一方所破坏。而区块链可以通过技术手段建立信任关系，降低交易成本（Schmidt & Wagner，2019），限制了机会主义行为、降低了环境和行为不确定性的影响，利用区块链可以使交易流程透明、可验证，并可以永久记录交易内容，不能篡改，使得不当记录或行为可以追溯。同时区块链的所有个体均可以看到某一方的不当行为，减少个体的机会主义行为，能够利用集体监督来进行约束，防止更多盗窃、欺诈或操纵行为。此外智能合约可以直接在系统中设置参数并强制执行，避免一方违约（Cachin，2016；Lu & Weng，2018）。交易成本的降低可以使企业减少治理成本的投入，有更多的精力投入价值增值活动中，提升企业绩效。

最后，区块链可以提升会计信息质量、业务数据质量，而数据质量是影响企业利润的一个重要因素（Bonson & Bednarova，2019；Choi & Luo，2019）。区块链可以减少企业收集和验证数据所花费的成本，例如减少收集供应链伙伴的声誉信息所花费的成本、减少签订协议及其后期追踪的成本，同时智能合约可以跟踪合同伙伴的行动和绩效，如果出现违约行为可以自动终止。此外，区块链不需要通过长期合作建立信任，所以企业可以寻找更多的交易伙伴建立短期动态关系（Schmidt & Wagner，2019）。根据信息不对称理论，为了收集信息、验证信息可靠性，企业需要花费大量成本，而区块链可以通过技术手段进行信息数据真实性管理，降低信息管理成本，提高企业绩效。综上所述，提出假设 14 - 1a。

假设 14 - 1a：区块链的使用可以提升企业绩效。

有一些学者提出了区块链技术面临的威胁和劣势。例如，区块链可能会危及数据隐私问题，供应链或产业链中的核心企业会要求其他企业提供更为完整透明的数据，并利用这些数据监控，将其作为一种权利和统治（Hald & Kinra，2019）。虽然区块链的目标是实现分权，但是目前区块链的推动和发展还是由风险资本家、全球会计师事务所、大银行、政府进行主导，它们对于区块链发展的行为更多还是增加排他性、扩大技术鸿沟，增加自动化和分层、增加区块链技术主权，数据共享也只是向特定企业共享有限的数据，对弱势企业产生不利影响（Manski，2017）。区块链的使用还可能受到传统中介机构的抵制，在初级使用过程中界面可能并不是很友好，操作效率受到影响，并且区块链并不能完全保证存储的信息是真实可靠的，如果在源头输入的信息是错误的，那么在数据流转过程中信息也是错误的（O Dair & Beaven，2017）。此外，智能合约作为区块链的典型应用，它需要事先考虑到所有情况并提前将其写入代码中，合同条款不能修改，因此会丧失灵活性，可能难以适应动态变化的市场和供应链环境，与现行的法律框架也可能存在冲突（Sklaroff，2017）。为了避免区块链分叉，可能需要较高的交易费用，共识机制的实现会降低交易确认速度，每一个节点需要储存较多的冗余数据，执行公共代码和维护公共状态将消耗企业较多的资源用于计算（Peters & Panayi，2016；Chiu & Koeppl，2019）。

本书研究认为，区块链技术应用可能在以下方面损害企业绩效：第一，区块链的应用需要较多的前期研发和投资，例如区块链技术平台的构建，与交易伙伴之间的系统搭建，这些投资在短期内可能无法获取收益，并且需要较高水平的技术人员进行维护，使得企业获得的收益低于成本，造成企业利润的亏损（Choi & Luo，2019；Manski，2017）。第二，由于中国区块链发展处于初级和探索阶段，采用联盟链方式，供应链企业实力参差不齐，可能并不能完全抛弃传统交易方式，形成传统交易和区块链交易并存的一种方式，与政府系统的衔接还未完成，业务人员操作还不熟练，并没有充分发挥区块链的作用，造成效率降低，企业绩效下降。第三，区块链要求所有参与者共享交易信息，但是并不是所有企业都愿意参与到共享活动中，即使区块链可以给它们带来少量的效率提升，而参与的主体越多，区块链技术越有价值，中国企业使用区块链主要建立在供应链网络的联盟链上，在简单、规模较小的交易网络中，区块链并没有发挥规模效应，区块链目前在发展初级阶段还有较高的技术不确定性（Schmidt & Wagner，2019）。第四，中国企业的区块链一般是由实力较强的企业带头建立，并邀请其他企业参与的联盟链，垄断和等级制度可能会逐步出现，由此可能会导致企业为了避免数据泄露风险并不愿意共享数据，造成供应链的数据隔离。第五，区块链目前可能存在一个逆向选择问题，一些经营较差、治理薄弱的企业为了吸引更多的投资者购买公司股票，更多客户购买企业的产品，可能会将区块链作为一个概念进行炒作，而这些企业并没有对区块链进行投资和管理，经营和治理问题并没有得到改善，企业经营绩效进一步下降。因此，提出假设 14 - 1b。

假设 14 - 1b：区块链的使用会降低企业绩效。

14.3 研究设计

14.3.1 变量定义

1. 被解释变量

企业绩效，本章用总资产收益率进行衡量。

2. 解释变量

（1）是否使用区块链虚拟变量。本章对上市公司年报信息进行文本检索，如果在样本全部期间出现“区块链”字段，取1，否则取0。

（2）时间虚拟变量。企业采用区块链技术之后的时期取1，否则取0。

3. 控制变量

本章采用公司规模、产权性质、资本结构、第一大股东持股比例、企业成立年限、收入增长率、市场份额、年度作为控制变量。

本章变量定义如表14.1所示。

表14.1　变量定义

属性	变量名称	符号	计算方式
被解释变量	企业绩效	*ROA*	净利润/总资产
解释变量	是否使用区块链虚拟变量	*Treat*	企业在样本期间使用了区块链技术为1，否则为0
	时间虚拟变量	*Time*	企业采用区块链技术之后的时期取1，否则取0

续表

属性	变量名称	符号	计算方式
控制变量	企业规模	*Size*	期末总资产的自然对数
	产权性质	*State*	国有企业取 1，非国有企业取 0
	资本结构	*Lev*	负债总额/资产总额
	第一大股东持股比例	*Largest*	第一大股东持股数/总股数
	企业成立年限	*Firmage*	企业成立年限的自然对数
	收入增长率	*Growth*	销售收入增长率
	市场份额	*MS*	企业营业收入占同行业总收入比例
	年度	*Year*	年度虚拟变量

14.3.2　研究模型

本章采用 DID + PSM 模型进行检验，设立模型如（14.1）式所示，由于各企业实施区块链年份不一致，参考贝克（Beck，2010）等的研究方法，采用通用的 DID 模型。其中企业在 2012 ~ 2019 年实施了区块链技术，*Treat* 取 1，否则取 0，定义时间虚拟变量 *Time*，使用区块链技术之后的时期取 1，之前的时期取 0。*Year* 为年份虚拟变量，u_i 为个体效应。当 *Treat* × *Time* 为正，说明区块链技术的使用可以提升企业营运效率。同时，逐年按照企业是否使用区块链技术进行 PSM1∶1 配对，筛选出实验组和控制组企业，并把它们扩展成为面板数据。

为了检验假设 14 - 1，本章设定（14.1）式，如果 a_1 显著为正，则假设 14 - 1a 成立，如果 a_1 显著为负，则假设 14 - 1b 成立。

$$ROA_{it} = a_0 + a_1 Treat_i \times Time_{it} + Controls_{it} + u_i + Year_t + \varepsilon_{it} \quad (14.1)$$

14.3.3　数据来源

本章的数据来源于 2012 ~ 2019 年我国 A 股上市公司，财务数据和治理数据来源于 CSMAR 数据库，企业是否使用区块链技术来源于上市公司年报。参考以前文献的做法，对数据做如下处理：（1）删除金融行业企业数据；（2）删除 ST 公司样本；（3）删除主要回归变量中的缺失值，并对所有变量进行了 1% ~99% 的 Winsor 处理，来减少离群值给研究结果带来的偏误。

14.4 实证结果

14.4.1 描述性统计

表 14.2 为 PSM 匹配后样本的描述性统计，可以看出总资产收益率均值为 3%，还有一部分企业收益率是负值，使用区块链的企业比例均值为 18%，具体而言，实验组样本数为 2698 个，控制组样本数为 12070 个，主要是因为本章逐年进行 PSM1：1 匹配，再进一步扩展为面板数据，因此实验组和控制组样本数有较大差异。表 14.2 列示了 PSM 匹配后各变量的描述性统计情况，包括均值、标准差、最小值、中位数、最大值，样本为 2012 ~ 2019 年中国 A 股上市公司。

表 14.2　　PSM 匹配后样本描述性统计

变量	均值	标准差	最小值	中位数	最大值
ROA	0.03	0.07	-0.36	0.03	0.21
Treat	0.18	0.39	0.00	0.00	1.00
Size	22.19	1.35	18.99	22.03	26.94
State	0.36	0.48	0.00	0.00	1.00
Lev	0.43	0.22	0.05	0.42	1.18
Largest	0.34	0.15	0.09	0.31	0.75

续表

变量	均值	标准差	最小值	中位数	最大值
Firmage	2.92	0.29	1.95	2.94	3.56
Growth	0.20	0.57	-0.67	0.10	4.07
MS	0.01	0.02	0.00	0.00	0.13
N	14768				

14.4.2　区块链对企业绩效的影响结果

表 14.3 描述了区块链对企业绩效的影响结果，采用 DID 方法分别对全样本和 PSM 匹配样本进行检验。被解释变量为企业绩效，用总资产收益率 *ROA* 进行衡量，解释变量为公司是否采用区块链技术 *Treat* 和采用区块链时间前后虚拟变量交乘项，本章控制了企业个体效应和时间效应的影响。

表 14.3 第（1）~（3）列为全样本检验，其中，第（1）、第（2）列分别采用不同的控制变量，结论相同，可以看出采用区块链的企业绩效下降，与假设 14-1b 相符。第（3）列为平衡趋势检验，可以看出，区块链对企业绩效的负向影响从 2016 年开始产生，而 2016 年之前区块链对企业绩效没有显著影响，这与中国在 2016 年开始大力发展区块链技术的时间节点相符。可能因为区块链需要较多的投资和研发成本造成利润的下降，或者在运行前期企业无法熟练操作或者没有足够多的合作企业参与其中，导致区块链没有充分地发挥作用，造成企业绩效下降。也可能因为逆向选择，绩效越差的企业越倾向于利用区块链进行炒作，而企业运营的缺陷没有解决，导致绩效下降，本书将在后面的章节对区块链导致公司绩效下降的原因进行检验和分析。

第（4）~（6）列为对采用 PSM 匹配后的样本进行的检验，结论与前面相符。此外，从控制变量也可以看出，企业规模越大、大股东持股比例越高、企业成长性越好、市场份额越大，企业绩效越好，而负债比例越大，企业绩效越差，这些也与我们的认知相符。

表 14.3　　区块链对企业绩效的影响结果

变量	(1)	(2)	(3)	(4)	(5)	(6)
	全样本			PSM		
Treat × *Time*	-0.017*** (0.000)	-0.015*** (0.001)		-0.017*** (0.001)	-0.014*** (0.002)	
Treat × *Year*2011			-0.003 (0.328)			-0.003 (0.465)
Treat × *Year*2012			-0.003 (0.368)			-0.002 (0.648)
Treat × *Year*2013			0.001 (0.879)			0.002 (0.642)
Treat × *Year*2014			-0.002 (0.669)			0.000 (0.977)
Treat × *Year*2015			-0.001 (0.896)			0.001 (0.827)
Treat × *Year*2016			-0.012*** (0.009)			-0.011** (0.015)
Treat × *Year*2017			-0.009** (0.046)			-0.009* (0.051)
Treat × *Year*2018			-0.017*** (0.006)			-0.014** (0.032)
Treat × *Year*2019			-0.006 (0.195)			-0.005 (0.368)
Size		0.018*** (0.000)	0.015*** (0.000)		0.018*** (0.000)	0.015*** (0.000)
State		-0.006 (0.269)	-0.008 (0.103)		-0.005 (0.450)	-0.008 (0.194)
Lev		-0.202*** (0.000)	-0.180*** (0.000)		-0.202*** (0.000)	-0.178*** (0.000)

续表

变量	(1)	(2)	(3)	(4)	(5)	(6)
	全样本			PSM		
Largest		0. 041 *** (0. 000)	0. 040 *** (0. 000)		0. 051 *** (0. 000)	0. 045 *** (0. 000)
Firmage		0. 004 (0. 793)	0. 003 (0. 803)		0. 014 (0. 399)	0. 015 (0. 261)
Growth		0. 019 *** (0. 000)	0. 019 *** (0. 000)		0. 019 *** (0. 000)	0. 019 *** (0. 000)
MS		0. 294 *** (0. 002)	0. 286 *** (0. 001)		0. 293 *** (0. 004)	0. 269 *** (0. 003)
Constant	0. 037 *** (0. 000)	-0. 307 *** (0. 000)	-0. 217 *** (0. 000)	0. 037 *** (0. 000)	-0. 344 *** (0. 000)	-0. 245 *** (0. 000)
年份	Control	Control	Control	Control	Control	Control
固定效应	Control	Control	Control	Control	Control	Control
样本数	20688	20688	24489	14768	14768	17579
R^2	0. 024	0. 212	0. 213	0. 028	0. 217	0. 212
F 值	29. 273 ***	81. 942 ***	64. 662 ***	22. 968 ***	63. 752 ***	49. 131 ***

注：*** 代表 p<0. 01，** 代表 p<0. 05，* 代表 p<0. 1；标准误差经过公司层面 cluster 调整；( ) 内数据为 p 值。

14. 4. 3　反向因果检验

目前我们已经证明了区块链会降低企业绩效，替代性地说，是不是因为绩效较低的企业为了吸引更多的投资而利用区块链作为一种炒作方式，区块链目前是国家大力推行的技术，企业采用区块链技术可能获得更多的国家补助，在股票市场拥有更高的市场反应。根据这一替代性假设，绩效越低的企业更倾向于采用区块链技术。例如，2017 年 12 月 14 日，“龙鳍”（Long-Fin）在纳斯达克上市，次日便收购了网站 www. ziddu. com（一个智能合约平台），两日内股价涨幅超过了2000%。同年12月，纳斯达克上市公司“防爆区块链”（Riot Blockchain）宣布向加密货币相关服务转型之后，股价一度飙升至40美元。根据信息不对称理论，外界投资者或交易者只能看到企业是否采用区块链技术，至于区块链实施的效果如何并不了解，而区块链又是一个新兴技术，投资大、见效慢，所以绩效一般的企业可能不愿意主动投资区块链技术，避免企业经营受损，只有一定实力的企业愿意作为行业先驱投资区块链，但这类公司数量较少，另外还有一类企业只是将区块链作为噱头进行炒作，至于区块链是否发挥较好的效果并不明确，这类企业可能占据较高比例，由此产生了逆向选择现象。

为了检验这一假设，我们设立了Logit模型和Probit模型进行检验，被解释变量为在当年是否采用区块链技术虚拟变量，解释变量分别利用当期总资产收益率ROA和滞后一期ROA进行检验，因为2016年中国才开始有公司使用区块链技术，所以我们设定样本区间为2016年以后，结果如表14.4所示，可以看出，无论采用哪种模型，企业绩效与企业采用区块链技术均呈负向关系，绩效越差的企业越倾向于利用区块链技术。

表14.4　　逆向选择检验

变量	(1)	(2)	(3)	(4)
	Logit		Probit	
ROA	-2.189*** (0.000)		-1.116*** (0.001)	
L. ROA		-1.570* (0.052)		-0.685* (0.092)
Size	0.187*** (0.001)	0.171*** (0.003)	0.092*** (0.001)	0.082*** (0.003)
State	-0.415*** (0.004)	-0.453*** (0.002)	-0.205*** (0.004)	-0.220*** (0.002)

续表

变量	(1)	(2)	(3)	(4)
	Logit		Probit	
Lev	-0.789** (0.026)	-0.615* (0.087)	-0.378** (0.031)	-0.277 (0.105)
Largest	-1.936*** (0.000)	-2.127*** (0.000)	-0.953*** (0.000)	-1.042*** (0.000)
Firmage	-0.393* (0.076)	-0.437** (0.045)	-0.207* (0.060)	-0.226** (0.034)
Growth	-0.110 (0.242)	-0.153 (0.146)	-0.057 (0.212)	-0.071 (0.163)
MS	5.482 (0.116)	5.236 (0.122)	2.979 (0.108)	2.725 (0.118)
Constant	-3.678*** (0.008)	-3.716*** (0.007)	-1.919*** (0.004)	-1.954*** (0.004)
年份	Control	Control	Control	Control
样本数	8068	10857	8068	10857
R^2	0.037	0.074	0.037	0.074
Chi^2 值	201.178***	283.482***	196.988***	310.039***

注：*** 代表 $p<0.01$，** 代表 $p<0.05$，* 代表 $p<0.1$；标准误差经过公司层面 cluster 调整；( ) 内数据为 p 值。

为了进一步验证究竟是采用区块链的弊端和缺陷造成企业绩效的下降，还是因为逆向选择原因导致绩效差的企业更倾向于采用区块链技术。我们检验了实施区块链后对研发支出、投资支出、专利数量的影响，结果如表 14.5 所示。本章利用 DID 模型，被解释变量分别为研发支出除以企业总资产（*Research*），固定资产、无形资产等支付的现金除以企业总资产（*Invest*）、专利数量的自然对数（*Patent*），解释变量为 *Treat* 和 *Time* 交乘项，分别采用全样本和 PSM 匹配后的样本进行检验。如果企业真实想充分利用区块链技术进行发展，由于区块链技术的专业性较强，采用区块链的企业可能需要自身加大研发投入，或者采购现有的区块链信息系统，研发支出或投资支出应该增加，专利数量应该增加，但是从表 14.4 的结果中可以看出，使用区块链技术后企业的研发支出、投资支出、专利数量反而下降了，这也证明了逆向选择的存在，一部分企业虽然在年报中提及了它们对区块链技术的使用，但并没有真实地进行研发或投资，而只是将其作为一个炒作的方式。

表 14.5　　实施区块链后对研发活动的影响

变量	(1)	(2)	(3)	(4)	(5)	(6)
	Research		*Invest*		*Patent*	
	全样本	PSM	全样本	PSM	全样本	PSM
Treat × Time	-0.006 *** (0.000)	-0.005 *** (0.000)	-0.004 * (0.054)	-0.005 ** (0.026)	-0.116 ** (0.029)	-0.097 * (0.072)
Size	-0.007 *** (0.000)	-0.007 *** (0.000)	0.004 *** (0.002)	0.004 *** (0.001)	0.005 (0.812)	-0.010 (0.699)
State	-0.001 (0.415)	-0.001 (0.649)	-0.009 ** (0.019)	-0.009 ** (0.036)	0.113 (0.199)	0.134 (0.208)
Lev	-0.006 *** (0.000)	-0.005 ** (0.015)	-0.013 *** (0.001)	-0.012 *** (0.006)	0.015 (0.850)	0.028 (0.763)
Largest	0.003 (0.401)	0.001 (0.848)	0.025 *** (0.001)	0.021 ** (0.016)	-0.043 (0.828)	-0.079 (0.735)
Firmage	-0.017 *** (0.000)	-0.018 *** (0.000)	-0.077 *** (0.000)	-0.076 *** (0.000)	-0.425 (0.198)	-0.451 (0.215)
Growth	0.001 ** (0.011)	0.001 ** (0.022)	-0.001 (0.345)	-0.001 * (0.079)	-0.019 (0.164)	-0.004 (0.768)
MS	0.058 ** (0.032)	0.056 * (0.061)	0.014 (0.872)	-0.042 (0.632)	1.481 (0.232)	1.154 (0.336)
Constant	0.235 *** (0.000)	0.247 *** (0.000)	0.196 *** (0.000)	0.179 *** (0.001)	1.685 (0.141)	2.106 (0.102)
年份	Control	Control	Control	Control	Control	Control
固定效应	Control	Control	Control	Control	Control	Control
样本数	20516	14679	20672	14747	20695	14768

续表

变量	(1)	(2)	(3)	(4)	(5)	(6)
	Research		*Invest*		*Patent*	
	全样本	PSM	全样本	PSM	全样本	PSM
R^2	0.336	0.341	0.089	0.094	0.008	0.010
F 值	157.618***	120.383***	47.951***	37.696***	7.604***	6.677***

注：*** 代表 p<0.01，** 代表 p<0.05，* 代表 p<0.1；标准误差经过公司层面 cluster 调整；( ) 内数据为 p 值。

基于以上检验，本章可以得出结论：区块链与企业绩效之间的负向关系是由于逆向选择原因导致的，绩效越低的公司越倾向于利用区块链进行炒作，而这些企业并没有增加研发支出或者投资支出来开展区块链活动，专利数量也没有增加，同时由于企业内部经营存在的问题没有及时改善，企业的绩效会越来越低。

14.4.4　区块链逆向选择带来的经济后果

为了研究企业进行区块链炒作的动机，本章从股票市场和公司内部财务活动方面研究了实施区块链后的经济后果。

(1) 对股票市场的影响。

区块链作为中国政府大力发展的技术之一，具有广阔的发展前景，投资者也会将区块链视为一个投资机会，愿意选择实施区块链技术的企业进行投资，因此，当企业在年报中披露了关于实施区块链的信息后，投资者会更愿意购买该企业的股票，企业的超额回报率会更高，股票的流通性也会更好。通过研究发现在互联网发展时期，当企业在名称中增加“.com”，其股价会迅速上涨（Emshwiller，1999），但只能获得大约 10 天的超额回报（Cooper et al.，2001；Jain & Jain，2019），同时发现企业更改名称，加入区块链字段，可以获得短暂的超额回报。本章利用年报发布的 [-3，3] 之内的超额收益（CAR），以及年度平均股票换手率（Stock-Turnover）作为被解释变量进行检验，结果如表 14.6 所示，发现 CAR 值和股票换手率在企业利用区块链技术后上升了，这也是企业愿意利用区块链炒作的动机，由于企业与外部投资者之间的信息不对称，外部投资者不清楚企业是否真正地对区块链进行运用和实施，所以投资者对于年报中披露了区块链计划的企业会给予较高的市场反应，股票换手率的提升也意味着区块链信息的披露可以吸引大量投资者购买公司的股票。同时，本章也将投资者对企业长期股票价值评价指标市净率（PB ratio）作为被解释变量进行检验，发现在区块链实施后企业的市净率下降，说明即使区块链可以在短期给投资者带来吸引，但是长期来看投资者还是能够识别出企业是否真实有效地开发区块链、利用区块链进行经营活动。

（2）对公司财务状况的影响。

本章进一步检验区块链实施后对公司融资约束、政府补助、营业收入等财务状况的影响。如果企业充分发挥区块链的作用，利用区块链搭建信息平台，那么使用区块链可以提高公司透明度，降低企业与银行、政府、供应商、客户等利益相关者的信息不对称问题，信息透明度的提升可以增加企业贷款的可得性，银行更愿意向企业提供贷款（Petersen & Rajan，1994），企业融资约束将会降低。供应商和客户可以追溯企业的产品信息，减少信息沟通成本和纠纷处理成本（Treiblmaier，2018；Hastig & Sodhi，2020），供应商和客户更愿意与企业合作，企业营业收入会增加。政府会基于企业的区块链技术提高对企业的科技创新补助。而如果逆向选择行为存在，绩效低的企业为了吸引投资者注意在年报中夸大区块链的应用，那么结果将相反，未充分实施区块链的企业并不会获得更多的银行贷款、营业收入和政府补助。因此，本章将融资约束（FC）、科技创新补助（Subsidy）、营业收入增长率（Ying ye rate）作为被解释变量进行检验，结果如表 14.7 所示，可以看出区块链实施后，企业的融资约束增加、政府科技创新补助下降、营业收入增长率下降，与逆向选择结论一致，说明企业的区块链并没有发挥作用，这些企业并没有充分利用区块链发展企业，而只是作为一种炒作方式，虽然企业在年报中披露了区块链情况吸引投资者注意，但是银行、供应商、客户等作为与企业直接交易的主体，对企业情况有充分的了解，政府也可以对企业进行直接调查，能够识别出企业的逆向选择行为。

表 14.6　　　　　　区块链实施对公司股票市场的影响

变量	(1)	(2)	(3)	(4)	(5)	(6)
	CAR		*Stock_Turnover*		*PB ratio*	
	全样本	PSM	全样本	PSM	全样本	PSM
Treat × Time	0.009 ** (0.047)	0.009 ** (0.038)	27.332 ** (0.020)	27.622 ** (0.020)	-0.368 ** (0.029)	-0.458 *** (0.008)
Size	-0.003 * (0.075)	-0.003 (0.176)	-52.153 *** (0.000)	-54.650 *** (0.000)	-1.993 *** (0.000)	-2.010 *** (0.000)
State	0.006 (0.233)	0.008 (0.180)	41.171 *** (0.008)	16.988 (0.340)	-0.583 * (0.094)	-0.277 (0.471)
Lev	-0.001 (0.859)	0.002 (0.747)	108.560 *** (0.000)	116.840 *** (0.000)	5.158 *** (0.000)	5.683 *** (0.000)
Largest	0.010 (0.371)	0.011 (0.365)	-198.987 *** (0.000)	-205.433 *** (0.000)	0.004 (0.994)	0.022 (0.977)
Firmage	0.005 (0.758)	0.012 (0.531)	66.712 (0.157)	54.331 (0.315)	-1.163 (0.129)	-0.137 (0.866)
Growth	0.001 (0.625)	0.001 (0.399)	5.018 (0.109)	6.933 * (0.066)	0.247 *** (0.000)	0.275 *** (0.000)
MS	0.127 (0.255)	0.099 (0.425)	328.705 (0.266)	256.640 (0.424)	17.471 ** (0.024)	18.135 ** (0.028)
Constant	0.054 (0.369)	0.023 (0.745)	1322.697 *** (0.000)	1431.795 *** (0.000)	49.044 *** (0.000)	46.114 *** (0.000)
年份	Control	Control	Control	Control	Control	Control
固定效应	Control	Control	Control	Control	Control	Control
样本数	15053	10714	20653	14737	20658	14741
R^2	0.003	0.004	0.380	0.388	0.228	0.232
F 值	2.353 ***	2.099 ***	420.770 ***	319.937 ***	137.441 ***	96.850 ***

注：*** 代表 $p<0.01$，** 代表 $p<0.05$，* 代表 $p<0.1$；标准误差经过公司层面 cluster 调整；( ) 内数据为 p 值。

表 14.7　　区块链实施对公司财务状况的影响

变量	(1)	(2)	(3)	(4)	(5)	(6)
	FC		*Subsidy*		*Ying ye rate*	
	全样本	PSM	全样本	PSM	全样本	PSM
Treat × Time	0.020*** (0.000)	0.020*** (0.000)	-0.002** (0.020)	-0.002** (0.025)	-0.172*** (0.000)	-0.166*** (0.000)
Size	-0.072*** (0.000)	-0.073*** (0.000)	0.000 (0.310)	0.000 (0.312)	0.234*** (0.000)	0.237*** (0.000)
State	0.019*** (0.010)	0.014* (0.078)	-0.000 (0.735)	0.000 (0.663)	-0.159*** (0.004)	-0.143** (0.027)
Lev	-0.036*** (0.000)	-0.037*** (0.000)	-0.004*** (0.000)	-0.004*** (0.000)	-0.070 (0.243)	-0.098 (0.166)
Largest	-0.027* (0.051)	-0.019 (0.220)	0.001 (0.500)	0.001 (0.525)	0.412*** (0.000)	0.405*** (0.002)
Firmage	0.177*** (0.000)	0.181*** (0.000)	-0.006** (0.036)	-0.005 (0.134)	0.279** (0.035)	0.272* (0.070)
Growth	-0.024*** (0.000)	-0.022*** (0.000)	-0.001*** (0.000)	-0.000*** (0.002)		
MS	0.774*** (0.000)	0.825*** (0.000)	-0.024*** (0.008)	-0.026*** (0.010)	7.037*** (0.000)	6.008*** (0.000)
Constant	1.395*** (0.000)	1.396*** (0.000)	0.017* (0.060)	0.014 (0.179)	-6.043*** (0.000)	-6.088*** (0.000)
年份	Control	Control	Control	Control	Control	Control
固定效应	Control	Control	Control	Control	Control	Control
样本数	20544	14662	20692	14765	20695	14768
R^2	0.215	0.220	0.022	0.024	0.055	0.058
F 值	111.480***	86.650***	12.484***	8.885***	28.532***	21.827***

注：*** 代表 $p<0.01$，** 代表 $p<0.05$，* 代表 $p<0.1$；标准误差经过公司层面 cluster 调整；( ) 内数据为 p 值。

14.4.5　区块链逆向选择异质性检验

为了进一步检验影响企业采用区块链逆向选择的因素，从而提出对策减少企业逆向选择，充分发挥区块链的优势作用，本章进行异质性检验，分别从企业治理因素和外部宏观环境两个角度进行分析。

（1）企业治理因素。

①第一大股东比例。企业中管理层和股东之间存在代理问题和信息不对称，管理层会为了提高薪酬或获得晋升渠道采用一些措施来寻找工作亮点，即使这些措施对企业经营发展没有效果或不利于长期发展（Jensen & Meckling，1976），例如区块链就可以作为管理层抓住的热点，顺应政府政策的一个工作亮点，即使该企业并不适合采用区块链技术，或者并没有充分地发挥区块链的作用，甚至没有针对区块链增加研发或进行投资支出，仅是企业炒作的一种方式。大股东持股比例作为衡量公司治理环境的一个重要指标，大股东持股比例越高，参与企业经营决策程度越高，与管理层之间的信息不对称问题越小，可以及时识别出企业管理层是否真正地使用区块链技术来提高公司经营水平，减少管理层利用区块链进行逆向选择行为（Shleifer & Vishny，1986；Ramdani & van Witteloostuijn，2012）。本章按照第一大股东持股比例（*Largest*）高低进行分组检验，结果如表 14.8 第（1）、第（2）列所示，可以看出，大股东持股水平比例越低，管理层利用区块链逆向选择问题越严重，而大股东持股比例较高时，逆向选择问题并不明显。

表 14.8　　不同公司治理环境下逆向选择检验

变量	(1)	(2)	(3)	(4)	(5)	(6)
	Largest 高	*Largest* 低	*EM* 高	*EM* 低	国有企业	非国有企业
ROA	-0.374 (0.726)	-1.966** (0.011)	-1.697** (0.012)	-1.045 (0.522)	1.349 (0.531)	-1.559** (0.020)

续表

变量	(1)	(2)	(3)	(4)	(5)	(6)
	Largest 高	*Largest* 低	*EM* 高	*EM* 低	国有企业	非国有企业
Size	-0.089 (0.340)	0.217*** (0.005)	0.167** (0.037)	-0.035 (0.656)	0.083 (0.453)	0.045 (0.535)
State	-0.180 (0.367)	-0.733*** (0.001)	-0.548*** (0.004)	-0.364* (0.054)		
Lev	0.975* (0.079)	-1.350*** (0.005)	-0.579 (0.159)	-0.194 (0.702)	-0.058 (0.936)	-0.421 (0.293)
Largest	-2.319** (0.018)	-4.292*** (0.001)	-1.330** (0.033)	-1.155** (0.050)	-0.205 (0.809)	-1.736*** (0.003)
Firmage	-0.701** (0.018)	-0.526 (0.120)	-0.608** (0.036)	-0.655** (0.029)	-0.602 (0.239)	-0.614** (0.018)
Growth	-0.042 (0.723)	-0.107 (0.472)	-0.050 (0.642)	-0.151 (0.353)	-0.324 (0.106)	-0.038 (0.716)
MS	5.480 (0.202)	2.792 (0.560)	3.805 (0.317)	7.041 (0.241)	0.991 (0.867)	6.710* (0.096)
Constant	3.308 (0.146)	-3.207* (0.089)	-2.630 (0.191)	1.875 (0.324)	-1.644 (0.630)	0.042 (0.980)
年份	Control	Control	Control	Control	Control	Control
样本数	3404	3983	3753	3634	2512	4875
R^2	0.111	0.093	0.082	0.096	0.114	0.074
F 值	165.939***	154.158***	142.340***	145.667***	90.536***	198.966***

注：***代表 p<0.01，**代表 p<0.05，*代表 p<0.1；标准误差经过公司层面 cluster 调整；( ) 内数据为 p 值。

②盈余质量。企业与外部投资者之间信息不对称导致其股价发生波动，当企业传递利好消息时，其股价会上升，产生超额收益（Zhu & Niu，2016）。区块链作为中国大力发展的具有未来前景的技术，当企业在年报中披露利用区块链技术会吸引更多的投资者，可以获得良好的市场反应，即使企业绩效很差，仅仅将区块链作为一种噱头进行炒作，投资者甚至可能对企业区块链

的实际运用情况并不了解，认知偏差较大，也会盲目跟风（Chaney & Lewis，1995），由此产生逆向选择现象。当企业信息透明度越差时，企业和外部投资者的信息不对称程度越大（Barth et al.，2013），企业越容易进行逆向选择活动。本章按照 Jones 模型估计盈余管理程度，用盈余管理绝对值（EM）衡量盈余质量，按照盈余质量的高低对逆向选择行为进行分组检验，结果如表 14.8 第（3）、第（4）列所示，可以看出，企业盈余质量越差，绩效差的企业利用区块链进行逆向选择的行为越严重，而当企业盈余质量较好时，逆向选择问题并不明显。

③产权性质。鉴于中国国有企业的特殊性，本章对产权性质如何影响区块链逆向选择进行检验。国有企业有财政拨款，同时受到国家监督，国有企业的未来投资方向要经国家批准（Shleifer & Vishny，1994），同时国有企业除了实现经济目标外，还需要承担社会目标（Zhu et al.，2016），高管的晋升和薪酬激励不完全受企业绩效影响，完成国有企业所承担的社会目标也可以作为高管晋升的条件（Bradshaw et al.，2019），因此，国有企业管理层与股东之间的代理冲突相对于民营企业更小。而民营企业与之相反，当其绩效下降，将直接影响高管的薪酬和晋升状况，因此，为了缓解绩效降低带来的负面影响，吸引更多投资者提升股价，高管有动机利用区块链进行炒作，而不考虑其是否真正地发挥作用。为了进行检验，本章按照国有企业和民营企业进行分组回归，结果如表 14.8 第（5）、第（6）列所示。可以看出，民营企业利用区块链进行逆向选择的程度更为严重，而国有企业逆向选择程度不明显。

（2）外部宏观环境。

①市场化程度。区块链的好处是可以通过计算机代码增强企业之间的信任，以往企业可能需要长期的交易才能与供应商、客户建立稳定关系，而区块链的出现可以使企业不需要长期合作就与其他企业建立短期合作关系。在市场化程度较好的地区，信息、资源快速流动，政府有完善的经济制度进行调控，企业可以快速选择替代合作者，而在市场化薄弱的地区，企业可选择的合作伙伴较少，一般只能通过建立长期稳定关系来维持交易，区块链在市

场化薄弱的地区可以发挥更好的作用，因此，市场化薄弱地区的企业为了吸引交易伙伴和投资者，也更倾向于利用区块链来进行炒作。本章利用樊纲等编制的中国市场化指数（Market），该指数包含政府与市场的关系、非国有经济的发展、产品市场的发育程度、要素市场的发育程度、市场中介组织的发育和法律制度环境等要素，可以很好地衡量各地区的市场化发展水平。按照市场化指数高低进行分组检验，结果如表 14.9 第（1）、第（2）列所示，可以看出，市场化程度越低的地区企业利用区块链逆向选择的程度越高，而在市场化程度高的地区，逆向选择行为不明显。

表 14.9　　不同公司法治环境下逆向选择检验

变量	(1)	(2)	(3)	(4)
	Market 高	*Market* 低	*Law* 高	*Law* 低
ROA	0.088 (0.910)	-3.684*** (0.000)	0.176 (0.858)	-2.446*** (0.003)
Size	0.044 (0.569)	0.118 (0.221)	0.036 (0.694)	0.100 (0.196)
State	-0.338 (0.113)	-0.504** (0.017)	-0.097 (0.687)	-0.658*** (0.000)
Lev	0.026 (0.958)	-1.041* (0.053)	0.145 (0.816)	-0.813* (0.059)
Largest	-1.936*** (0.002)	-0.209 (0.774)	-1.384** (0.046)	-1.128* (0.087)
Firmage	-0.586** (0.031)	-0.584 (0.151)	-0.673* (0.051)	-0.669** (0.025)
Growth	-0.080 (0.458)	-0.029 (0.864)	-0.012 (0.926)	-0.095 (0.467)
MS	3.717 (0.391)	4.528 (0.415)	7.658 (0.100)	1.137 (0.801)

续表

变量	(1)	(2)	(3)	(4)
	Market 高	*Market* 低	*Law* 高	*Law* 低
Constant	0.078 (0.967)	-1.824 (0.464)	0.113 (0.961)	-0.795 (0.678)
年份	Control	Control	Control	Control
样本数	4054	3333	3090	4297
R^2	0.082	0.100	0.085	0.097
F 值	193.550***	148.161***	143.678***	190.925***

注：*** 代表 p<0.01，** 代表 p<0.05，* 代表 p<0.1；标准误差经过公司层面 cluster 调整；( ) 内数据为 p 值。

②法治安全环境。区块链是目前新兴的技术，可以建立企业与企业之间的信任关系，并且智能合约可以通过设定代码实现自动交易，避免一方违约的情况出现，因此，区块链可以缓解法治环境薄弱的缺陷。在法治环境较好的地区，当企业之间出现纠纷，可以通过法律诉讼程序得到较好解决，企业利用区块链技术来吸引合作伙伴的动机相对较小。但是在法治环境薄弱的地区，企业之间纠纷的处理可能效率较低，诉讼程序难以执行，甚至可能出现法院对地方国有企业偏袒的情况，企业可能会遭受诉讼风险带来的损失，因此，法治环境越薄弱的地区，企业利用区块链炒作的效果越好，企业可以吸引到更多的合作伙伴。本章利用王小鲁等调查编制的《中国分省企业经营环境指数报告》中的司法公正和效率指数衡量法治程度（Law），按照法治程度高低进行分组检验，结果如表 14.9 第（3）、第（4）列所示，可以看出，法治薄弱的地区，企业利用区块链进行逆向选择的程度越高，而在法治健全的地区，逆向选择效果不明显。

14.5 本章小结

区块链是最近新兴的技术之一，与之相关的研究还相对不多，大部分研究都集中在区块链未来发展的前景以及区块链在企业管理中的流程设计上，然而利用实证数据检验区块链在企业实际运营中发挥的作用和存在的问题的研究相对较少。

从理论上进行分析，区块链可以降低信息透明度、提高企业之间信任水平，降低交易成本，提高效率，应该能够提升企业绩效，但是本章通过实际数据检验发现区块链应用和企业绩效之间存在负相关关系，而这与区块链的理论预期不一致，进一步探索其深层次原因发现，产生上述效果的主要原因在于企业的逆向选择行为，区块链的应用顺应中国政府政策，符合未来技术方向，因此企业可以将区块链作为一种概念炒作方式，年报中披露区块链的企业将会获得超额回报，提高股票换手率，因此绩效越差的企业越倾向于将区块链技术作为提升企业声誉、扭转企业经营状况的方式，而这些企业并不一定适用区块链技术，或者没有充分发挥出区块链的优势，甚至根本没有加大投资和研发开展区块链应用，逆向选择行为较为严重。此外，该类企业内在的经营缺陷并没有解决，逆向选择获得的收益也是暂时的，从长期看，企业的市净率、政府补贴、营业收入增长率会下降，融资约束也未得到缓解，企业的绩效会进一步下降。

此外，本章也寻找了改善企业逆向选择的因素，从企业内部来看，第一，大股东较高的持股比例可以降低管理层与股东之间的信息不对称，避免高管为了薪酬或晋升来进行区块链炒作；第二，较好的盈余质量可以减少企业与外部投资者之间的信息不对称，减少企业为了抬升股价而盲目进行区块链炒作；第三，民营企业相对于国有企业在区块链逆向选择方面更严重，主要是民营企业对经济目标更为关注，当绩效较差时，更倾向于通过区块链炒作来缓解经济压力。从宏观经济环境来看，区块链可以通过计算机代码实现企业之间的信任，在市场化程度较低、法治环境较差的地区，区块链发挥的作用更好，因此，这类地区的企业更倾向于利用区块链技术来吸引投资者和合作伙伴，发生逆向选择的动机更强。

本章认为，目前中国区块链技术发展还处于初级阶段，由于政府的大力推行和宣传，企业开展区块链业务有些过急，一些在现阶段并不适合采用区块链业务的企业也开展区块链方面的活动，由此来吸引投资者，但是区块链并没有发挥应有的效果，导致区块链出现逆向选择行为。只有少数企业可以利用区块链提升绩效，但是大部分企业因为自身条件的不合适带来了绩效的进一步下降，同时也并没有达到自身降低融资约束、提升收入增长率等目标，因此，企业应更加脚踏实地，根据自身业务特点和实力开展区块链业务，不要盲目炒作。此外，对于投资者来说，并不是所有披露区块链业务的企业都充分地利用区块链来发展业务，应重点警惕股权分散、盈余质量差、民营企业，以及市场化程度和法治程度薄弱的地区企业，避免被其区块链炒作行为所迷惑而进行盲目投资。

第 15 章

人工智能技术对资金链韧性影响研究

15.1 研究背景

随着新冠疫情、战争等不利外部环境的影响，企业生产经营可能会随时面临被迫中断，由此产生资金链断裂的风险，企业的持续经营能力受到挑战。企业需要提升应对逆境事件的韧性能力（李平，2021）。为什么有些组织能够更好地应对不利的环境条件并在危机面前生存下来，其主要原因在于韧性的不同（张公一等，2020）。但是目前的研究主要集中在组织韧性、经济韧性领域，而资金链是企业持续经营的关键，因此有必要对企业资金链韧性进行研究。

目前关于韧性的研究主要集中在组织韧性、供应链韧性角度，例如提升创新能力、加强研发创新、提高资源获取能力、提高组织灵活性、承担社会责任等因素可以提升组织和供应链韧性，员工的韧性、高管能力、领导的变革特征也会提升组织韧性，韧性的提升可以增加企业绩效、提高企业可持续发展能力、降低风险、提高员工满意程度。

资金链韧性是影响企业能否在危机中生存下来甚至复苏的重要因素，资金链韧性强的企业可以通过融通资金、应对风险、快速决策来降低资金链断裂的可能性。资金链韧性属于组织韧性的一个组成部分，但资金链韧性与组织韧性有一定的区别：资金链韧性更强调资金方面的融通性，而组织韧性强调组织整体在面对危机时的应对能力，组织在资金链断裂时仍可以通过获取外部固定资产、存货、捐赠等方式继续经营，等待扭转时机，而资金链韧性只针对企业生产经营过程中的资金流在面对困境时能否及时恢复，避免断裂，要求会更严格。

企业资金链韧性的研究极为重要且尚需完善。一是在疫情、国外势力打压、战争等不利外部环境的影响下，中国企业可能会随时遇到外部冲击带来资金短缺，甚至资金链断裂的风险，企业需要居安思危，考虑如何提升自身的资金链韧性，能够快速从危机中解脱出来，尽快复苏。二是在逆全球化背景下，国内供应链紧密联系，一旦某几家核心企业资金链断裂，将会影响整条供应链的资金流，进而影响整个产业发展，所以提升企业资金链韧性可以保障产业和经济稳定发展。

数智时代新技术的发展为提升企业资金链韧性带来了新的机遇。在大数据、人工智能、区块链、物联网等数智技术综合运用时代，企业信息获取速度、效率大幅提升，组织之间信任关系可以轻松建立，信息不对称问题减轻，企业通过海量的数据分析处理，可以及时发现风险，并快速获得供应链、银行、政府等组织的外部资源，企业自身治理效率也可以大幅提升，为提升资金链韧性带来新的机遇。

本章结合新冠疫情对企业带来的影响，利用中国上市公司数据检验，发现人工智能技术的使用通过降低企业融资约束水平、提高公司治理效率，可以提升企业的资金链韧性，并且当企业公司治理效率和资源获得能力越差，例如企业高管监督激励、内部控制水平、治理水平、高管资源获得能力、财务报表语调、营商环境和融资环境情况越差时，人工智能技术对资金链韧性的提升效果越好。主要原因是人工智能技术通过数据智能化分析、共享数据平台，可以降低企业与外部机构之间的信息不对称，并且使企业内部有更好的监督和约束，降低高管的非理性行为，使企业在危机时能够快速反应作出正确的决策，帮助企业获得更多外部资源，降低资金链中断的风险。

本章的创新点有：第一，以往关于韧性的研究主要集中在组织韧性、供应链韧性、金融韧性，关于资金链韧性研究较少，本章从资金链韧性角度出发，研究提升资金链韧性的方法，丰富了韧性方面的研究。第二，以往关于人工智能的研究主要集中在人工智能在提高预测准确性、用于审计工作、提高企业风险管理水平、提高创新能力、提高绩效、改善治理水平方面，关于人工智能对资金链韧性的影响及其机制的研究还较少，本章研究发现人工智能可以通过降低企业融资约束、提高治理效率，进而提升资金链韧性，丰富了人工智能相关研究。

本章选择中国企业作为研究对象有以下几个因素：第一，中国提出实现智能化的国家战略，有大量的企业使用人工智能技术，可以利用大样本实证数据检验人工智能技术对资金链韧性的影响效果。第二，中国对新冠疫情有较强的管理措施，并且持续时期较长，很多企业在严格的封控措施下暂停正常经营，影响到资金流，可以很好地检验人工智能在此特殊情境下是否具有更强的优势。第三，中国不同省份营商环境、融资环境政策不同，利用中国数据可以很好地比较不同外部环境下人工智能技术发挥的效果。

15.2 研究综述

关于韧性的影响因素，学者们从创新角度、人员角度、资源角度、公司治理角度展开研究。

从创新角度，供应商创新、高层管理支持和战略采购可以提升供应链弹性（Mandal，2020），拥有创业导向、创新能力的供应商从自身中不断地学习可以增强企业在供应链中的弹性（Al－Hakimi et al.，2021；Chen et al.，2022）。研发和创新能力可以增强企业的应变能力，调动它们的资源和能力来应对逆境（Bergami et al.，2022），组织学习对弹性具有积极影响（Orth & Schuldis，2021），组织必须通过培养预期创新来主动和持续地提升弹性（Cruickshank，2020）。

人员对供应链弹性的影响，包括供应链经理的社会资本、人力资本和认知有助于提升供应链的可见性、响应性和灵活性，从而增强企业的供应链韧性（Nikookar & Yanadori，2022）。组织可以通过提高员工的风险意识和进行定期风险评估练习来建立风险管理文化，从而发展和提高供应链弹性能力（Kumar & Anbanandam，2020）。女性高管具有实现改变、推出新举措、巩固和管理稳固的正式关系的能力，有助于提升韧性（Cosentino & Paoloni，2021）。高管能力可以关注并应对不确定性、建立和利用人际关系，从而提升韧性，例如企业家创业能力（Branicki et al.，2018）、魅力型领导（Mangundjaya & Amir，2021）、变革型领导和员工自我效能（Wang et al.，2021）可以帮助企业从困境中尽快解脱出来，适应性文化和公司的复原力呈正相关（Madi Odeh et al.，2021）。个人和群体的韧性可以导致组织的韧性（Mitsakis，2020），员工的韧性可以增加业务连续性（Saad & Elshaer，2020），高管个人层面的弹性和跨职能协调能力可以提升组织弹性（Anwar et al.，2020）。集体行为会影响组织韧性，例如从众行为和禀赋效应、利他主义可以提升企业韧性（Huang et al.，2022）、组织集体通过意识分配、情感分离和注意力协调机制影响组织弹性过程（Wang et al.，2021）。

从资源角度，供应链网络（Spieske et al.，2022）、供应链关系对供应链弹性有提升作用，其中沟通和合作是主要影响因素（Mandal & Sarathy，2018），企业从组织间关系中获得的社会资本可以提升供应链韧性，并且受吸收能力影响（Golgeci & Kuivalainen，2020），同时组织间关系、无形资源对供应链弹性也会做出贡献（Fayezi & Ghaderi，2022；Eryarsoy et al.，2021）。人际关系会提升韧性，例如采购和供应公司之间的人际关系（Durach & Machuca，2018）、与公司价值链之外的合作伙伴和国际合作伙伴的开放合作（Ahn et al.，2018）、社会资本和动态能力都可以帮助企业获得更多的资源来提升韧性。企业可以通过获得直接资本来提升韧性，例如家族资本（Mzid et al.，2019）、跨组织系统拨款（Mandal & Dubey，2021）、智力资本（Mubarik et al.，2022；Daou et al.，2019；Agostini & Nosella，2021），内部能力与供应链网络中的外部资源匹配程度（Li et al.，2020）也会提升韧性。

从公司治理角度，供应链风险管理（El Baz & Ruel，2021）、业务连续性计划可以应对供应链中断，帮助供应链从中断中恢复（Shashi et al.，2020），企业促进信息共享、提高发展动态能力、提高组织灵活性可以增强供应链弹性（Tan et al.，2022；Dwaikat et al.，2022；Ocicka et al.，2022），管理系统会影响内部透明度，从而影响组织弹性（Balushi，2021）。家族企业管理的专业化会帮助企业更好地在环境中生存，企业对微弱信号的预警会降低危险发生的可能性（Ingram & Glod，2018），中小企业可以在持续改进中恢复弹性（Zighan & Ruel，2020）。企业社会责任在提高组织弹性的路径中发挥着重要作用，股东、员工、企业、社会和环境相关的企业社会责任承担显著提高了公司的长期经济增长并降低了其财务波动性（Berger - Douce，2021）。基于利益相关者之间的多元治理设计将通过促进动态分布，帮助利益相关者参与准备、响应和从意外事件中恢复来提高组织弹性（Yang et al.，2022），关系、技术和组织结构之间的相互作用也会提升供应链韧性，其中供应链伙伴之间的合作将成为供应链韧性增强的关键因素（Kueffner et al.，2020）。

关于韧性的经济后果，学者们发现，韧性的提升可以提升绩效（Ivanov，2021；Golgeci & Kuivalainen，2020；Balugani et al.，2020；Anwar et al.，2021；Garcia - Contreras et al.，2021）、影响业务绩效、提高工作满意度（Beuren et al.，2022）、提高企业可持续发展能力（Xie et al.，2022）。韧性还可以促进创新能力的提升（Rampa & Agogué，2021），并可以将其作为风险管理的主要手段，降低跨境并购的风险（Hsu et al.，2019）。此外，韧性可以为积极情绪创造途径并提高生活满意度（Paul et al.，2019），灵巧的组织弹性与家族企业的竞争优势呈正相关（Ingram & Bratnicka - Mysliwiec，2019）。

15.3 研究假设

15.3.1 人工智能对资金链韧性的影响研究

韧性被定义为企业在面对不利条件时快速反应，恢复到初始状态的能力，目前的研究主要集中在组织韧性、供应链韧性方面，而资金链是企业经营中最重要的要素之一，资金链韧性比组织韧性需要更快的反应速度以及更高的要求，并且资金链断裂是企业无法持续经营的开始，因此有必要研究人工智能技术如何提升企业资金链韧性。目前有部分研究认为人工智能技术可以提高组织韧性。企业可以通过数字化转型建立组织弹性（He et al.，2021），当企业的数字技术水平越高时，业务网络的广度和深度对组织弹性能力的正向影响越强（Xie et al.，2022），数字化金融可以帮助企业更容易获得外部融资，并通过降低融资成本来提升企业弹性（Xia et al.，2022）。李等（Li et al.，2022）发现数字技术部署的深度对企业的韧性具有积极影响，广度对企业弹性没有显著影响，但数字技术部署的广度和深度都增强了供应链的协调程度。周（Zhou，2021）等发现 IT 能力与外部供应链弹性呈正相关，而供应链协作与内部供应链弹性呈正相关。史（Shi，2020）等发现企业数字化水平与供应链弹性没有直接关系，但企业数字化水平对供应链集成的提升有正向影响。

本研究认为人工智能技术也可以提升企业的资金链韧性。人工智能技术可以通过可视化数据分析系统帮助企业快速进行决策，当遇到风险时可以提前预警并能够迅速采取行动。人工智能技术可以改善企业与外部债权人、股东之间的信息不对称，将更细致、更充足的交易数据与外部债权人进行共享，帮助企业获得更多融资。人工智能技术可以提高公司的治理效率，减少高管非理性决策，有助于在危机时刻快速反应。人工智能技术有助于企业与供应商和客户建立有利的关系，加强对企业的监督，提高企业的运营效率，保障危机时刻企业物资顺畅。因此，本章提出假设 15 -1。

假设 15 -1：人工智能技术可以提高企业资金链韧性。

15.3.2　人工智能技术对资金链韧性影响路径研究：融资约束角度

人工智能技术可以提高企业资源的获得能力，降低企业的融资约束，进而提升资金链韧性。第一，实施人工智能技术的企业往往会通过增加信息披露的方式向市场传递正面信息，企业特质性信息的披露可以降低企业与外部银行、股东之间的信息不对称，并且使用人工智能技术首先需要对企业数据进行标准化、结构化，提升信息利用度，这些高质量的信息更有助于银行进行信用评估，降低企业与外部债权人之间的信息不对称，使外部债权人对公司有更充分的了解，有助于企业获得更多贷款。第二，人工智能技术应用下，企业的生产、销售、支付等活动会留下许多与企业真实经营活动相关的“数字足迹”，并且企业对互联网销售、评价等数字化工具的使用，有利于将产品销售、经营口碑等软信息通过数字足迹形式显化为硬信息，面对这些复杂多样的数字信息也可以作为一项质押资产帮助企业获得更多融资，有利于银行等金融机构通过金融科技手段获取企业的生产经营状况信息，进而便于对企业进行信用评估。第三，使用人工智能技术的公司由于符合国家方针政策的要求，更容易得到政府和监管部门的认可，企业可以从政府和相关部门获取更多资源和享受更多优惠政策，缓解内部资金压力，在危机时刻政府可能会对该类企业进行保护，通过提供补贴、减税的财政政策来帮助企业渡过危机。市场投资者对实施人工智能技术的企业具有较高的正面预期，这类企业将是资本市场上资金追逐的热点，故融资约束程度较低。第四，人工智能技术可以改变企业与供应商、客户之间的沟通方式，有效突破了传统的供应链成员线下实体合作形式的限制，创造性地形成了跨空间虚拟合作方式，在实现供应链层面合作共赢方面发挥着积极作用。例如通过共享系统来快速进行订单决策，增强供应链之间的协同关系，在危机时刻企业更容易获得供应商、客户给予的商业信用支持，商业信用可以使企业缓解企业现金流的不稳定性。因此，本章提出假设 15 – 2。

假设 15 – 2：人工智能技术通过降低融资约束提高企业资金链韧性。

15.3.3　人工智能技术对资金链韧性影响路径研究：公司治理效率角度

人工智能可以提高企业的治理效率，进而提升企业资金链韧性。第一，通过可视化数据分析系统，企业可以获得即时、大量的数据分析结果，有助于企业进行风险预警，在危机出现之前就能提前采取措施进行应对，先于市场实现预判和预警，从而根据市场需求快速调整供给；在危机来临时也能进行快速反应。第二，人工智能技术可以实现多渠道大数据信息的收集、分析和处理，为信息在企业内部高效、顺畅地流转奠定了基础。企业生产经营的各环节都可以借助数据实现还原，业务流程更加透明，从而压缩管理层机会主义行为的空间，可以降低高管的非理性行为，减少过度投资、过度负债等行为，在危机时获取更多有价值的信息，为企业决策提供依据，缩短企业响应时间，帮助企业快速制定正确的决策，避免遭受更大的损失。第三，人工智能可以通过向外界传递更真实的信息，减少投资者对企业的悲观情绪，帮助稳定股价。通过人工智能的内部信息核查、对比功能，提高企业内部控制效率，避免出现员工在危机时浑水摸鱼，保障企业能够按照设定目标共同努力，具有快速执行力。第四，人工智能有助于在组织内部灵活调动人员以响应新业务需求，并通过内部流程的标准化及人机协同的智能服务，进一步提高运营稳定性。在疫情、自然灾害等外部因素影响下，智能机器人、无人驾驶汽车、无人自动化生产车间等人工智能技术可以使企业拥有自动化生产、线上办公的能力，减少不利的外部环境对企业经营生产中断的可能性，保障企业持续经营，提高资金链韧性。第五，人工智能技术可以高效连接供应链上企业产品生产、分配、交换、消费的信息传递与要素流动过程，增强企业之间交流的便利性，使合作企业之间信息共享更便捷、信息传达更通畅，可大幅提高运行效率，企业在应对冲击时能更快地做出反应并及时采取措施。因此，本章提出假设 15 -3。

假设 15 -3：人工智能技术通过增加公司治理效率提高企业资金链韧性。

15.4 研究设计

15.4.1 变量定义

1. 被解释变量

本章的被解释变量为企业资金链韧性，借鉴马丁（Martin，2019）的经济韧性测度方法，通过现金持有变化状况达到衡量资金链韧性的效果，用（15.1）~（15.3）式进行度量：

$$RES_i^t = \frac{(\Delta Y_i - \Delta E)}{|\Delta E|} \tag{15.1}$$

$$\Delta Y_i = Y_i^t - Y_i^{t-1} \tag{15.2}$$

$$\Delta E = \left(\frac{(Y_r^t - Y_r^{t-1})}{Y_r^{t-1}}\right) Y_i^{t-1} \tag{15.3}$$

其中，RES_i^t 为第 i 个企业第 t 年的资金链韧性，ΔY_i 为第 i 个企业在 $t-1 \sim t$ 年的现金持有变化，ΔE 为企业所在行业以当年现金持有变化情况为基础，预测得出的 i 企业在 $t-1 \sim t$ 年的现金持有变化，Y_i^t、Y_i^{t-1} 分别是企业 i 在 t、$t-1$ 年的现金持有，Y_r^t、Y_r^{t-1} 为企业所在行业在 t、$t-1$ 年的现金持有。因为本章所研究的对象是企业在遇到危机后的资金链韧性，因此，只保留现金持有小于预期值的样本，即 $RES_i^t < 0$。

2. 解释变量

本章的解释变量为人工智能技术应用，利用上市公司年报，通过搜索人工智能相关关键词①，去除关键词前存在“没”“无”“不”等否定词语的

① 人工智能技术相关关键词包括：人工智能、商业智能、图像理解、投资决策辅助系统、智能数据分析、智能机器人、机器学习、深度学习、语义搜索、生物识别技术、人脸识别、语音识别、身份验证、自动驾驶、自然语言处理。

表述，在上市公司年度财务报告中进行全文搜索，如果关键词数量超过 3，设定人工智能技术应用为 1，如果关键词数量为 0，设定人工智能技术应用为 0，关键词出现 1 次或 2 次，设定为缺失值。

3. 控制变量

选择总资产收益率、收入增长率、企业规模、企业成立年限、资本结构、第一大股东持股比例、TobinQ、年度、行业作为控制变量。

本章主要变量定义如表 15.1 所示。

表 15.1　　变量定义

属性	变量名称	变量符号	计算方式
被解释变量	资金链韧性	*RES*	参考正文描述
解释变量	是否使用人工智能技术	*AI*	企业使用了人工智能技术为 1，否则为 0
	融资约束	*FC*	利用 IEI 模型进行度量
	企业治理效率	*IC*	企业治理效率指数
控制变量	总资产收益率	*ROA*	净利润/总资产
	收入增长率	*Growth*	销售收入增长率
	企业规模	*Size*	期末总资产的自然对数
	企业成立年限	*Firmage*	企业成立年限的自然对数
	资本结构	*Lev*	负债总额/资产总额
	第一大股东持股比例	*First*	第一大股东持股数/总股数
	TobinQ	*TobinQ*	（企业市值 + 负债账面价值）/总资产账面价值
	行业	*Ind*	行业虚拟变量
	年度	*Year*	年度虚拟变量

15.4.2　研究模型

为了检验假设 15 - 1，本章设定模型（15.4），如果 a_1 系数显著为正，则假设 15－1 成立。

$$RES = a_0 + a_1 AI + Controls + Year + Ind + \varepsilon \quad (15.4)$$

为了检验假设 15－2 和假设 15－3，本章设定结构方程模型（15.5），如下所示。如果 a_1、b_1 显著，并且 h_1 比 c_1 系数更小，则假设 15－2 和假设 15－3 成立。

$$\begin{cases} FC/IC = a_0 + a_1 AI + Controls + Year + Ind + \varepsilon \\ RES = b_0 + b_1 FC/IC + Controls + Year + Ind + \varepsilon \\ RES = c_0 + c_1 AI + Controls + Year + Ind + \varepsilon \\ RES = h_0 + h_1 AI + h_2 FC/IC + Controls + Year + Ind + \varepsilon \end{cases} \quad (15.5)$$

15.4.3 数据来源

本章的数据来源于 2016～2021 年中国 A 股上市公司，财务数据和治理数据来源于 CSMAR 数据库，企业是否使用人工智能技术来源于上市公司年报。参考以前文献的做法，对数据做如下处理：（1）删除金融行业企业数据；（2）删除 ST 公司样本；（3）删除主要回归变量中的缺失值，并对所有变量进行了 1%～99% 的 Winsor 处理，来减少离群值给研究结果带来的偏误。

15.5 实证结果

15.5.1 描述性统计

本章对样本进行描述性统计，结果如表 15.2 所示，对 *RES* 正和负样本进行分组检验，可以看出，当 *RES* 为正时，均值为 11.39，当 *RES* 为负时，均值为－3.6。同时，对人工智能技术应用和其他控制变量进行 t 检验，可以看出，资金链韧性较高的企业总资产收益率较高、成长性较好、企业规模较大、成立年限较少、企业负债规模较大、第一大股东持股比例较大，并且 T 检验和秩和检验显著，而无论企业 *RES* 为正还是为负，均有部分企业使用人工智能技术。

表 15.2　样本描述性统计

变量	均值	标准差	中位数	均值	标准差	中位数	T 检验	秩和检验
	RES≥0			*RES*<0				
RES	11.39	24.97	3.35	-3.6	5.33	-2.08	14.99***	111.42***
AI	0.18	0.39	0.00	0.19	0.39	0	-0.01*	-1.561
ROA	0.04	0.07	0.04	0.02	0.09	0.03	0.02***	15.07***
Growth	0.28	0.61	0.15	0.13	0.42	0.08	0.15***	20.04***
Size	22.36	1.29	22.23	22.24	1.35	22.06	0.12***	8.20***
Firmage	3.02	0.27	3.04	3.03	0.27	3.04	-0.01**	-2.29**
Lev	0.43	0.21	0.43	0.43	0.22	0.41	0	2.71***
First	0.33	0.14	0.31	0.32	0.14	0.3	0.01***	2.98***
TobinQ	2.51	1.96	1.88	2.49	1.96	1.89	0.02	0.20
N	7199			9734				

注：*** 代表 $p<0.01$，** 代表 $p<0.05$，* 代表 $p<0.1$。

15.5.2　人工智能对资金链韧性的影响结果

本章对人工智能对资金链韧性的影响进行检验，结果如表 15.3 所示。第（1）列为全样本检验，但是结果显示人工智能技术对资金链韧性影响不显著，再按照资金链韧性为正和负进行分组检验，结果如第（2）、第（3）列所示。可以看出，当资金链韧性为负时，人工智能技术可以提升资金链韧性，但是资金链韧性为正时，人工智能技术对资金链韧性的影响不明显。说明只有企业资金状况较差的条件下，人工智能技术才会发挥较好的作用。本书在后面将重点研究资金链韧性为负的样本，探索人工智能技术在企业处于逆境时提升资金链韧性的路径以及优化对策。

表 15.3　人工智能技术对资金链韧性影响

变量	(1)	(2)	(3)
	全样本	资金链韧性 >0	资金链韧性 <0
AI	0.445 (0.238)	0.649 (0.388)	0.337*** (0.005)
ROA	16.213*** (0.000)	-7.065 (0.233)	6.800*** (0.000)
Growth	6.937*** (0.000)	9.056*** (0.000)	0.027 (0.845)
Size	-0.435*** (0.001)	-1.332*** (0.000)	0.262*** (0.000)
Firmage	-0.157 (0.762)	0.172 (0.875)	0.059 (0.726)
Lev	2.081** (0.030)	-1.433 (0.491)	-0.064 (0.812)
First	-0.889 (0.341)	-2.236 (0.234)	0.342 (0.288)
TobinQ	0.015 (0.845)	0.071 (0.691)	-0.000 (1.000)
Constant	20.954*** (0.000)	61.510*** (0.000)	-10.508*** (0.000)
年份	Control	Control	Control
固定效应	Control	Control	Control
样本数	16797	7140	9657
R^2	0.067	0.173	0.224
F 值	12.632***	18.950***	53.082***

注：*** 代表 p<0.01，** 代表 p<0.05，* 代表 p<0.1；标准误差经过公司层面 cluster 调整；() 内数据为 p 值。

15.5.3　人工智能对资金链韧性的影响机制

1. 路径 1：人工智能通过降低融资约束提高企业资金链韧性

本章探讨资金链韧性为负时，人工智能技术提升资金链韧性的影响机制。利用结构方程模型进行检验，结果如表 15.4 所示。第（1）列显示人工智能技术可以降低企业融资约束的影响。第（2）列显示企业融资约束越小，资金链韧性越大，并且 Sobel 检验显著，证明存在中介效应，人工智能技术可以通过降低企业融资约束提升资金链韧性。第（3）、第（4）列为对比在加入融资约束指标前后人工智能技术对资金链韧性的影响是否有所差异，可以看出加入融资约束指标后，人工智能技术对资金链韧性的影响效果降低，证明融资约束存在中介作用。人工智能技术可以通过降低企业与外部银行、投资者之间的信息不对称，帮助企业获得更多的资金，从而降低企业融资约束程度。

表 15.4　人工智能提高企业资金链韧性的影响路径：融资约束角度

变量	(1)	(2)	(3)	(4)
	FC	*RES*	*RES*	*RES*
AI	-0.016*** (0.000)		0.337*** (0.005)	0.305** (0.013)
FC		-1.906*** (0.002)		-1.829*** (0.003)
ROA	-0.170*** (0.000)	6.627*** (0.000)	6.800*** (0.000)	6.650*** (0.000)
Growth	-0.040*** (0.000)	-0.071 (0.627)	0.027 (0.845)	-0.066 (0.650)
Size	-0.008*** (0.000)	0.251*** (0.000)	0.262*** (0.000)	0.241*** (0.000)

续表

变量	(1)	(2)	(3)	(4)
	FC	*RES*	*RES*	*RES*
Firmage	0.048*** (0.000)	0.115 (0.498)	0.059 (0.726)	0.132 (0.437)
Lev	-0.005 (0.456)	-0.077 (0.779)	-0.064 (0.812)	-0.050 (0.856)
First	0.002 (0.837)	0.348 (0.282)	0.342 (0.288)	0.396 (0.221)
TobinQ	0.001** (0.032)	-0.003 (0.904)	-0.000 (1.000)	-0.007 (0.780)
Constant	0.334*** (0.000)	-9.873*** (0.000)	-10.508*** (0.000)	-9.715*** (0.000)
年份	Control	Control	Control	Control
固定效应	Control	Control	Control	Control
样本数	9580	9580	9657	9580
R^2	0.158	0.224	0.224	0.224
F 值	34.970***	52.665***	53.082***	51.067***
Sobel Test	2.68***			

注：*** 代表 p<0.01，** 代表 p<0.05，* 代表 p<0.1；标准误差经过公司层面 cluster 调整；() 内数据为 p 值。

2. 路径2：人工智能技术通过提高企业治理效率提高资金链韧性

本章利用结构方程检验人工智能技术通过提高企业治理效率提高资金链韧性，结果如表 15.5 所示。第（1）列显示人工智能技术应用可以提高企业治理效率。第（2）列显示企业治理效率越高，企业资金链韧性越高，Sobel 检验证明了中介效应的存在。第（3）、第（4）列为检验加入企业治理效率指标前后人工智能技术应用对资金链韧性的影响效果是否变化，可以看出，加入企业治理效率后，人工智能技术应用对资金链韧性的影响效果降低，证明了中介效应的存在。人工智能技术可以利用智能化决策系统，为高管决策提供依据，减少高管不理性行为，帮助企业快速摆脱资金困难状态，提高资金链韧性。

表 15.5　人工智能提高企业资金链韧性的影响路径：企业治理效率角度

变量	(1)	(2)	(3)	(4)
	IC	*RES*	*RES*	*RES*
AI	31.418 *** (0.000)		0.337 *** (0.005)	0.247 (0.118)
IC		0.002 *** (0.000)		0.002 *** (0.000)
ROA	716.732 *** (0.000)	4.890 *** (0.000)	6.800 *** (0.000)	4.919 *** (0.000)
Growth	18.725 ** (0.025)	0.007 (0.966)	0.027 (0.845)	0.004 (0.978)
Size	25.313 *** (0.000)	0.223 *** (0.000)	0.262 *** (0.000)	0.215 *** (0.000)
Firmage	-43.638 *** (0.000)	0.148 (0.454)	0.059 (0.726)	0.159 (0.421)
Lev	-211.018 *** (0.000)	0.306 (0.344)	-0.064 (0.812)	0.320 (0.322)
First	77.523 *** (0.000)	0.139 (0.717)	0.342 (0.288)	0.176 (0.646)
TobinQ	-5.942 *** (0.000)	0.031 (0.317)	-0.000 (1.000)	0.027 (0.383)
Constant	227.697 *** (0.000)	-7.869 *** (0.000)	-10.508 *** (0.000)	-7.693 *** (0.000)
年份	Control	Control	Control	Control
固定效应	Control	Control	Control	Control
样本数	7650	7650	9657	7650
R^2	0.300	0.245	0.224	0.246
F 值	46.875 ***	50.682 ***	53.082 ***	49.133 ***
Sobel Test	3.44 ***			

注：*** 代表 p<0.01，** 代表 p<0.05，* 代表 p<0.1；标准误差经过公司层面 cluster 调整；() 内数据为 p 值。

15.5.4 异质性检验

1. 异质性检验1：不同高管激励监管下人工智能技术对资金链韧性的影响

人工智能技术可以通过提高企业治理效率进一步提升资金链韧性，因此，在治理效率越低的公司，人工智能对提升资金链韧性的效果更好。企业激励制度和监督制度是影响治理效率的重要方面，给予高管、董事、监事股票，可以减少委托代理问题，使他们与公司的利益融为一体，更好地制定决策，发挥自己的职能，监事可以更好地发挥监督作用。而如果企业激励制度、监督作用存在不足之处，人工智能技术可以作为补充，人工智能技术通过自动化决策，使得高管、董事非理性决策行为减少，人工智能技术预警、报警功能，可以发挥更好的监督作用，出现不合理、违规行为可以及时发现并纠正。结果如表15.6所示，第（1）~（3）列为高管激励、董事激励、监事激励，用各自持有股票占比进行衡量，可以看出，激励程度越差，人工智能技术应用对提升资金链韧性的效果越好。

表15.6　不同高管激励监管下人工智能技术对资金链韧性的影响结果

变量	(1)	(2)	(3)
	高管激励	董事激励	监事激励
AI	0.830*** (0.000)	0.828*** (0.000)	0.440*** (0.000)
Stock_manager	-0.005* (0.075)		
AI × Stock_manager	-0.036*** (0.000)		
Stock_director		-0.005* (0.086)	

续表

变量	(1)	(2)	(3)
	高管激励	董事激励	监事激励
$AI \times Stock\_director$		-0.039*** (0.000)	
$Stock\_supervisor$			0.069 (0.308)
$AI \times Stock\_supervisor$			-0.470** (0.013)
Controls & Constant	Control	Control	Control
年份 & 固定效应	Control	Control	Control
样本数	9596	9596	9596
R^2	0.228	0.228	0.225
F 值	49.415***	49.425***	49.206***

注：*** 代表 $p<0.01$，** 代表 $p<0.05$，* 代表 $p<0.1$；标准误差经过公司层面 cluster 调整；( ) 内数据为 p 值。

2. 异质性检验 2：不同内部控制水平下人工智能技术对资金链韧性的影响

人工智能技术可以通过提高内部控制效率进而提升资金链韧性，因此当企业内部控制水平较差时，人工智能发挥的效果会更好。表 15.7 第（1）列的调节变量为内部控制是否有效，可以看出，当内部控制较差，人工智能技术对资金链韧性的提升效果更好。第（2）列的调节变量为是否有提高内部控制的计划，可以看出当企业有提升内部控制的计划时，人工智能对提升资金链韧性的效果更好，说明人工智能技术还是要依赖人的行为，只有企业有意愿提升内部控制，人工智能技术才可以通过自动化监督控制手段提高企业治理效率，否则人工智能技术发挥的效果不明显。

表 15.7　　不同内部控制水平、高管资源获得能力下人工智能技术对资金链韧性的影响结果

变量	(1) 内部控制是否有效	(2) 是否有提高内部控制的计划	(3) 金融背景	(4) 海外背景
AI	1.998*** (0.000)	-0.202 (0.388)	0.739*** (0.000)	0.751*** (0.000)
IC_Eff	1.041*** (0.000)			
AI × *IC_Eff*	-1.748*** (0.003)			
IC_Plan		-0.326*** (0.008)		
AI × *IC_Plan*		1.217*** (0.000)		
Financeback			0.093 (0.395)	
AI × *Financeback*			-0.736*** (0.006)	
Overseaback				0.065 (0.542)
AI × *Overseaback*				-0.836*** (0.001)
Controls & Constant	Control	Control	Control	Control
年份 & 固定效应	Control	Control	Control	Control
样本数	7377	7377	9734	9734
R^2	0.240	0.240	0.224	0.224
F 值	43.099***	42.704***	48.718***	48.963***

注：*** 代表 p<0.01，** 代表 p<0.05，* 代表 p<0.1；标准误差经过公司层面 cluster 调整；( ) 内数据为 p 值。

3. 异质性检验 3：不同高管资源获得能力下人工智能技术对资金链韧性的影响

企业高管能力将影响企业整体发展，高管的资源获得能力会影响企业的资源获得能力。当高管具有金融背景，更知道如何获得银行融资，并且金融背景带来的工作关系、校友关系，可以帮助企业获得外部融资。海外背景可以帮助企业拓展海外业务，在国内环境不好时，可以帮助企业挖掘外部发展和融资机会，而当高管缺乏这些背景，人工智能技术可以发挥替代作用，可以通过降低企业与外部的信息不对称，帮助企业获得更多的融资来缓解资金断裂的风险，表 15.7 第（3）、第（4）列显示了高管不同金融、海外背景下，人工智能技术对资金链韧性的影响，发现当高管不具有金融、海外背景情况下，人工智能技术应用对资金链韧性的效果更好。

4. 异质性检验 4：不同治理水平下人工智能技术对资金链韧性的影响

人工智能技术可以提高公司治理效率进而提升资金链韧性，在职消费、投资效率、全要素生产率可以显示企业的治理效果。当企业在职消费较高，说明企业治理没有发挥很好的监督效果，投资效率、全要素生产率较低，说明企业高管决策存在失误。人工智能技术可以通过大数据分析、自动化决策帮助企业高管制定正确的决策，并且通过指标核对、预警等功能，发挥监督职能，因此在企业治理效率较差的情况下，人工智能技术提升资金链韧性的效果将发挥得更好。风险承担是企业经营投资活动中的一项重要决策，通过追求风险较高但是净现值为正的投资机会来承担适度的风险，可以加快企业的资本积累，提高企业绩效和股东财富。然而，过高的风险承担也会给企业带来高度的不确定性，容易引发财务困境并损害企业未来经营绩效和企业价值。表 15.8 第（1）列显示在职消费越高，人工智能技术应用对提升资金链韧性的效果更好，第（2）列显示当企业过度投资程度较大，人工智能技术应用对提升资金链韧性的效果更好，第（3）列显示全要素生产率越低，人工智能技术对提升资金链韧性的效果越好，第（4）列显示企业过度风险承担越高，人工智能技术应用对提升资金链韧性的效果越好，说明人工智能可以帮助企业在面对风险时预警并作出反应。

表 15.8　　不同治理水平下人工智能技术对资金链韧性的影响结果

变量	(1) 在职消费	(2) 投资效率	(3) 全要素生产率	(4) 过度风险承担
AI	0.133 (0.283)	0.227 (0.220)	3.039*** (0.004)	0.185 (0.163)
Nexp	5.603** (0.029)			
AI × *Nexp*	12.795** (0.014)			
Overinvest		-5.970*** (0.000)		
AI × *Overinvest*		10.075* (0.061)		
Underinvest		1.211 (0.561)		
AI × *Underinvest*		0.904 (0.877)		
TFP			0.081 (0.361)	
AI × *TFP*			-0.408*** (0.008)	
overrisk				-4.005*** (0.006)
AI × *overrisk*				6.862** (0.012)
Controls & Constant	Control	Control	Control	Control
年份 & 固定效应	Control	Control	Control	Control
样本数	9209	8470	9494	9657
R^2	0.218	0.233	0.227	0.225
F 值	53.938***	49.790***	48.137***	50.795***

注：*** 代表 p < 0.01，** 代表 p < 0.05，* 代表 p < 0.1；标准误差经过公司层面 cluster 调整；( ) 内数据为 p 值。

5. 异质性检验 5：不同财务报表语调下人工智能技术对资金链韧性的影响

财务报表可以向外部投资者传递信息，影响外部投资者对企业的期望，进而影响企业融资能力，希望、乐观、复原力和信心，可以作为众筹的显著信号，传达积极心理资本的企业家可以获得卓越的筹款表现，当财务报表语调较差、传递的风险程度较高时，外部投资者对企业的期望较差，不愿意向企业投资，影响企业资金流，而人工智能技术可以缓解企业与外部投资者的信息不对称，将真实的企业情况传递给外部投资者，提高投资者对企业的未来期望，投资者也愿意相信在人工智能的技术下，企业可以更好地发展，从而提高对企业的期待。企业在财务报表前瞻性越好，投资者对企业期待程度越高，对企业投资程度越大，越能帮助企业提升资金链韧性。表 15.9 第（1）列显示企业财务报表语调越差，人工智能技术对资金链韧性的提升效果更好，第（2）列显示企业财务报表风险态度程度越大，人工智能技术对资金链韧性的提升效果更好，第（3）列显示企业财务报表前瞻性越好，人工智能技术对资金链韧性的提升效果更好，说明人工智能技术可以提高企业投资者对企业的未来期望水平，使更多的投资者愿意投资公司股票，进而提升企业资金链韧性。

表 15.9　不同财务报表语调下人工智能技术对资金链韧性的影响结果

变量	(1) 语调	(2) 风险态度	(3) 前瞻性
AI	2.042 *** (0.002)	-4.913 *** (0.000)	-4.889 *** (0.000)
Tone	4.090 *** (0.000)		
AI × *Tone*	-6.112 *** (0.004)		
Riskindex		-163.999 *** (0.000)	

续表

变量	(1) 语调	(2) 风险态度	(3) 前瞻性
AI × *Riskindex*		631.417*** (0.000)	
Forward			-126.277** (0.012)
AI × *Forward*			681.521*** (0.000)
Controls & Constant	Control	Control	Control
年份 & 固定效应	Control	Control	Control
样本数	7668	7668	7668
R^2	0.242	0.247	0.244
F 值	45.835***	45.661***	45.572***

注：***代表 $p<0.01$，**代表 $p<0.05$，*代表 $p<0.1$；标准误差经过公司层面 cluster 调整；( ) 内数据为 p 值。

6. 异质性检验 6：不同营商环境下人工智能技术对资金链韧性的影响

企业的营商环境将影响企业在危机中快速恢复的能力，当企业使用人工智能技术时，可以缓解不利的营商环境对资金链韧性的负面影响。表 15.10 中第（1）~（5）列分别使用不同省份的政府对不同企业公平程度、政府与市场关系、产品市场发育程度、法定税负、征税水平来度量企业的营商环境，通过结果可以看出，外部营商环境越差、税收程度越高，人工智能技术对提升资金链韧性的效果越好，说明人工智能在不利的外部环境下可以更充分地发挥作用，即使企业难以得到政府的帮助和支持，也可以通过人工智能技术获得更多的外部资源、提高治理效率，快速在危机中反应，顺利恢复到原始状态。

表 15.10　不同营商环境下人工智能技术对资金链韧性的影响结果

变量	(1) 对不同企业公平程度	(2) 政府与市场关系	(3) 产品市场的发育程度	(4) 法定税负	(5) 征税水平
AI	28.100*** (0.000)	3.638*** (0.000)	3.089*** (0.000)	-20.361*** (0.000)	-39.738*** (0.000)
Gov	1.446*** (0.000)	0.167*** (0.001)	0.140*** (0.000)	-0.838*** (0.002)	-0.853** (0.021)
AI×*Gov*	-7.539*** (0.000)	-0.446*** (0.001)	-0.398*** (0.000)	5.456*** (0.000)	9.877*** (0.000)
Controls & Constant	Control	Control	Control	Control	Control
年份 & 固定效应	Control	Control	Control	Control	Control
样本数	9567	9655	9655	9567	9567
R^2	0.231	0.225	0.229	0.241	0.236
F 值	49.413***	50.189***	49.635***	49.981***	49.691***

注：*** 代表 p<0.01，** 代表 p<0.05，* 代表 p<0.1；标准误差经过公司层面 cluster 调整；( ) 内数据为 p 值。

7. 异质性检验 7：不同融资环境下人工智能技术对资金链韧性的影响

不同地区的银行贷款政策不一样，发达地区的企业更容易获得银行贷款，贷款利率更低，更有助于企业在危机中通过获得融资来缓解资金链断裂的风险。本章利用不同省份的银行贷款额、其他融资额、贷款利率、其他融资利率来衡量企业的融资环境，结果如表 15.11 所示。结果表明融资环境更差的情况下，人工智能技术对提升资金链韧性的效果更好。人工智能技术可以通过降低企业与银行之间的信息不对称帮助企业更容易获得融资，通过向银行提供大量即时的交易数据，也可以作为数字资产质押获得融资，人工智能技术可以在企业面临危机时帮助企业快速获得贷款资金，提高企业资金链韧性。

表 15.11　不同融资环境下人工智能技术对资金链韧性的影响结果

变量	(1) 银行贷款额	(2) 其他融资额	(3) 贷款利率	(4) 其他融资利率
AI	18.439*** (0.000)	8.202* (0.094)	-7.018*** (0.000)	-7.773*** (0.000)
Finance	0.724** (0.013)	0.157 (0.616)	-0.158 (0.100)	-0.152** (0.034)
AI × *Finance*	-5.145*** (0.000)	-2.338 (0.107)	2.008*** (0.000)	2.165*** (0.000)
Controls & Constant	Control	Control	Control	Control
年份 & 固定效应	Control	Control	Control	Control
样本数	9567	9567	9567	9567
R^2	0.227	0.225	0.229	0.232
F 值	49.328***	49.759***	49.929***	49.892***

注：***代表 p<0.01，**代表 p<0.05，*代表 p<0.1；标准误差经过公司层面 cluster 调整；() 内数据为 p 值。

15.6 本章小结

15.6.1 研究结论

(1) 人工智能技术可以提升企业的资金链韧性，主要路径是降低企业的融资约束水平、提高企业治理效率。人工智能技术可以通过降低企业与外部债权人、股东之间的信息不对称，帮助企业在遇到困境时快速获得资源，降低融资约束的可能，并且通过数据分析、自动决策等信息系统，可以预警风险，快速反应，提高企业治理效率，使企业能够快速制定正确决策，减少高管非理性行为，降低资金链断裂的风险。

（2）当企业治理水平越差时，人工智能技术应用对提升资金链韧性的效果越好。例如当高管激励监督程度越差、内部控制水平越差、在职消费、投资效率、全要素生产率、过度风险承担水平越高时，人工智能取代人进行决策发挥的作用更为明显。人工智能技术通过实时数据分析处理、风险预警系统、自动核查等功能，可以对企业高管和员工进行更好的监督，在危机时能够避免由于人的心理因素做出的错误决策，帮助企业快速恢复。

（3）当企业资源获得能力更差时，人工智能技术对提升资金链韧性的效果更好。例如企业高管资源获得能力较差，企业所处的营商环境、融资环境不好，财务报表语调传递负面信息，人工智能通过降低企业外部债权人和投资者之间的信息不对称发挥的作用更明显，通过提供更为实时、细致的数据分析结果，可以使外部债权人对企业有正向的预期，更愿意向企业提供更多的贷款，股东也会持续持有公司股票，不会造成股价剧烈波动，保障资金流稳定。

15.6.2　政策建议

（1）企业可以在战略部署时增加人工智能技术的引用。人工智能技术通过实时化数据分析、自动化决策为企业进行风险预警，并且在危机出现时可以帮助企业快速决策，减少高管非理性决策，保障企业资金得以有效利用，有助于企业在危机来临时寻找新的机遇，顺利渡过困难时期。

（2）当企业面对危机时，可以利用人工智能技术共享数据的方式减少企业与外部的信息不对称。人工智能技术可以通过与债权人、股东共享信息的方式，使对方对企业有更充分的了解，从而提高贷款能力，降低贷款利率。并且人工智能技术帮助企业储存处理多样化的交易数据，该数据可以作为一项数字资产进行质押帮助企业获得银行贷款，提高企业在危机时获得资金的能力，降低资金中断风险。

（3）企业可以在公司治理中引入人工智能技术来提高企业的治理效率，

降低高管与股东之间的委托代理问题。人工智能技术可以通过自动核查发现企业舞弊、造假行为，避免企业高管和员工在危机时浑水摸鱼，转移企业资产。人工智能技术通过约束高管和员工行为，使其做出更有助于企业可持续发展的行动和决策。

第 6 编　结　　语

第 16 章

结论与政策建议

16.1 研究结论

本书从供应链视角出发，分别研究供应商（客户）集中度、产权性质、产业集群对商业信用协同的影响，以及如何提升供应链对企业的资金治理效果，并且通过 IBM 案例分析提出数智化技术应用下企业财务组织应如何变革与其相适应，同时检验数智化技术对资金链治理的影响效果，研究结论有：

（1）在供应链二元关系下，供应商（客户）集中度较大时，企业商业信用融资较少，而当企业融资约束程度较大时，企业与供应商（客户）之间竞争关系减弱，供应商（客户）为企业提供商业信用融资支持，企业商业信用融资增加。在考虑三元关系情况下，三元关系比二元关系合作程度增加，供应商、客户集中度同时较大时，供应商、客户预期到企业的商业信用融资可能会受对方侵占，考虑到与企业的长远发展，会同时对企业提供商业信用融资支持，企业商业信用融资增加。并且当企业融资约束程度较高时，企业无法获得银行等外部金融机构的借款，只能寻求供应商、客户给予的商业信用融资作为短期借款来源，这时供应链三元合作关系更强，供应商、客户都会增加对企业的商业信用支持，企业商业信用融资增加。

（2）国有客户比例较大时，企业向客户提供商业信用越多，国有供应商比例越大，企业受国有客户商业信用侵占程度越小。国有供应商具有银行和国家政策支持，一些资源、技术和信息会通过供应链发挥溢出效应，同时，国有客户和国有供应商同属于国家控股，双方目标相同，更愿意实现供应链联盟，因此，国有客户会减少对民营企业的商业信用侵占，实现供应链的健康发展。并且当供应商与客户处于差异化行业时，国有供应商对提升企业谈判能力效果更好。差异化资源可以在供应链中发挥溢出效应，处于不同行业的供应商和客户拥有的资源差异较大，客户更希望通过中间企业建立与国有供应商的联系，会减少自身的谈判能力，企业受到商业信用侵占作用减少。

（3）客户与企业行业关联程度越大，企业国有产权劣势对商业信用谈判能力的负向影响越小。当客户与企业行业关联程度较大或者处于同一行业比例较大时，知识和技术溢出程度更大，相互依赖程度更大，客户越容易与企业形成战略同盟，从而提高合作协同水平，共同发展提高供应链在行业中的竞争力，企业商业信用谈判能力增加。并且当企业市场竞争力较弱时，客户与企业的协同作用更大。客户与企业区域集群程度越大，企业国有产权劣势对商业信用谈判能力的负向影响越小。客户与企业区域集群使得双方信息沟通更为便利，交易效率提高，发挥规模经济，资源和知识共享程度更高，更容易实现协同目标。并且这种协同效果在企业和客户处于不同城市，并且城市之间距离更近时发挥的效果更好。

（4）供应商集中度、客户集中度越大，供应链对企业资金治理效果越好。企业向供应商赊购，占用供应商的资金，与供应商之间存在代理成本，企业向客户提供商品，企业能否及时发货以及商品的质量不确定，与客户之间存在代理成本。为了降低代理成本，供应商和客户有动机对企业进行监督治理，而供应商和客户集中度越大，监督的能力越强。同时供应商和客户对企业在职消费治理受到交易中产生的商业信用的影响。交易中产生的商业信用越多，供应商和客户对企业的在职消费治理效果越好，供应商和客户分别通过降低企业流动性风险、减少自由现金流来抑制企业在职消费。同时企业和供应商的融资约束状况也会对供应链治理效果产生影响，企业和供应商融资约束程度越高，供应链治理效果会越好，而客户的融资约束状况对供应链治理没有显著影响。

（5）通过对 IBM 公司的案例分析，本书研究发现企业在应用数智化技术时，财务组织也要随之变革，才能够使新技术发挥更充分的作用。在数智化时代，企业战略要实行发现潜在价值机会的差异化战略，财务组织目标要由价值创造目标向价值洞察目标发展、财务职能要从分析职能向预测职能发展、财务组织结构要从扁平化结构向网络化结构发展、财务流程要从业务财务一体化向财务引导业务方向发展、财务职能要从核算分析工作向价值洞察角色转变。

（6）区块链技术的使用可以提升企业营运效率。区块链的应用使得交易数据可以追溯且不可更改，联盟链中的企业可以随时查看单价、物流、产品状态信息，促进各方之间的信任，并且集体监督可以约束机会主义行为，智能合约也会避免违约问题。对于风险越高、盈余质量较差和外部法治安全环境较弱的企业，区块链对营运效率的提升效果更好，区块链技术可以促进各方信任，提高信息透明度，在这类企业中发挥的效果更好。

（7）区块链应用和企业绩效之间存在负相关关系，产生上述效果的主要原因在于企业的逆向选择行为，区块链的应用顺应中国政府政策，符合未来技术方向，因此企业可以将区块链作为一种概念炒作方式，年报中披露区块链的企业将会获得超额回报，提高股票换手率，因此绩效越差的企业越倾向于应用区块链技术来作为提升企业声誉、扭转企业经营状况的方式，而这些企业并不一定适用区块链技术，或者没有充分发挥出区块链的优势，甚至企业根本没有加大投资和研发开展区块链应用，逆向选择行为较为严重。

（8）人工智能技术可以提升企业的资金链韧性，主要路径是降低企业的融资约束水平、提高公司治理效率。当公司治理水平越差、资源获得能力越差情况下，人工智能技术应用对提升资金链韧性的效果越好。人工智能技术可以通过降低企业与外部债权人、股东之间的信息不对称，帮助企业在遇到困境时快速获得资源，降低融资约束的可能，并且通过数据分析、自动决策等信息系统，可以预警风险，快速反应，提高企业治理效率，使企业能够快速制定正确决策，降低高管非理性行为和资金链断裂的风险。

16.2 政策建议

根据研究结论，本书提出以下政策建议：

（1）企业应增强供应链关系管理，加强与供应商、客户三元关系的建设。供应商和客户是企业重要的利益相关者，企业与供应商和客户建立战略联盟、增强合作关系可以降低双方之间的信息不对称，从而可以更合理地安排库存，实现共同研发，企业也可以获得供应商、客户的商业信用融资支持。企业应注重同时建立与供应商和客户的关系，不要只建立与供应商或与客户单方面的关系，一方面，三元关系比二元关系更为稳定，在三元关系下，各方的谈判能力都有所降低，并且企业的供应商、客户都期望保持供应链的稳定结构，这样会减少对企业的利益侵占，另一方面，通过同时建立与供应商和客户的联盟，供应商和客户之间会形成相互制约，供应商、客户预期到企业的商业信用融资可能会受对方侵占，影响到自身与企业之间的长期发展，因此会同时减少对企业的商业信用侵占，甚至提供商业信用融资支持，企业商业信用融资增加。

（2）由于我国是买方市场，大部分客户会侵占企业的商业信用，影响企业的资金流，在民营企业和国有客户交易中这种侵占作用更为明显，企业应当充分利用供应商来提高与客户的谈判能力，因为客户的延期付款会通过占用企业的流动资金，进一步损害企业向供应商采购的稳定性和付款及时性，企业应联盟供应商来共同应对客户的商业信用侵占。企业在与客户交易中可以充分利用供应商的差异化资源来提升自身的谈判能力。国有供应商可以作为企业与客户谈判的重要筹码，客户为了获得优质供应商的知识、技术、信息等资源的溢出效应，同时使自身能够嵌入交易稳定的供应链中，共享资源、共担风险，会增加建立供应链联盟的动机，减少对企业的商业信用侵占，实现商业信用协同。同时供应商和客户处于不同行业时，国有供应商对提升企业谈判能力发挥的作用更大。

（3）当民营企业销售的对象为国有客户时，应考虑与客户建立行业或区域联盟，来减弱企业国有产权劣势对商业信用谈判能力的负面影响。国有客户因为自身的谈判能力较强，往往会侵占上游民营企业的流动资金，要求企业给予更多的商业信用，但是当双方行业关联度高或城市相邻时，双方合作协同程度提高，民营企业应充分利用这一现象来减弱国有客户对其商业信用侵占。即使民营企业自身行业竞争力较弱，也可以考虑与同行业客户或者行业关联度高的客户建立联盟，缓解企业的商业信用谈判劣势，促进双方协同合作，共同提升供应链在行业中的竞争力。行业关联度高的上下游企业之间依赖程度更大，知识技术交流更为迅速，更有利于实现同盟。当民营企业要与客户建立区域联盟时，应考虑与企业不同城市但是城市距离较近的客户，异省的企业之间距离过远，而同城市的企业之间又存在一定的竞争，企业选择不同城市但城市距离近的客户更有助于联盟的实现，减少国有客户对其商业信用侵占。

（4）企业应充分发挥供应商和客户治理作用，减少企业自身的在职消费。当企业自身的治理结构或内部控制较为薄弱时，企业股东为了约束管理层的在职消费，可以考虑利用大供应商和大客户对企业的治理作用，监督和约束高管的行为，降低企业的在职消费，避免高管的在职消费损害股东利益，以及供应商和客户利益，这样不仅可以降低企业内部代理成本，而且还可以降低企业与供应商和客户之间的代理成本。对于融资约束程度较高的合作伙伴，供应商和客户应对其在职消费进行更强的监督。此外，国有企业和上市公司由于融资渠道多样化，对于客户能否及时付款关注度不够，因此，国有企业和上市公司应加强对客户的监督治理，减少客户的在职消费，确保自身的利益不受损害。

（5）企业可以考虑在供应链中使用区块链技术进行布局，提高整体供应链的营运效率。对于风险偏好型、盈余质量较差、外部法治安全环境较弱的企业，如果想获得供应链其他成员企业的信任，可以自己建立或加入区块链平台，区块链平台建立可以选择现有平台服务商，例如蚂蚁金服、IBM 等公司均可以提供相关服务，以减少企业研发成本。传统企业引入区块链技术不仅是技术的引用，也需要转变业务模式，将交易数据放到区块链上面进行保存和流转。

（6）目前中国区块链技术发展还处于初级阶段，由于政府的大力推行和宣传，企业开展区块链业务有些过急，一些在现阶段并不适合采用区块链业务的企业也开展区块链方面的活动，由此来吸引投资者，但是区块链并没有发挥应有的效果，导致区块链出现逆向选择行为。只有少数企业可以利用区块链提升绩效，但是大部分企业因为自身条件的不合适带来了绩效的进一步下降，同时自身也并没有达到降低融资约束、提升收入增长率等目标，因此，企业应更加脚踏实地，根据自身业务特点和公司实力开展区块链业务，不要盲目炒作。

（7）人工智能的使用也需要人的决策和支持，企业要提高信息质量，保障人工智能技术的输入数据质量，才能得出有价值的数据分析结论。同时，人工智能技术和管理层决策要相辅相成，不能各自为政，人工智能系统也不能脱离人的管控，管理层决策时要参考人工智能系统的建议，这样才能制定相应的对策建议，帮助企业作出正确决策。

（8）企业应顺应技术发展，加大人工智能的投入力度，尽快应用人工智能技术。国有企业作为国家的重要产业支柱，有国家财政的扶持、专家技术的支持，以及国资委的严格监督，更应该加大人工智能的研发、使用和监管，充分发挥人工智能的效果，为其他企业如何更好地应用人工智能技术提供示范。

（9）企业可以在公司治理中引入人工智能技术来提高企业的治理效率，降低高管与股东之间的委托代理问题。人工智能技术可以通过自动核查发现企业舞弊、造假行为，可以避免企业高管和员工在危机时浑水摸鱼，转移企业资产，约束高管和员工行为，使其做出更有助于企业可持续发展的行动和决策。

参考文献

[1] 陈国青，任明，卫强，等．数智赋能：信息系统研究的新跃迁［J］．管理世界，2022，38（01）：180-196.

[2] 陈加友．基于区块链技术的去中心化自治组织：核心属性、理论解析与应用前景［J］．改革，2021（03）：134-143.

[3] 陈剑，刘运辉．数智化使能运营管理变革：从供应链到供应链生态系统［J］．管理世界，2021，37（11）：227-240.

[4] 陈蕾，周艳秋．区块链发展态势、安全风险防范与顶层制度设计［J］．改革，2020（06）：44-57.

[5] 崔春．大数据助推审计基本理论问题发展探讨——基于区块链技术［J］．经济体制改革，2018（30）：85-90.

[6] 邓爱民，李云凤．基于区块链的供应链“智能保理”业务模式及博弈分析［J］．管理评论，2019，31（09）：231-240.

[7] 范忠宝，王小燕，阮坚．区块链技术的发展趋势和战略应用——基于文献视角与实践层面的研究［J］．管理世界，2018，34（120）：177-178.

[8] 方红星，张勇．供应商/客户关系型交易、盈余管理与审计师决策［J］．会计研究，2016（01）：79-86.

[9] 李晓梅．“区块链”上市公司技术效率的实证分析与比较——基于77家不同行业和地区的A股上市公司数据分析［J］．经济体制改革，2018（60）：109-116.

[10] 林宏伟，邵培基．区块链对数字经济高质量发展的影响因素研究［J］．贵州社会科学，2019（12）：112－121.

[11] 林木西，张紫薇．“区块链＋生产”推动企业绿色生产——对政府之手的新思考［J］．经济学动态，2019（50）：42－56.

[12] 刘少杰．从实践出发认识网络化、数字化和智能化［J］．社会科学研究，2022（02）：66－71.

[13] 刘晔，张训常，蓝晓燕．国有企业混合所有制改革对全要素生产率的影响——基于 PSM－DID 方法的实证研究［J］．财政研究，2016（10）：63－75.

[14] 马理，朱硕．区块链技术在支付结算领域的应用与风险［J］．金融评论，2018，10（40）：83－94.

[15] 孟凡生，宋鹏．智能制造生态系统对制造企业智能化转型的影响机理［J］．科研管理，2022，43（04）：37－45.

[16] 孟凡生，赵刚．创新柔性对制造企业智能化转型影响机制研究［J］．科研管理，2019，40（04）：74－82.

[17] 渠慎宁．区块链助推实体经济高质量发展：模式、载体与路径［J］．改革，2020（01）：39－47.

[18] 任锦鸾，郑海昊，曹文，等．技术创新驱动媒体智能化测度研究［J］．科研管理，2018，39（S1）：254－261.

[19] 宋立丰，宋远方，国潇丹．基于数据权的现实与虚拟闲置资产共享——区块链视角下的共享经济发展研究［J］．经济学家，2019（80）：39－47.

[20] 孙国峰，陈实．论 ICO 的证券属性与法律规制［J］．管理世界，2019，35（12）：45－52.

[21] 涂红，刘程．区块链在全球贸易与金融领域中的应用［J］．国际贸易，2018（100）：63－67.

[22] 王娟娟．基于区块链理念探索“一带一路”区域的新零售模式［J］．湖湘论坛，2017，30（60）：91－97.

[23] 王晟. 区块链式法定货币体系研究 [J]. 经济学家, 2016 (90): 77-85.

[24] 徐忠, 邹传伟. 区块链能做什么、不能做什么? [J]. 金融研究, 2018 (110): 1-16.

[25] 许获迪. 自治与他律: 平台二重性视角下的区块链治理 [J]. 改革, 2020 (08): 68-82.

[26] 宣旸, 张万里. 智能化对企业生产绩效的微观影响机理——以产能利用率和盈利能力为例 [J]. 科学学与科学技术管理, 2021, 42 (11): 96-119.

[27] 鄢章华, 刘蕾, 李倩. 区块链体系下平行社会的协同演化 [J]. 中国科技论坛, 2018 (60): 50-58.

[28] 阳镇, 陈劲. 数智化时代下企业社会责任的创新与治理 [J]. 上海财经大学学报, 2020, 22 (06): 33-51.

[29] 殷枫, 贾竞岳. 大客户盈余管理对供应商企业投资的影响研究 [J]. 审计与经济研究, 2017 (06): 64-78.

[30] 余菲菲, 王丽婷. 数字技术赋能我国制造企业技术创新路径研究 [J]. 科研管理, 2022, 43 (04): 11-19.

[31] 张路. 博弈视角下区块链驱动供应链金融创新研究 [J]. 经济问题, 2019 (40): 48-54.

[32] 张云起, 冯漪. 基于区块链的电商信用生态治理研究 [J]. 中央财经大学学报, 2019 (50): 102-108, 128.

[33] 章贵桥, 杨媛媛, 颜恩点. 数智化时代、政府会计功能跃迁与财政预算绩效治理 [J]. 会计研究, 2021 (10): 17-27.

[34] 赵增奎. 以区块链技术推动互联网金融稳健发展研究 [J]. 经济纵横, 2017 (110): 112-117.

[35] 朱晓武. 区块链技术驱动的商业模式创新: DIPNET 案例研究 [J]. 管理评论, 2019, 31 (70): 65-74.

[36] Acemoglu D., Restrepo P.. The race between man and machine: im-

plications of technology for growth, factor shares, and employment [J]. American Economic Review, 2018, 108 (6): 1488 – 1542.

[37] Al – Htaybat K., Hutaibat K., von Alberti – Alhtaybat L.. Global brain-reflective accounting practices forms of intellectual capital contributing to value creation and sustainable development [J]. Journal of Intellectual Capital, 2019, 20 (6): 733 – 762.

[38] An B., Suh Y.. Identifying financial statement fraud with decision rules obtained from modified random forest [J]. Data Technologies and Applications, 2020, 54 (2): 235 – 255.

[39] Arcos L. C.. The blockchain technology on the music industry [J]. Brazilian Journal of Operations & Production Management, 2018, 15 (3): 439 – 443.

[40] Azzi R., Chamoun R. K., Sokhn M.. The power of a blockchain-based supply chain [J]. Computers & Industrial Engineering, 2019, 135: 582 – 592.

[41] Bae J. K.. Predicting financial distress of the South Korean manufacturing industries [J]. Expert Systems With Applications, 2012, 39 (10): 9159 – 9165.

[42] Bai C., Sarkis J.. A supply chain transparency and sustainability technology appraisal model for blockchain technology [J]. International Journal of Production Research, 2020: 1 – 21.

[43] Banerjee S., Dasgupta S., Kim Y.. Buyer-supplier relationships and the stakeholder theory of capital structure [J]. The Journal of Finance, 2008, 63 (5): 2507 – 2552.

[44] Barboza F., Kimura H., Altman E.. Machine learning models and bankruptcy prediction [J]. Expert Systems with Applications, 2017, 83 (10): 405 – 417.

[45] Barrutia Barreto I., Urquizo Maggia J. A., Isaias Acevedo

S.. Cryptocurrencies and blockchain in tourism as a strategy to reduce poverty [J]. Retos – Revista De Ciencias De La Administracion Y Economia, 2019, 9 (18): 275 –290.

[46] Barth M. E., Konchitchki Y., Landsman W. R.. Cost of capital and earnings transparency [J]. Journal of Accounting and Economics, 2013, 55 (2–3): 206 –224.

[47] Beck T., Levine R., Levkov A.. Big bad banks? The winners and losers from bank deregulation in the United States [J]. The Journal of Finance, 2010, 65 (5): 1637 –1667.

[48] Bhatia A., Chandani A., Chhateja J.. Robo advisory and its potential in addressing the behavioral biases of investors-a qualitative study in Indian context [J/OL]. Journal of Behavioral and Experimental Finance, 2020 –01 –31/2023 –06 –20.

[49] Biswas B., Gupta R.. Analysis of barriers to implement blockchain in industry and service sectors [J]. Computers & Industrial Engineering, 2019, 136 (10): 225 –241.

[50] Bonson E., Bednarova M.. Blockchain and its implications for accounting and auditing [J]. Meditari Accountancy Research, 2019, 27 (5SI): 725 –740.

[51] Bradshaw M., Liao G., Ma M S.. Agency costs and tax planning when the government is a major Shareholder [J]. Journal of Accounting and Economics. 2019, 67 (2 –3): 255 –277.

[52] Bussmann N., Giudici P., Marinelli D., et al. Explainable machine learning in credit risk management [J]. Computational Economics, 2021, 57 (1): 203 –216.

[53] Cachin C.. Architecture of the hyperledger blockchain fabric [C]. 2016.

[54] Cai H.. Promoting regional economic transformation forecast based on

intelligent computing technology [J/OL]. Computational Intelligence and Neuroscience, 2022 -03 -04/2023 -06 -20.

[55] Carlin T.. Blockchain and the journey beyond double entry [J]. Australian Accounting Review, 2019, 29 (2): 305 -311.

[56] Chaney P. K., Lewis C. M.. Earnings management and firm valuation under asymmetric information [J]. Journal of Corporate Finance, 1995, 1 (3 -4): 319 -345.

[57] Chang S. E., Chen Y., Lu M.. Supply chain re-engineering using blockchain technology: A case of smart contract based tracking process [J]. Technological Forecasting and Social Change, 2019, 144 (7): 1 -11.

[58] Chang T., Hsu M., Lin S.. Integrated news mining technique and ai-based mechanism for corporate performance forecasting [J]. Information Sciences, 2018, 424 (1): 273 -286.

[59] Chan S. W. K., Franklin J.. A text-based decision support system for financial sequence prediction [J]. Decision Support Systems, 2011, 52 (1): 189 -198.

[60] Chatzis S. P., Siakoulis V., Petropoulos A., et al. Forecasting stock market crisis events using deep and statistical machine learning techniques [J]. Expert Systems with Applications, 2018, 112 (12): 353 -371.

[61] Chiu J., Koeppl T. V.. Blockchain-based settlement for asset trading [J]. Review of Financial Studies, 2019, 32 (5): 1716 -1753.

[62] Choi T.. Blockchain-technology-supported platforms for diamond authentication and certification in luxury supply chains [J]. Transportation Research Part E -Logistics and Transportation Review, 2019, 128 (8): 17 -29.

[63] Choi T., Luo S.. Data quality challenges for sustainable fashion supply chain operations in emerging markets: Roles of blockchain, government sponsors and environment taxes [J]. Transportation Research Part E - Logistics and Transportation Review, 2019, 131: 139 -152.

[64] Clarke M., Seng D., Whiting R. H.. Intellectual capital and firm performance in Australia [J]. Journal of intellectual Capital, 2011, 12 (4): 505 - 530.

[65] Cole R., Stevenson M., Aitken J.. Blockchain technology: Implications for operations and supply chain management [J]. Supply Chain Management - An International Journal, 2019, 24 (4): 469 - 483.

[66] Cooper M. J., Dimitrov O., Rau P. R.. A rose. com by any other name [J]. The Journal of Finance, 2001, 56 (6): 2371 - 2388.

[67] Coser A., Maer - Matei M. M., Albu C.. Predictive models for loan default risk assessment [J]. Economic Computation and Economic Cybernetics Studies and Research, 2019, 53 (2): 149 - 165.

[68] Csoka P., Herings P. J.. Decentralized clearing in financial networks [J]. Management Science, 2018, 64 (10): 4681 - 4699.

[69] Cunha C., Silveira H.. Artificial intelligence apllied in business contracts-impact on a medium-size Brazilian bank [J]. Revista Gestao & Tecnologia - Journal of Management and Technology, 2020, 20 (2): 256 - 279.

[70] Czarnitzki D., Kraft K.. Innovation indicators and corporate credit ratings: Evidence from German firms [J]. Economics Letters, 2004, 82 (3): 377 - 384.

[71] Dair M., Beaven Z.. The networked record industry: How blockchain technology could transform the record industry [J]. Strategic Change, 2017, 26 (5): 471 - 480.

[72] Dhagarra D., Goswami M., Sarma P. R. S., et al. Big data and blockchain supported conceptual model for enhanced healthcare coverage the Indian context [J]. Business Process Management Journal, 2019, 25 (7): 1612 - 1632.

[73] Didimo W., Grilli L., Liotta G., et al. Combining network visualization and data mining for tax risk assessment [J]. Ieee Access, 2020, 8 (1):

16073 - 16086.

[74] Divsalar M., Roodsaz H., Vahdatinia F., et al. A robust data-mining approach to bankruptcy prediction [J]. Journal of Forecasting, 2012, 31 (6): 504 - 523.

[75] Dou Y., Zhu Q., Sarkis J.. Green multi-tier supply chain management: An enabler investigation [J]. Journal of Purchasing and Supply Management, 2018, 24 (2): 95 - 107.

[76] Drezewski R., Kruk S., Makowka M.. The evolutionary optimization of a company's return on equity factor: Towards the agent-based bio-inspired system supporting corporate finance decisions [J]. Ieee Access, 2018, 6 (12): 51911 - 51930.

[77] Du P., Shu H.. Exploration of financial market credit scoring and risk management and prediction using deep learning and bionic algorithm [J]. Journal of Global Information Management, 2022, 30 (9): 1 - 29.

[78] Ebrahimkhanjari N., Hopp W. J., Iravani S. M. R.. Trust and information sharing in supply chains [J]. Production and Operations Management, 2012, 21 (3): 444 - 464.

[79] Emshwiller J. R.. Follow the dotted line: First up-then down [J/OL]. Wall Street Journal, 1999 - 02 - 23/2023 - 06 - 20.

[80] Etemadi H., Ahmadpour A., Moshashaei S. M.. Earnings per share forecast using extracted rules from trained neural network by genetic algorithm [J]. Computational Economics, 2015, 46 (1): 55 - 63.

[81] Fahimnia B., Jabbarzadeh A., Sarkis J.. Greening versus resilience: A supply chain design perspective [J]. Transportation Research Part E - Logistics and Transportation Review, 2018, 119 (11): 129 - 148.

[82] Fu X., Zeng X., Luo X R., et al. Designing an intelligent decision support system for effective negotiation pricing: A systematic and learning approach [J]. Decision Support Systems, 2017, 96 (4): 49 - 66.

[83] Gadzinski G., Schuller M., Mousavi S.. Long-lasting heuristics principles for efficient investment decisions [J]. Qualitative Research in Financial Markets, 2022. (ahead-of-print)

[84] Gervais A., Karame G. O., Wüst K., et al. On the security and performance of proof of work blockchains [C], 2016.

[85] Ghadimi P., Wang C., Lim M. K., et al. Intelligent sustainable supplier selection using multi-agent technology: Theory and application for industry 4.0 supply chains [J]. Computers & industrial Engineering, 2019, 127 (1): 588 - 600.

[86] Graetz G., Michaels G.. Robots at work [J]. Review of Economics and Statistics, 2018, 100 (5): 753 - 768.

[87] Grimes M. G., Williams T. A., Zhao E. Y.. Anchors aweigh: The sources, variety and challenges of mission drift [J]. Academy of Management Review, 2019, 44 (4): 819 - 845.

[88] Hagenau M., Liebmann M., Neumann D.. Automated news reading: Stock price prediction based on financial news using context-capturing features [J]. Decision Support Systems, 2013, 55 (3): 685 - 697.

[89] Hajek P., Henriques R.. Mining corporate annual reports for intelligent detection of financial statement fraud - A comparative study of machine learning methods [J]. Knowledge - Based Systems, 2017, 128 (7): 139 - 152.

[90] Hald K. S., Kinra A.. How the blockchain enables and constrains supply chain performance [J]. International Journal of Physical Distribution & Logistics Management, 2019, 49 (4): 376 - 397.

[91] Hamilton M.. Blockchain distributed ledger technology: An introduction and focus on smart contracts [J]. Journal of Corporate Accounting & Finance, 2019.

[92] Hasan H., Alhadhrami E., Aldhaheri A., et al. Smart contract-based approach for efficient shipment management [J]. Computers & Industrial

Engineering, 2019, 136 (10): 149 – 159.

[93] Hastig G. M. , Sodhi M. S. . Blockchain for supply chain traceability: Business requirements and critical success factors [J]. Production and Operations Management, 2020.

[94] Hilb M. . Toward artificial governance? The role of artificial intelligence in shaping the future of corporate governance [J]. Journal of Management and Governance, 2020, 24 (4): 851 – 870.

[95] Hofer C. W. . Turnaround strategies [J]. Journal of Business Strategy, 1980, 1 (1): 19 – 31.

[96] Hopkins J. L. . An investigation into emerging industry 4. 0 technologies as drivers of supply chain innovation in Australia [J]. Computers in Industry, 2021, 125 (2): 103323.

[97] Hoxha V. , Sadiku S. . Study of factors influencing the decision to adopt the blockchain technology in real estate transactions in Kosovo [J]. Property Management, 2019, 37 (5): 684 – 700.

[98] Hsu M. , Yeh C. , Lin S. . Integrating dynamic malmquist dea and social network computing for advanced management decisions [J]. Journal of Intelligent & Fuzzy Systems, 2018, 35 (1): 231 – 241.

[99] Itzkowitz J. . Customers and cash: How relationships affect suppliers' cash holdings [J]. Journal of Corporate Finance, 2013, 19 (10): 159 – 180.

[100] Jain A. , Jain C. . Blockchain hysteria: Adding "blockchain" to company's name [J]. Economics Letters, 2019, 181: 178 – 181.

[101] Janssen M. , Brous P. , Estevez E. , et al. Data governance: Organizing data for trustworthy artificial intelligence [J]. Government Information Quarterly, 2020, 37 (3): 101493.

[102] Jensen M. C. , Meckling W. H. . Theory of the firm: Managerial behavior, agency costs and ownership structure [J]. Journal of Financial Economics, 1976, 3 (4): 305 – 360.

[103] Kalenyuk I. , Tsymbal L. , Uninets I. . Intelligent drivers of smart economy in the global ecosystem [J]. Baltic Journal of Economic Studies, 2021, 7 (2): 91 - 100.

[104] Kamble S. S. , Gunasekaran A. , Gawankar S. A. . Achieving sustainable performance in a data-driven agriculture supply chain: A review for research and applications [J] . International Journal of Production Economics, 2020, 219 (2): 179 - 194.

[105] Kaplan S. N. , Zingales L. . Do investment-cash flow sensitivities provide useful measures of financing constraints? [J]. The Quarterly Journal of Economics, 1997, 112 (1): 169 - 215.

[106] Kaya D. , Pronobis P. . The benefits of structured data across the information supply chain: Initial evidence on xbrl adoption and loan contracting of private firms [J]. Journal of Accounting and Public Policy, 2016, 35 (4): 417 - 436.

[107] Kewell B. , Adams R. , Parry G. . Blockchain for good? [J]. Strategic Change - Briefings in Entrepreneurial Finance, 2017, 26 (5): 429 - 437.

[108] Khalifa N. , Abd Elghany M. , Abd Elghany M. . Exploratory research on digitalization transformation practices within supply chain management context in developing countries specifically egypt in the mena region [J/OL]. Cogent Business & Management, 2021 - 08 - 26/2023 - 06 - 20.

[109] Khemakhem S. , Ben Said F. , Boujelbene Y. . Credit risk assessment for unbalanced datasets based on data mining, artificial neural network and support vector machines [J] . Journal of Modelling in Management, 2018, 13 (4): 932 - 951.

[110] Kim A. , Cho S. . An ensemble semi-supervised learning method for predicting defaults in social lending [J]. Engineering Applications of Artificial Intelligence, 2019, 81 (5): 193 - 199.

[111] Kim A. , Yang Y. , Lessmann S. , et al. Can deep learning predict

risky retail investors? A case study in financial risk behavior forecasting [J]. European Journal of Operational Research, 2020, 283 (1): 217 -234.

[112] Kittipanya - Ngam P., Tan K. H.. A framework for food supply chain digitalization: lessons from Thailand [J]. Production Planning & Control, 2020, 31 (2): 158 -172.

[113] Kshetri N.. Blockchain's roles in meeting key supply chain management objectives [J]. International Journal of Information Management, 2018, 39 (4): 80 -89.

[114] Kurpjuweit S., Schmidt C. G., Klöckner M., et al. Blockchain in additive manufacturing and its impact on supply chains [J]. Journal of Business Logistics, 2019 (10): 1 -25.

[115] Lee T. K., Cho J. H., Kwon D. S., et al. Global stock market investment strategies based on financial network indicators using machine learning techniques [J]. Expert Systems with Applications, 2019, 117 (3): 228 -242.

[116] Li D., Moghaddam M. R., Monjezi M., et al. Development of a group method of data handling technique to forecast iron ore price [J/OL]. Applied Sciences - Basel, 2020 -03 -20/2023 -06 -20.

[117] Li G., Fan H., Lee P. K. C., et al. Joint supply chain risk management: An agency and collaboration perspective [J]. International Journal of Production Economics, 2015, 164 (4): 83 -94.

[118] Lipai Z., Xiqiang X., Mengyuan L.. Corporate governance reform in the era of artificial intelligence: Research overview and prospects based on knowledge graph [J]. Annals of Operations Research, 2021 (11).

[119] Li S.. Structure optimization of e-commerce platform based on artificial intelligence and blockchain technology [J/OL]. Wireless Communications & Mobile Computing, 2020 -11 -02/2023 -06 -20.

[120] Li X.. The design of financial risk control system platform for private lending logistics information [J]. Cluster Computing, 2019, 22 (6): 13805 -

13811.

[121] Longo F., Nicoletti L., Padovano A., et al. Blockchain-enabled supply chain: An experimental study [J]. Computers & Industrial Engineering, 2019, 136 (10): 57-69.

[122] Lourdes Borrajo M., Baruque B., Corchado E., et al. Hybrid neural intelligent system to predict business failure in small-to-medium-size enterprises [J]. International Journal of Neural Systems, 2011, 21 (4): 277-296.

[123] Lu H., Weng C.. Smart manufacturing technology, market maturity analysis and technology roadmap in the computer and electronic product manufacturing industry [J]. Technological Forecasting and Social Change, 2018, 133: 85-94.

[124] Magoc T., Modave F.. The optimality of non-additive approaches for portfolio selection [J]. Expert Systems With Applications, 2011, 38 (10): 12967-12973.

[125] Manski S.. Building the blockchain world: Technological commonwealth or just more of the same? [J]. Strategic Change, 2017, 26 (5): 511-522.

[126] Maratkhan A., Ilyassov I., Aitzhanov M., et al. Deep learning-based investment strategy: Technical indicator clustering and residual blocks [J]. Soft Computing, 2021, 25 (7): 5151-5161.

[127] Martinez V., Zhao M., Blujdea C., et al. Blockchain-driven customer order management [J]. International Journal of Operations & Production Management, 2019, 39 (6/7/8SI): 993-1022.

[128] Ma X., Lv S.. Financial credit risk prediction in internet finance driven by machine learning [J]. Neural Computing & Applications, 2019, 31 (12): 8359-8367.

[129] Mccallig J., Robb A., Rohde F.. Establishing the representational faithfulness of financial accounting information using multiparty security, network

analysis and a blockchain [J]. International Journal of Accounting Information Systems, 2019, 33 (4): 47-58.

[130] Mhlanga D.. Industry 4.0 in Finance: The impact of artificial intelligence (AI) on digital financial inclusion [J]. International Journal of Financial Studies, 2020, 8 (3): 1-14.

[131] Michaels A., Gruening M.. Relationship of corporate social responsibility disclosure on information asymmetry and the cost of capital [J]. Journal of Management Control, 2017, 28 (3): 251-274.

[132] Mišić V. V., Perakis G.. Data analytics in operations management: A review [J]. Manufacturing & Service Operations Management, 2020, 22 (1): 158-169.

[133] Milojevic N., Redzepagic S.. Prospects of artificial intelligence and machine learning application in banking risk management [J]. Journal of Central Banking Theory and Practice, 2021, 10 (3): 41-57.

[134] Mingyu S., Jianjun W., Chenggao Y., et al. Study of forecasting and estimation methodology of oilfield development cost based on machine learning [J]. Chemistry and Technology of Fuels and Oils, 2021, 56 (6): 1000-1019.

[135] Moscatelli M., Parlapiano F., Narizzano S., et al. Corporate default forecasting with machine learning [J]. Expert Systems with Applications, 2020, 161 (12): 113567.

[136] Nakamoto S., Bitcoin A.. A peer-to-peer electronic cash system [J]. Bitcoin. -URL: https: //Bitcoin. Org/Bitcoin. Pdf, 2008.

[137] Nowinski W., Kozma M.. How can blockchain technology disrupt the existing business models [J]. Entrepreneurial Business and Economics Review, 2017, 5 (3): 173-188.

[138] Nti I. K., Adekoya A. F., Weyori B. A.. A comprehensive evaluation of ensemble learning for stock-market prediction [J]. Journal of Big Data, 2020, 7 (1): 1-40.

[139] O'Leary D. E.. Configuring blockchain architectures for transaction information in blockchain consortiums: The case of accounting and supply chain systems [J]. Intelligent Systems in Accounting Finance & Management, 2017, 24 (4): 138 – 147.

[140] O'Leary D. E.. Some issues in blockchain for accounting and the supply chain, with an application of distributed databases to virtual organizations [J]. Intelligent Systems in Accounting Finance & Management, 2019, 26 (3): 137 – 149.

[141] O'neill H. M.. Turnaround and recovery: What strategy do you need? [J]. Long Range Planning, 1986, 19 (1): 80 – 88.

[142] Opler T. C., Titman S.. Financial distress and corporate performance [J]. The Journal of Finance, 1994, 49 (3): 1015 – 1040.

[143] Pan X., Pan X., Song M., et al. Blockchain technology and enterprise operational capabilities: An empirical test [J]. International Journal of Information Management, 2020, 52: 101946.

[144] Petersen M. A., Rajan R. G.. The benefits of lending relationships: Evidence from small business data [J]. The Journal of Finance, 1994, 49 (1): 3 – 37.

[145] Peters G. W., Panayi E.. Understanding modern banking ledgers through blockchain technologies: Future of transaction processing and smart contracts on the internet of money [M]. Banking Beyond Banks and Money, Springer, 2016: 239 – 278.

[146] Polak P., Nelischer C., Guo H., et al. "Intelligent" finance and treasury management: What we can expect [J]. AI & Society, 2020, 35 (3): 715 – 726.

[147] Prajogo D. I., Olhager J.. Supply chain integration and performance: The effects of long-term relationships, information technology and sharing, and logistics integration [J]. International Journal of Production Economics, 2012,

135 (1): 514 -522.

[148] Qi Y. D., Du B., Wen X.. Strategic transformation of state-owned enterprise digitization: mission embedding and mode selection: A case study based on typical digitization practices of three central enterprises [J]. Management Science, 2021, 37 (11): 137 -158.

[149] Qureshi S.. Why data matters for development? Exploring data justice, micro-entrepreneurship, mobile money and financial inclusion [J]. Information Technology For Development, 2020, 26 (2): 201 -213.

[150] Radanovic I., Likic R.. Opportunities for use of blockchain technology in medicine [J]. Applied Health Economics and Health Policy, 2018, 16 (5): 583 -590.

[151] Rajab S., Sharma V.. An interpretable neuro-fuzzy approach to stock price forecasting [J]. Soft Computing, 2019, 23 (3): 921 -936.

[152] Ramdani D., Witteloostuijn A.. The shareholder-manager relationship and its impact on the likelihood of firm bribery [J]. Journal of Business Ethics, 2012, 108 (4): 495 -507.

[153] Reier Forradellas R. F., Garay Gallastegui L. M.. Digital transformation and artificial intelligence applied to business: Legal regulations, economic impact and perspective [J]. Laws, 2021, 10 (3): 1 -22.

[154] Schendel D., Patton G. R.. An empirical study of corporate stagnation and turnaround [J]. Academy of Management Proceedings, 1975, 8 (1): 49 -51.

[155] Schleper M. C., Blome C., Wuttke D.. The dark side of buyer power: Supplier exploitation and the role of ethical climates [J]. Journal of Business Ethics, 2017, 140 (1): 97 -114.

[156] Schmidt C. G., Wagner S. M.. Blockchain and supply chain relations: A transaction cost theory perspective [J]. Journal of Purchasing and Supply Management, 2019, 25 (4): 100552.

[157] Schmitz J., Leoni G.. Accounting and auditing at the time of blockchain technology: A research agenda [J]. Australian Accounting Review, 2019, 29 (2): 331-342.

[158] Shahab S., Allam Z.. Reducing transaction costs of tradable permit schemes using blockchain smart contracts [J]. Growth and Change, 2020, 51 (1): 302-308.

[159] Sheel A., Nath V.. Effect of blockchain technology adoption on supply chain adaptability, agility, alignment and performance [J]. Management Research Review, 2019, 42 (12): 1353-1374.

[160] Shleifer A., Vishny R. W.. Large shareholders and corporate control [J]. Journal of Political Economy, 1986, 94 (3, Part 1): 461-488.

[161] Shleifer A., Vishny R. W.. Politicians and firms [J]. The Quarterly Journal of Economics, 1994, 109 (4): 995-1025.

[162] Sklaroff J. M.. Smart contracts and the cost of inflexibility [J]. University of Pennsylvania Law Review, 2017, 166 (1): 263.

[163] Smith J. K.. Trade credit and informational asymmetry [J]. The Journal of Finance, 1987, 42 (4): 863-872.

[164] Song Y., Cao Q., Zhang C.. Towards a new approach to predict business performance using machine learning [J]. Cognitive Systems Research, 2018, 52 (12): 1004-1012.

[165] Sudarsanam S., Lai J.. Corporate financial distress and turnaround strategies: An empirical analysis [J]. British Journal of Management, 2001, 12 (3): 183-199.

[166] Sun H., Zhong X.. Impact of financial R&D resource allocation efficiency based on vr technology and machine learning in complex systems on total factor productivity [J/OL]. Complexity, 2020-12-28/2023-06-20.

[167] Tan B. S., Low K. Y.. Blockchain as the database engine in the accounting system [J]. Australian Accounting Review, 2019, 29 (2): 312-

318.

[168] Ta V., Liu C., Tadesse D. A.. Portfolio optimization-based stock prediction using long-short term memory network in quantitative trading [J]. Applied Sciences - Basel, 2020, 10 (2): 437.

[169] Treiblmaier H.. The impact of the blockchain on the supply chain: a theory-based research framework and a call for action [J]. Supply Chain Management - An International Journal, 2018, 23 (6): 545 - 559.

[170] Tsanos C. S., Zografos K. G.. The effects of behavioural supply chain relationship antecedents on integration and performance [J]. Supply Chain Management, 2016, 21 (6): 678 - 693.

[171] Wamba - Taguimdje S., Fosso Wamba S., Kala Kamdjoug J. R., et al. Influence of artificial intelligence (Ai) on firm performance: The business value of ai-based transformation projects [J]. Business Process Management Journal, 2020, 26 (7): 1893 - 1924.

[172] Wang F.. Research on application of big data in internet financial credit investigation based on improved Ga - Bp neural network [J/OL]. Complexity, 2018 - 12 - 02/2023 - 06 - 20.

[173] Wang J.. Do firms' relationships with principal customers/suppliers affect shareholders' income? [J]. Journal of Corporate Finance, 2012, 18 (4): 860 - 878.

[174] Wang J., Wu P., Wang X., et al. The outlook of blockchain technology for construction engineering management [J]. Frontiers of Engineering Management, 2017, 4 (1): 67 - 75.

[175] Wang M., Zhao L., Du R., et al. A novel hybrid method of forecasting crude oil prices using complex network science and artificial intelligence algorithms [J]. Applied Energy, 2018, 220 (6): 480 - 495.

[176] Whited T. M., Wu G.. Financial constraints risk [J]. Review of Financial Studies, 2006, 19 (2): 531 - 559.

[177] Yang C.. Maritime shipping digitalization: Blockchain-based technology applications, future improvements, and intention to use [J]. Transportation Research Part E – Logistics and Transportation Review, 2019, 131: 108 – 117.

[178] Yang J., Ying L., Gao M.. The influence of intelligent manufacturing on financial performance and innovation performance: The case of China [J]. Enterprise Information Systems, 2020, 14 (6): 812 – 832.

[179] Yermack D.. Corporate governance and blockchains [J]. Social Science Electronic Publishing, 2017, 21 (1): 7 – 31.

[180] Yu J., Zhao J.. Prediction of systemic risk contagion based on a dynamic complex network model using machine learning algorithm [J/OL]. Complexity, 2020 – 08 – 05/2023 – 06 – 20.

[181] Zhang Y., Zhang P., Tao F., et al. Consensus aware manufacturing service collaboration optimization under blockchain based Industrial Internet platform [J]. Computers & Industrial Engineering, 2019, 135 (9): 1025 – 1035.

[182] Zhao D., Huang C., Wei Y., et al. An effective computational model for bankruptcy prediction using kernel extreme learning machine approach [J]. Computational Economics, 2017, 49 (2): 325 – 341.

[183] Zhao J.. Efficiency of corporate debt financing based on machine learning and convolutional neural network [J/OL]. Microprocessors and Microsystems, 2021 – 01 – 13/2023 – 06 – 20.

[184] Zhu B., Niu F.. Investor sentiment, accounting information and stock price: Evidence from China [J]. Pacific – Basin Finance Journal, 2016, 38: 125 – 134.

[185] Zhu Q., Liu J., Lai K.. Corporate social responsibility practices and performance improvement among Chinese national state-owned enterprises [J]. International Journal of Production Economics, 2016, 171: 417 – 426.

[186] Zhu W., Zhang T., Wu Y., et al. Research on optimization of an enterprise financial risk early warning method based on the DS – RF model [J/

OL]. International Review of Financial Analysis, 2022 - 04 - 07/2023 - 06 - 20.

[187] Zhu Y., Xie C., Wang G., et al. Predicting China's sme credit risk in supply chain finance based on machine learning methods [J]. Entropy, 2016, 18 (5): 1-8.